Für alle, die mir auf meinem Weg geholfen haben

Zur Wahrung der Privatsphäre wurden Namen
und verschiedene Charakteristika der Personen geändert,
die ich auf meiner Reise getroffen habe.

BLYTHE ROBERSON

IT'S A FREE Country!

EINE FRAU, EIN AUTO UND 16 000 MEILEN DURCH AMERIKA

Aus dem amerikanischen Englisch von Christiane Bernhardt

Die amerikanische Originalausgabe erschien 2023 unter dem Titel
America the Beautiful?
One Woman in a Borrowed Prius on the Road Most Traveled
bei Harper Perennial, New York.

Besuchen Sie uns im Internet:
www.droemer-knaur.de

Deutsche Erstausgabe September 2024
© 2023 by Blythe Roberson
© 2024 der deutschsprachigen Ausgabe Droemer Verlag
Ein Imprint der Verlagsgruppe
Droemer Knaur GmbH & Co. KG, München
Covergestaltung: Verlagsgruppe Droemer Knaur
nach einer Vorlage von Olivia McGfif, Harper Perennial US
Coverabbildung: Covergestaltung nach dem Werk von Roger Broders
»Alsace & Lorraine Railways« © VG Bild-Kunst, Bonn 2023 /
© Christie's Images / Bridgeman Images
Satz und Layout: Adobe InDesign im Verlag
Druck und Bindung: CPI books GmbH, Leck
ISBN 978-3-426-27884-0

2   4   5   3   1

DROEMER ✱

INHALT

IV
DER SÜDWESTEN

WIR LEBEN IN EINEM FREIEN LAND

*D*u kannst nur so und so viele Gedichte über das Freisein lesen, Joni Mitchells Reisealbum *Hejira* nur so und so oft anhören, bevor in deinem Inneren etwas zerreißt. Am 17. Januar 2019 starb die Dichterin Mary Oliver, und ich saß an meinem Schreibtisch im Büro und ignorierte meine Arbeit, um ihr Gedicht »Moments« zu lesen, das davon handelt, das Leben voll auszukosten, solange man lebt, und dass das Langweiligste überhaupt ist, Vorsicht walten zu lassen.

Fuck, dachte ich. *Ich muss kündigen.*

In diesem Moment traf ich die Entscheidung, und zwei Monate später tat ich es. Und dann, weil man so etwas nach einer Kündigung offiziell tun muss, begab ich mich auf einen Great American Road Trip, einen Großen Amerikanischen Roadtrip.

Ich hatte bereits jahrelang davon geträumt, einen langen Roadtrip zu machen, aber natürlich klappte es nie. In diesen Jahren begann ich, glaubwürdig zu behaupten, Google Maps sei meine Lieblingshomepage, dass ich die ausgefeilten Roadtrips, die niemals Wirklichkeit wurden, dort »zum Spaß« plante. Meist entwarf ich meine theoretischen Reisen mit der Idee, etwas über sie zu schreiben. Zu Beginn träumte ich von einem Roadtrip, auf dem ich alle Männer besuchen würde, für die ich je Gefühle gehabt hatte, um »sie zu interviewen« (rumzumachen). Diese Idee verdankte ich weniger der Überzeugung, dass daraus ein spannendes Buch würde, als der Erkenntnis, dass meine Crushes sich über das ganze Land verteilt hatten, was eine interessante Route versprach.

Dann wurde mir Folgendes klar: Auch wenn ich eine puritanische Bitch bin, die sich keinen Spaß zugestehen kann, ohne sich dabei eine Hausaufgabe zu geben, war es mir sehr wohl erlaubt, einen Roadtrip zu machen, ohne darüber zu schreiben. Und so verbrachte ich die nächsten dreieinhalb Jahre, immer wenn ich freihatte, mit Roadtrips. Im Laufe dieser Reisejahre dachte ich darüber nach, warum ich unbedingt mit einem Auto durch Amerika fahren wollte, warum ich mich einmal in einen Typ verknallt hatte, nur weil er mir von seinem Roadtrip erzählte. Ich dachte über die kanonischen amerikanischen Reiseerzählungen nach, in denen der Roadtrip als Inbegriff der Freiheit inszeniert wird. Und ich fragte mich, warum der amerikanische Kanon so wenig Reiseliteratur enthält, die von Frauen verfasst wurde, und was das für mich bedeutete, eine Frau, die unterwegs sein wollte.

Als mein Gehirn sich nicht mehr allzu sehr an ein regelmäßiges Einkommen und eine arbeitgebergebundene Krankenversicherung klammerte, nachdem ich entschieden hatte, es sei vernünftig und tatsächlich sogar richtig gut, meinen Job zu kündigen, um mich auf das Schreiben zu konzentrieren und, na ja, also, frei zu sein, beschloss ich, eine amerikanische Reiseerzählung aus weiblicher Sicht zu verfassen. Mein Buch sollte die folgende Frage beantworten: Was wäre geschehen, hätte Reiseschriftsteller Bill Bryson seine Tage bekommen? (Die Frage, was passiert wäre, wenn Jack Kerouac seine Tage bekommen hätte, stellte sich erst gar nicht: Er wäre ausgeflippt und hätte seinen Roadtrip abgebrochen. Es hätte der Beatgeneration ein Ende gesetzt.)

Ich würde also losfahren und darüber schreiben. Aber … wohin wollte ich eigentlich fahren? Für eine Reise, die so lang ist, dass sie ernsthafte Reflexion verdient, braucht man eine organisatorische Leitlinie. Meine war eine abgewandelte Version eines »optimierten« Roadtrips durch die Nationalparks. In den vergangenen Jahren hatte ich mehrere Artikel über Menschen gelesen, die alles genau berechnet und die – rein mathematisch – beste Strecke gefunden hatten, um alle Nationalparks in den aneinandergrenzenden 48 Bundesstaaten zu besuchen. Ich wusste noch nicht, in welchen Parks ich am Ende campen, in welchen ich nur ein paar Stunden wandern und welche ich ganz auslassen würde, aber ich wusste, dass ich eine dieser von einem Algorithmus generierten Superkarten als Orientierungshilfe benutzen wollte.

Meine Entscheidung, monatelang am Stück zu campen und zu wandern, war keine Mutprobe. Es sollte keine Feuertaufe werden, um herauszufinden, ob ich meinen Rucksack einen Berg hinaufschleppen könnte oder etwas über mich selbst lernen würde, wenn ich in der freien Natur schlief. Wandern hatte mir bereits etwas über mich beigebracht, zum Beispiel: Wenn ich länger als fünf Minuten Sport treibe, werden mein gesamtes Gesicht und mein Körper knallrot und bleiben es für den Rest des Tages. (Ich habe irische Vorfahren.) Dafür fühle ich mich wohl in der Natur, es fühlt sich richtig an; ich bin ein Outdoor-Typ. Wandern gehört zu den drei Dingen, die mir wirklich am Herzen liegen, neben Tennis und Dramaserien über erfolgreiche Frauen, die zu viel trinken.

Meine Liebe fürs Campen und Wandern kann ich auf einen Kindheitsausflug an den Devil's Lake zurückführen, einen State Park in Wisconsin, etwa drei Stunden Fahrt von dort entfernt, wo ich aufgewachsen bin. An den Ufern des Devil's Lake stehen an die 150 Meter hohe Quarzitklippen. Für Kinder, die in der Eintönigkeit flacher Maisfelder aufwachsen, eine Sensation. Eines Sommertags quetschte mein Stiefvater TB – dessen echter Name Tom Brandes ist, der von meinen Freund*innen und mir irgendwann TB Ice getauft wurde, typisch 2000er – alle Kinder aus der Nachbarschaft hinten in seinen weißen Kidnapper-Van und fuhr uns für einen Campingausflug an den Devil's Lake, ohne dass auch nur eine*r von uns angeschnallt gewesen wäre. Rückblickend betrachtet, wählte er den Devil's Lake wohl nicht aufgrund seiner majestätischen Klippen, sondern eher, weil drei Stunden Fahrt die Maximalzeit sind, die man mit einer Meute nicht angeschnallter Kinder hinten im Van fahren kann, ohne aufgrund eines Schwerverbrechens verhaftet zu werden.

Am zweiten Tag unseres Ausflugs nahm TB das – zumindest in meiner Erinnerung – Dutzend Kinder auf eine von einem Ranger geführte Wanderung mit. Am Ende der Wanderung beschrieb der Ranger eine Felsformation, die alle, die sich dafür interessierten, in etwa 150 Metern Entfernung bestaunen konnten. Nach einer halben Stunde keimte in uns der Verdacht, dass wir mehr als nur etwa 150 Meter gelaufen waren. Genau genommen hatten wir keine Ahnung, wo wir uns befanden. In seiner Funktion als einziger Erwachsener erklärte uns TB, dass wir umkehren und unsere Schritte zurückverfolgen müssten. Doch wir – 25 vorpubertäre Rowdys – waren viel zu aufgedreht. »Nein!«, schrien wir. »Wir wollen weitergehen!« Tom wiederholte, wir hätten uns verlaufen und es wäre besser, umzukehren. »Wir leben in einem freien Land! Lasst uns darüber abstimmen!«, forderten wir, und die Kinder überstimmten den Erwachsenen vierzig zu eins.

Und so liefen wir tiefer in den Wald. Wir liefen an einer Spalte in einem gigantischen Quarzit-Block vorbei und tauften sie trunken vor Macht auf den Namen »TBs Arschritze«. Wir malten uns aus, unwiederbringlich verloren zu sein, auch wenn wir rückblickend betrachtet mindestens einen Wegweiser passierten. Wir wanderten ein Geröllfeld hinab, das unserer Ansicht nach unmöglich Teil des Wanderwegs sein konnte, aber definitiv dazugehörte.

Ich fühlte mich, als sei alles möglich; vielleicht war es das erste Mal, dass ich jeden Moment bewusst erlebte. Ich fühlte mich hellwach. Und damit war ich nicht allein. Der Ausflug weckte in allen der 400 anwesenden Kinder ein tiefes Verlangen, auf unbefestigter Erde zu schlafen. Auch 20 Jahre später gehen diese Kinder aus der Nachbarschaft und ich immer noch zusammen zelten. Wir erklimmen Berge und duschen eine Woche lang nicht. Und jedes Mal versuchen wir erneut, verlorenzugehen.

Der Unterschied zwischen den Ausflügen mit meinen Freund*innen und der Reise, die ich bald ganz allein antreten sollte, war, dass ich nicht eine Woche unterwegs wäre, sondern monatelang. Allerdings hatte ich keine Vorstellung, wie viele Monate genau. Ich hatte eine Liste der Parks und die Reihenfolge, in der ich sie besuchen wollte, sonst hatte ich, in Sachen Planung, nichts. Diese Ungewissheit war für mich weit unangenehmer, als mitten in der Wüste auf hartem Untergrund zu schlafen oder, wie ich es dann ebenso oft tat, im Prius meines Stiefvaters, weil ich zu faul war, mein Zelt aufzubauen. Ich bin eine Planerin. Von Natur aus. Ich bin »überspannt«. Ich bin jemand, der für eine einwöchige Reise ein achtseitiges Google-Dokument vorbereitet. Doch diesmal flog ich an einem Dienstag los und hatte keine Ahnung, wo ich am Mittwoch schlafen würde. Der Versuch, das Universum eine Woche lang meinem Willen zu unterwerfen, war das eine. Die Erwartung, die Reise würde sich meinem Willen monatelang am Stück unterwerfen, schien derart aussichtslos, dass ich es erst gar nicht versuchte. Studien zeigen, dass der halbe Spaß einer Reise in der Planung besteht; in diesem Fall bestand der halbe Spaß wohl in der Frage, ob es mir gelingen würde, mich einen Sommer lang einfach treiben zu lassen.

An dieser Stelle folgt, was ich bereits geklärt hatte: Als Ausgangspunkt sollte mir die optimierte Nationalpark-Route dienen, die ich jedoch leicht abwandeln würde, sodass sie nur Parks enthielt, von denen ich bislang kein Junior-Ranger-Abzeichen hatte – kleine Plastikanstecker, die man sich im Rahmen des Junior-Ranger-Bildungsprogramms verdient, indem man ein Arbeitsheft für Kinder ausfüllt. Ich war verrückt nach ihnen, seit ich meinen ersten am Devil's Lake bekommen hatte, einen Anstecker, der mit einem Pilz geschmückt war. Er ist unglaublich gut gealtert: Bei meinen Freund*innen, die entweder Halluzinogenen zugeneigt sind oder Pilzsammel-Accounts auf Instagram folgen, ist er der absolute Hit (insgesamt entspricht das 100 Prozent meiner Freund*innen).

Der einzige Grund, warum ich möglicherweise ohne festen Reiseplan durchkommen würde, war mein Plan, jede Nacht wild zu campen, da ich die Reise ohne Einnahmequelle antrat. Erst wenige Jahre zuvor hatte ich von einem Freund erfahren, dass man in Nationalforsten sowie auf öffentlichen, durch das Bureau of Land Management verwalteten Flächen kostenlos übernachten konnte. Es gab sogar eine Website mit beliebten Zeltplätzen, aber mein Freund riet mir dazu, solche Plätze für mich zu behalten, damit sie nicht zu bekannt würden. Anscheinend folgte auch die Benutzeroberfläche der Website diesem Rat: Sie war unübersichtlich und verwirrend. Sie erweckte den Eindruck, als sei sie zuletzt vor der Erfindung des Internets aktualisiert worden.

Wildcampen bedeutet kein Zugang zu Annehmlichkeiten wie Sanitäranlagen – man kann sich glücklich schätzen, wenn man ein Plumpsklo findet, was, wie der Name nahelegt, eine Klobrille über einem großen Loch im Boden ist. Fließendes Wasser gibt es eigentlich nie. Duschen sind ganz offensichtlich ausgeschlossen. Aber, sehr wichtig: Es kostet nichts. Und da man für einen kostenfreien Zeltplatz oft tief in ein Naturschutzgebiet hineinfahren muss, kommt es vor, dass man inmitten einer umwerfend schönen Naturkulisse übernachtet.

Aufgrund der Abgeschiedenheit der meisten Gratiszeltplätze hätte ich oft keinen Zugang zum WLAN – was den Reiz, Naturlandschaften und unberührte Orte zu besuchen, ja gerade ausmachte. Die Jahre, in denen ich als Mitarbeiterin des Recherche-Teams für *The Late Show with Stephen Colbert* arbeitete, überschnitten sich mit den Jahren, in denen Donald Trump als Präsident kandidierte und gewählt wurde und dann damit fortfuhr, die Schlagzeilen mit einer psychotisch anmutenden Anzahl schrecklicher Entscheidungen, Aussagen und Skandalen zu dominieren, die teils seiner narzisstischen Persönlichkeitsstörung und teils der psychologischen Kriegsführung Steve Bannons zu verdanken waren, die die Bevölkerung Amerikas gegen Leid abstumpfen sollte. Jahrelang gehörte es also zu meinem Job, immer zu wissen, was Trump und sein Gefolge gerade im Schilde führten. Ich freute mich darauf, während meiner Reise nicht ständig online sein zu müssen. Wie so viele Amerikaner*innen habe auch ich ein schlechtes Gewissen wegen der Zeit, die ich damit verbringe, auf Bildschirme zu starren. Allerdings steige ich auch liebend gern auf einen Berg, setze mich an einen schönen Aussichtspunkt und checke meine E-Mails.

Dennoch, ich hoffte, dass es mir gelingen würde, mich auf diese Reise einzulassen. Ich hoffte, für ein paar Monate ohne meine Freund*innen und mein Drama auszukommen, meinen pawlowschen Instinkt, dank dem ich 400 Mal am Tag Instagram aufrief, lange genug ignorieren zu können, um das Unterwegssein wirklich zu erleben. Ich vermutete und hoffte, dass, wäre ich wirklich präsent, eine Form der Alchemie wirksam werden und mein Vorhaben (eine unverschämt lange Urlaubsreise) transzendieren würde, damit ich zum Kern von irgendetwas vorstoßen könnte. Zum ersten Mal in meinem Leben gestand ich mir zu, frei zu sein und in Vollzeit zu schreiben. Und genau davon wollte ich erzählen.

Ich war fest entschlossen: Ich wollte einen Großen Amerikanischen Roadtrip machen. Ich hatte ein paar Fragen, über dich währenddessen nachdenken wollte, auch wenn sich viele erst noch ergeben würden – Fragen zur Geschichte der Parks, die Teil der finsteren Geschichte Amerikas ist; zu den riesigen

Menschenmassen, die die Parks heimsuchen; wie viele Wochen eine Frau allein im Auto unterwegs sein kann, bevor sie äußerst gereizt oder horny wird – oder beides. Auch wenn mir jedes Mal Stresspickel sprießen, wenn meine Pläne durchkreuzt werden, wusste ich, ich würde akzeptieren müssen, dass diese Reise über mich bestimmen würde und nicht etwa umgekehrt. Und so buchte ich eines Tages mitten im Frühjahr 2019 ein Flugticket nach Chicago.

I
DIE PLAINS

1

HERMERGENCY

*E*ine Reise von 1000 Meilen beginnt mit dem ersten Schritt, wie es so schön heißt. Aber das ist falsch: Eine Reise von 1000 Meilen beginnt mit der Überlegung, was man einpacken soll.

Wie packt man für eine Reise mit unbestimmtem Ende quer über einen Kontinent? Ich plante, einen Frühling und Sommer lang weg zu sein und sowohl schneebedeckte Berge als auch Wüsten zu erkunden. Ich wollte Kleidung einpacken, in der ich mich sexy fühle und wie ich selbst, würde zugleich jedoch aus einer Reisetasche leben und über lange Strecken nicht duschen können. Ich würde wandern und schwimmen und vom Regen überrascht werden; etwas einzupacken, das nicht nass oder schmutzig werden durfte, ergab also keinen Sinn. Es war eine große Herausforderung, denn selbst an Tagen, an denen ich Zugang zu meinem gesamten Kleiderschrank habe, fällt es mir schwer, ein stimmiges Outfit zusammenzustellen.

Jede Entscheidung stellte mich vor neue Probleme. Ein Beispiel: Welche meiner Baseballkappen würde mich nicht wie Teil der Ostküstenelite aussehen lassen? Eine *New-Yorker*-Kappe war ein offensichtliches No-Go. Meine Yankees-Kappe kennzeichnete mich etwas weniger offensichtlich als New Yorkerin oder doch wenigstens als New Yorkerin, die »Sport« mag und nicht »Lange Artikel von Jill Lepore«. Ich hatte eine Harry-Styles-Kappe, eine schlichte schwarze Schirmmütze, auf der nur »Harry« stand – mit ihr wäre alles möglich gewesen, hätte nicht jede*r, der oder die mich mit der Kappe sah, gleichermaßen angenommen, dass sie sich auf Harry Connick Jr. bezog, einen Schnulzenschreiber. Auch wenn ich nicht wusste, welche Art chaotische Energie solche Leute zu diesem Schluss verleitete, war das nicht die Energie, von der ich mich auf meiner Reise leiten lassen wollte.

Bei jedem Teil, das ich einpackte, stellte ich mir die folgende Frage: Werde ich aufgrund dieses Kleidungsstücks ermordet werden? Wenn ich anderen davon erzählte, dass ich demnächst allein durch Amerika fahren wollte, war die erste Reaktion immer, dass ich umgebracht würde. Manchmal, ganz selten, gab mir mein Gegenüber stattdessen einen Ratschlag, wie man nicht ermordet wird. Mein baldiges Ableben war für sie noch wahrscheinlicher, wenn ich ihnen erzählte, dass ich vorhätte, hauptsächlich inmitten der Pampa wild zu campen. Sie waren überzeugt, dass dies zu Schlagzeilen führen würde wie »Frau beim Wildcampen getötet« oder »Leichnam vermisster Frau endlich gefunden, ermordet, nachdem sich Polizeibeamte fragten, wo der dämlichste Ort zum Campen sei und dann dort nachsahen« oder »Neue Einzelheiten: Beine getöteter Camperin offensichtlich wochenlang nicht rasiert«. Unter den »Blythe wird ermordet«-Truthern befand sich auch TB. In den Wochen vor meinem Abflug nach Chicago, wo meine Reise beginnen sollte, versuchte er, mich davon abzubringen, mir seinen schwarzen Prius auszuleihen. Nicht weil er Angst hatte, dass ich damit einen Unfall verursachen würde (davon gingen ohnehin alle aus). Sondern weil er glaubte, der Prius würde mich nicht ausreichend davor schützen, umgebracht zu werden.

TB ist von Mord und Totschlag besessen; meinen Tod vorherzusagen, ist für ihn wie ein Hobby. Er ist jemand, dem mehrere seiner Kinder unabhängig voneinander *Ich ging in die Dunkelheit* (über die wahre Suche nach dem Golden State Killer) zu Weihnachten schenkten. Am Telefon wollte mich TB davon überzeugen, den Campingbus zu nehmen, den er aus irgendeinem Grund kürzlich gekauft hatte.

»Nimm ihn bloß nicht«, unterbrach ihn meine Mom. »Der Bus ist hässlich und verbraucht viel zu viel Benzin.«

»Er ist nicht hässlich, innen ist er wirklich hübsch«, protestierte TB. »Er schafft zwölf Meilen pro Gallone.«

Idealerweise hätte ich meine Reise in einem kompakten Fahrzeug angetreten, einem, das leicht zu handhaben ist, sich für unwegsames Gelände eignet und einen geringen Benzinverbrauch hat. Ein Pluspunkt wäre gewesen, hätte das Auto alle Fremden, die mir begegneten, auf der Stelle darüber informiert, dass ich übrigens cool bin. Wäre es nach mir gegangen, hätte ich die Straße in einem Jeep erobert oder vielleicht einem Geo Tracker, ein Fahrzeug, über das ich so gut wie nichts wusste, außer, dass es wie ein Jeep aussah und die ungemein hippe, lilahaarige Frau, die meine Haare schnitt, einen hatte. Die Sache ist nur, dass es nie nach mir geht und ich gewillt war, mich mit »leicht zu fahren«, »Fahrleistung mehr als zwölf Meilen pro Gallone« und wenn nicht »für unwegsames Gelände geeignet, ohne dem Auto zu schaden«, dann wenigstens »schon so zerbeult, dass man problemlos gegen ein paar Steine fahren kann, ohne dass es etwas ausmacht« zufriedenzugeben. In diesem Sinne war der Prius meines Stiefvaters, der augenscheinlich einen Hagelsturm überstanden hatte und mindestens einen Zusammenstoß mit einem Auto-förmigen Objekt, genau das, was ich brauchte.

Dass ich als Frau plante, monatelang allein unterwegs zu sein, ließ alle, mit denen ich sprach – Freund*innen, Kolleg*innen, Fremde – an einen gewaltsamen Tod denken. Und dabei waren diese Leute anscheinend ganz normal! Anders als TB konnten sie einem, wenn sie eine GPS-Koordinate hörten, nicht von einer jungen, mir selbst durchaus ähnlichen Frau erzählen, die kürzlich innerhalb eines Radius von zehn Meilen ermordet wurde. Aber über das Folgende waren sich alle einig: Ich wäre allein. Ich würde in Gefahr schweben. Ich würde umgebracht werden. Es sei denn! Ich kaufte jede Menge unglaublicher Produkte, einzig dafür entwickelt, ebendies zu vermeiden. So wie wir Frauen Ratschläge erteilen, um nicht vergewaltigt zu werden, anstatt Männern Ratschläge zu erteilen, um Frauen nicht zu vergewaltigen, überhäuften mich meine Mitmenschen nicht nur mit Ratschlägen, um nicht ermordet zu werden, nein, sie brachten mich auch der Lass-Dich-Nicht-Ermorden-Industrie näher.

Eine der wichtigsten Produktkategorien des industriellen Lass-Dich-Nicht-Ermorden-Komplexes sind Geräte zur Standortverfolgung. Beinahe jede*r, dem oder der ich von meiner Reise erzählte, empfahl mir einen Standort-Tracker. Allen Menschen in der Welt zu erlauben, mich wie den Lieferstatus einer Pizza von Domino's zu tracken, würde mich natürlich nicht davor bewahren, umgebracht zu werden. Wenn überhaupt würde es ihnen ermöglichen, so schnell wie möglich herauszufinden, dass ich umgebracht wurde.

Dann waren da die Produkte, die mich davor schützen sollten, ermordet zu werden, oder es doch wenigstens etwas weniger attraktiv machen sollten, mich zu ermorden. Als ich zwei Frauen bei Drinks von meinen Reiseplänen berichtete, erzählte mir eine von einer Website namens *Damsel in Defense*, auf der ihre Mutter ihr eine pastellfarbene Elektroschockpistole gekauft hatte. Ich rief die Website auf; für 70 Dollar bekam man einen Elektroschocker, der, in sanftem Licht auf einer Couch neben einer Reihe von Dekokissen fotografiert, exakt aussah wie ein Sexspielzeug. Man konnte außerdem Notfallpfeifen kaufen oder, wie sie auf der Website genannt wurden: »Hermergency Necklaces«. Sie hatten auch ein auffälliges Teil im Angebot, aus hellblauem Aluminium, mit einer schlanken silbernen Spitze. Ich zeigte den beiden Frauen meinen Handybildschirm.

»Sorry«, sagte ich. »Das soll ich mir aber nicht in den Hintern schieben, oder?«

Wird einem ständig der eigene, kurz bevorstehende, gewaltsame Tod vorhergesagt, ist das nicht nur eine emotionale Belastung, mit der sich Männer vor einer Reise nicht auseinandersetzen müssen. Es ist auch eine finanzielle Belastung. Männer müssen sich nicht anhören, dass sie auf ihren Solo-Reisen umgebracht werden, ergo müssen sie keine 70 Dollar für einen Elektroschocker ausgeben. Sie decken sich nicht mit Pfefferspray ein. Was sie einpacken, sind Dinge, die sie in der Wildnis schützen – ein Messer oder eine Dose Bärenspray (eine Art Pfefferspray, das benutzt wird, um Bären abzuschrecken und nicht, das ist wichtig, um sich selbst damit einzunebeln wie mit einem Insektenspray) –, aber nicht vor anderen Menschen. Ich habe keinen Freund, der eine Elektroschockpistole oder eine besonders schrille Trillerpfeife besitzt oder dem seine Familie nahelegte, ebenjene Dinge zu besorgen, bevor er allein loszog. Und Freunde mit einem Stiefvater wie TB – der mir anbot, mir eine Pistole zu beschaffen – habe ich erst recht keine. Ich beschloss, nichts zu kaufen, wofür Männer kein Geld ausgeben müssen. Bärenspray sollte als Schutz genügen. Auch wenn ich es am Ende vergaß.

Ich wusste, dass ich auf meiner Reise nicht ermordet würde. Das war doch klar! Zugleich kann ich nicht leugnen, dass mich der Gedanke daran, auf meiner Reise zu sterben, umtrieb: Vielleicht würde ich in einen Autounfall verwickelt oder von einer Klippe stürzen oder ein Reh ... würde mich töten. Oder ich würde doch ermordet werden, klar. Es dauerte lange, bis ich mich an den Gedanken gewöhnte, die Reise immer nur wenige Tage im Voraus zu planen; danach war es leicht, meine Sterblichkeit zu akzeptieren. Wir alle müssen eines Tages abtreten! Und wenn ein Reh das Verlangen verspürt, mich zu töten, sollte dieser Wunsch respektiert werden.

Manche gingen davon aus, dass ich auf Güterzüge aufspringen oder per Anhalter durch Amerika reisen würde, was beides natürlich sehr viel gefährlicher ist, als sich auf eine lange Autofahrt zu begeben; ich hatte nichts von beidem vor. Dass mir ein Auto zur Verfügung stand, das ich ausleihen konnte, und Geld für Benzin, war ein Privileg. Ich hatte nicht vor, es mir schwerzumachen, nur um irgendwie »real« zu sein; ich habe mich schon vor Langem damit abgefunden, dass ich nicht »real« bin. Ich hatte nicht vor, authentisch zu sein, so wie der Typ Mann, der sich aufgrund seines Treuhandfonds derart schlecht fühlt, dass er in die Wildnis trampt, um dort zu sterben. Ich habe keinen Treuhandfonds, aber hätte ich einen, würde ich mir von dem Geld einfach einen Geo Tracker kaufen.

Dabei war die Welt eigentlich gar nicht so gefährlich. Die Mordrate in den Vereinigten Staaten ging zurück – zumindest bevor uns Corona den Gesellschaftsvertrag über Bord werfen ließ. Es war nur so, dass die True-Crime-Serien, die meine Mom, mein Dad und meine Freund*innen mir gegenüber zitierten, wenn sie mir haargenau erklärten, wie ich zerstückelt werden würde, es aussehen ließen, als lebten wir in größerer Gefahr als je zuvor. »Wir« bezieht sich dabei auf einen ganz bestimmten Teil der Bevölkerung; oder, wie es meine Freundin Madelyn mir gegenüber einmal formulierte, als all meine anderen Freund*innen davon überzeugt waren, dass ich auf einem ersten Date beim Wandern außerhalb der Stadt ermordet würde: »Die True-Crime-Industrie zielt darauf ab, weißen Frauen Angst vor allem zu machen.«

Eine Frau zu sein, birgt gewisse Risiken, aber ich hatte gelernt, auf mich aufzupassen, und es wollte mir nicht in den Kopf, warum diese Risiken auf einem einsamen Berg irgendwo im Nirgendwo größer sein sollten als in meinem Alltag in Brooklyn, wo ich von betrunkenen Männern jeden Alters umgeben war, die vor meinem Apartment herumlungerten und den ganzen Tag redeten und nachts lauthals grölten. Unsere Gesellschaft ist von der Idee, Städte seien für Frauen im Alleingang gefährlich, ebenso besessen wie von der, alleine auf Reisen zu sein, sei für Frauen gefährlich. Wenn ich das eine entgegen aller Wahrscheinlichkeit so lange überlebt hatte, konnte das andere da wirklich so schlimm sein, wie die Gesellschaft es aussehen ließ?

Am ersten Morgen meines Großen Amerikanischen Roadtrips holte mich meine Mom vom O'Hare International Airport in Chicago ab und fuhr mich nach Wisconsin, um den Prius abzuholen. Am zweiten Morgen meines Großen Amerikanischen Roadtrips hatte ich noch immer keine konkreten Pläne, um wirklich aufzubrechen und irgendwohin zu fahren. Und so ging ich in ein Café, schüttete mir eine Tasse Cold Brew direkt ins Gehirn und googelte »Wie kommt man zum Isle-Royale-Nationalpark«.

Solltest du noch nie vom Isle-Royale-Nationalpark gehört haben, bist du damit nicht allein. Im Jahr vor meiner Reise besuchten nur 18 479 Menschen die Hauptinsel, was den Isle Royale zum am wenigsten besuchten Nationalpark der Vereinigten Staaten macht. Vielleicht klingt 18 479 nach einer ganzen Menge Leute, wenn du, anders als ich, noch nie in einem Apartmentgebäude in Brooklyn mit 18 479 anderen Menschen gewohnt hast. Aber betrachten wir es doch einfach einmal so: 2019 war der am meisten besuchte Nationalpark der Great-Smoky-Mountains-Nationalpark mit 12,5 Millionen Besucher*innen. Für den Great Smoky Mountains ist eine Zahl wie 18 479 nicht mehr als ein Rundungsfehler.

Die Isle Royale ist eine 45 Meilen lange, neun Meilen breite Insel im Lake Superior; sie liegt näher an Kanada und Minnesota, gehört aber zu Michigan. Diese Insel sowie 450 kleinere umliegende Inseln, die mit einem Wasserflugzeug oder den paar wenigen Fährlinien erreicht werden können, bilden den Isle-Royale-Nationalpark.

Als ich in einem Café saß und versuchte, ein Fährticket zu

kaufen, wusste ich nichts davon. Damals wusste ich nur zwei Dinge über den Park, beide hatte mir TB erzählt. Erstens kannte TB jemanden, dessen Bruder das ganze Jahr über auf der Isle Royale gelebt hatte, bis er vor Kurzem an … Botulismus? … gestorben war, da er sich ausschließlich von Konserven ernährte. Diese Geschichte machte mich gleich aus mehreren Gründen skeptisch: Zum einen lautet die offizielle Einwohnerzahl der Insel null, und außerdem schien es aufgrund der relativ geringen Größe des Parks und der Existenz von Flugzeugen wahrscheinlich, dass, würde eine Person heimlich auf der Insel leben, irgendjemand es früher oder später bemerkte. Andererseits: Wenn es in irgendeinem Land jemanden geben könnte, für den Freiheit bedeutet, illegal und ohne jeglichen Komfort auf öffentlichem Grund zu leben und es den Demokraten so richtig zu zeigen, indem er das Mindesthaltbarkeitsdatum auf Campbell's-Suppen-Dosen ignorierte, dann definitiv in Amerika. Insofern: Wer weiß?

Zweitens war mir bekannt, und an dieser Stelle möchte ich TB zitieren, dass »sie versuchen, Wölfe auszuwildern, weil die Elchpopulation völlig außer Rand und Band ist.« So ist es! Der Park ist für seine Elchpopulation bekannt: 2019 gab es hier 2060 Elche. Dabei waren die Elche erst vor relativ kurzer Zeit auf die Isle Royale gelangt – sie kamen Anfang des 20. Jahrhunderts, als sie als Mutprobe vom Festland zur Insel schwammen. Die Wölfe folgten ihnen etwa 40 Jahre später, indem sie eine Eisbrücke von Kanada aus überquerten, worüber ich mir noch nicht einmal einen Scherz erlauben werde, weil es einfach zu krass ist.

Seit beide Arten zusammen auf der Isle Royale leben, haben ihre Bestände mal ab-, mal zugenommen. Dies ist von entscheidender Bedeutung, denn auch wenn wir kulturell bedingt zwar vielleicht von der Idee beflügelt sind, einen Elch zu sehen, gibt es auch so etwas wie »zu viele Elche auf einer Insel« (was natürlich die Prämisse meiner erfolgreichen Sitcom *Die Elch-*

Insel sein wird). Die Elche fressen und trampeln alle Bäume und Pflanzen nieder, auf die Vögel, andere Säugetiere und Insekten für ihr Überleben angewiesen sind. Oder, wie es so schön heißt: Füttert man einem Elch einen Muffin, wird er das Ökosystem des Isle-Royale-Nationalparks zerstören. Und genau das ist im Lauf der letzten 15 Jahre geschehen. Im Jahr 2005 lebten 30 Wölfe und 385 Elche in dem Park. Dann verringerte sich die Wolfpopulation aufgrund von Inzucht, da infolge des Klimawandels weniger oft Eisbrücken entstehen und keine neuen Wölfe auf die Insel gelangten, um den Gen-Pool aufzufrischen. 2017 waren auf der Hauptinsel nur noch zwei Wölfe übrig – und 1600 Elche. Die Elche waren, wie es TB so treffend formulierte, völlig außer Rand und Band.

Die große Frage lautete: Soll der National Park Service als Verwalter der Isle Royale etwas zur Regeneration der Wolfspopulation unternehmen? Gemäß dem Wilderness Act von 1964 soll grundsätzlich nicht eingegriffen werden. Laut einem Gastbeitrag in der *New York Times* von den drei Wissenschaftlern, die entscheiden sollten, ob neue Wölfe in dem Park ausgewildert werden oder nicht, sei es verlogen, Nichteingreifen über alles zu stellen, da der Mensch durch den Klimawandel selbst in die ursprünglichsten Regionen des Planeten bereits eingegriffen hat. Letztlich entschieden sie sich für die Wölfe. Und so begaben sich 2019 zwölf Wölfe auf eine unvorhergesehene Reise in den Isle-Royale-Nationalpark – ganz wie ich.

Ich sah mir die Fahrpläne der Fähren an und beschloss, einen Tagesausflug zu machen: Ich wollte auf der abgelegenen Spitze der Oberen Halbinsel von Michigan zelten, dann, früh am Morgen, zu der etwa dreistündigen Überfahrt zur Isle Royale aufbrechen und am späten Nachmittag wieder zurückfahren. Der Mann, der ans Telefon der Fährgesellschaft ging, sagte, es seien noch Tagestickets erhältlich, und fragte mich, wo ich übernachtete. Instinktiv – dieser Fähr-Perversling sollte auf keinen Fall erfahren, wo ich schlief, nur damit er mich im Schlaf ermorden könnte – log ich.

»Bei … meinem … Stiefvater«, sagte ich.

»Okay«, antwortete der Mann von der Fährgesellschaft. »Check-in ist morgen um sieben.« Natürlich wollte er nur wissen, ob ich mich in der Umgebung aufhielt und die frühe Fähre schaffen würde. *Dieser Mann will dich gar nicht umbringen,* wurde mir da bewusst. *Nimm dich nicht so wichtig.*

Die erste Etappe meiner Reise führte mich in Richtung Norden. Da die Obere Halbinsel zu den Launen der Geografie gehört, betrat ich damit allerdings wieder die Eastern Time Zone. Alle Grenzen sind brutal, kolonialistisch und willkürlich, doch auf mich wirkt es besonders willkürlich, dass die Obere Halbinsel zu Michigan gehört und nicht zu Wisconsin. Sie grenzt ganz genau an einen Bundesstaat, und, Überraschung: Es ist nicht Michigan. Mit dieser Ansicht stehe ich allerdings allein auf weiter Flur, und es ist keine Flur, die auch nur irgendjemand für ein interessantes Gesprächsthema hält. Und so dachte ich im Stillen darüber nach, als ich über verlassene Landstraßen durch Pinienwälder im Norden Wisconsins fuhr und versuchte, es bis um 18 Uhr (Eastern Time) zum Besucherzentrum der Isle Royale in Houghton zu schaffen.

Und auch wenn ich eine Stunde verlor, nur weil ich gemäß eines 183 Jahre alten Vertrags »in Michigan« war (ja, klar), schaffte ich es rechtzeitig zum Besucherzentrum. Ich schnappte mir mein Junior-Ranger-Heft, setzte mich in mein Auto und öffnete jede App, die ich während der vergangenen 60 Minuten, seit meiner letzten Pinkelpause, so geflissentlich ignoriert hatte. »Du wirst gleich auf ein paar schönen Straßen unterwegs sein«, schrieb mir ein Freund, der eine Weile in Copper Harbor gelebt hatte, wo ich am nächsten Tag mit der Fähre ablegen würde. Er hatte recht: Die letzte Stunde meiner Fahrt durch immer spärlicher besiedeltes Land war, als würde ich durch ein

Bild im Wohnzimmer meines Vaters fahren. Die Straße schlängelte sich sanft durch dichte Birkenwälder, bis sie am Strand des Lake Superior auf einmal endete.

Ich fuhr den »Hausberg« hinauf (ein großer Hügel), um mir einen besseren Ausblick zu verschaffen: Immergrüne Bäume, so weit das Auge blicken konnte, auf dem Festland und ein paar kleinen Inseln parallel zur Küste. Derart bezaubernd, dass es, ehrlich gesagt, geradezu wahnsinnig war.

Am nächsten Morgen um sieben Uhr war ich am Fährhafen, und ja, damit gebe ich an. Die Zeit zwischen Erwachen und Losfahren wurde dadurch beschleunigt, dass ich am Vorabend, als ich versuchte, meine idyllische kleine Lagerstätte herzurichten, feststellen musste, dass das Zelt, das mir TB ausgeliehen hatte, komplett unbrauchbar war (fehlende Stangen, zerrissene Plane). Nachdem ich TB angerufen und um Erlaubnis gebeten hatte, das »Zelt« zu entsorgen, verbrachte ich meine erste Nacht als Soloreisende stattdessen eingerollt auf dem Beifahrersitz des Prius. 1,58 Meter groß zu sein: ein Lifehack.

Ich ging zur Anlegestelle der Isle-Royale-Fähre und begab mich zu einem Picknicktisch, in langer Tradition von Menschen, die bis zum Check-in auf der Fähre nichts anderes zu tun haben, als aufs Wasser zu starren und über ihr Leben zu sinnieren. Den Check-in führte ein Mann durch, der wie Steve Bannon aussah, vorausgesetzt, Steve Bannon wäre nur halb so ungesund und würde ebenfalls auf der Oberen Halbinsel in Michigan herumlungern, statt überall in Europa winzige Baby-Hitler zu erschaffen. »Bevor wir anfangen, noch eine Anmerkung«, sagte der gesunde Bannon. Er wies auf die Isle-Royale-Fähre und auf eine etwa 1,20 Meter hohe Leiter, die wir erklimmen mussten, um an Bord zu gelangen. »Vor sieben Jahren befand sich das Deck auf der gleichen Höhe wie der Steg. Man konnte einfach vom Steg auf das Boot treten. So stark ist der

Wasserspiegel des Lake Superior seitdem gestiegen.« Ich blinzelte und fragte mich, ob der Mann wohl *Anmerkung* mit *düstere Mahnung zum drohenden Untergang unseres Planeten* verwechselt hatte. »Okay! Auf, an Bord!«

Im Inneren der Fähre saß ich an einem Tisch mit zwei Frauen und unterhielt mich drei Stunden mit ihnen. Für dich mag das schrecklich klingen, so wie für mich, bin ich doch eine Person, die es bekanntermaßen hasst, mit Fremden zu sprechen. Aber es war reizend. Die Frauen stellten sich als Debbie und Meg vor, ein Mutter-Tochter-Gespann aus Green Bay, das zusammen auf die Isle Royale fuhr, weil Debbie als junges Mädchen einmal da gewesen war und seither davon träumte, eines Tages mit ihren Töchtern zurückzukehren. Wir unterhielten uns über Wisconsin und Timothée Chalamet (für den ich damals schwärmte, ich war ja noch keine 30) und über das Reisen. Nach zwei Stunden fiel mir auf: »Ihr seid die ersten, die nicht gesagt haben, ich würde auf meiner Reise ermordet werden.«

»Ach, du wirst schon nicht ermordet werden«, sagte Debbie. »Wenn du in New York überlebt hast, schaffst du das auch unterwegs.«

Selbstredend ist es wahr, dass Frauen in Großstädten und auf Reisen ermordet werden können. Etwas, das die Feministin und Autorin Adrienne Rich als die »Rolle männlicher Gewalt bei der Unterwerfung der Frau« bezeichnet. Wenn sich an diesen Orten aufzuhalten, bedeutet, dass man als Frau in Gefahr ist, kann man dort nie gänzlich ungezwungen sein; ein Teil der Aufmerksamkeit wird immer wieder abgezogen.

Statistisch betrachtet sind es nicht Frauen, die wirklich Angst davor haben sollten, Roadtrips zu machen oder nach New York zu ziehen: Laut der Vereinten Nationen sind etwa 80 Prozent aller Mordopfer weltweit Männer. Dasselbe gilt auch für die Vereinigten Staaten, und zwar seit Jahrzehnten. Besser gesagt: Männer werden eher öffentlich und eher durch die

Hand eines Fremden zum Opfer. Frauen eher durch jemanden, den sie kennen, genau an dem Ort, der eigentlich unser Zufluchtsort sein sollte: unser Zuhause oder das von jemandem, der uns nahesteht. Gut möglich, dass die häusliche Sphäre ganz abenteuerlos und zugleich der gefährlichste Ort für uns ist. Dennoch versuchen die True-Crime-Industrie und unsere Gesellschaft im Allgemeinen, Frauen davon zu überzeugen, ebendort zu bleiben, weil, was für ein Zufall, sie dort die unbezahlte Sorgearbeit leisten können, die unsere äußerst schlecht konzipierte Wirtschaft am Laufen hält.

Die Geschichten, die wir uns erzählen – beispielsweise, dass Frauen unterwegs nicht sicher seien – verschärfen dieses Problem: Wenn sich Frauen beim Reisen nicht sicher fühlen, hält dies mit großer Wahrscheinlichkeit einige Frauen davon ab, weswegen weniger Frauen ihren Freundinnen von ihrem tollen Roadtrip erzählen, auf dem sie nicht ermordet wurden. Ob Jack Kerouac wohl geraten wurde, sich nicht auf seine Reisen zu begeben? Nein, wahrscheinlich sagten die anderen viel eher etwas wie: »Unbedingt, von mir aus kannst du gerne für ein paar Monate verschwinden und mich verdammt nochmal in Ruhe lassen.«

Als ich die ersten kleinen Inseln sah, die die Isle Royale umgeben, kamen mir die Tränen. Ich verhütete erst seit ein paar Monaten mit einer Hormonspirale, und jetzt war einfach alles, nun ja, viel zu schön.

Wir gingen an Land, und ich durfte keine Zeit verlieren. Ich winkte Meg und Debbie zum Abschied, die in die Rock Harbor Lodge eincheckten, und machte mich auf, den Ausgangspunkt eines Wanderwegs zu suchen. Am Vortag, im Besucherzentrum in Houghton, hatte ich dem diensthabenden Ranger erklärt, ich hätte vor, nur den Nachmittag auf der Insel zu verbringen, und fragte, was ich in der Zeit unternehmen könne. Er gab mir eine Landkarte und empfahl mir eine vier Meilen lange Wanderroute auf einer schmalen Halbinsel, von Rock Harbor zu einem Felsvorsprung namens Scoville Point. Mir blieben nur etwas mehr als drei Stunden, die, wie mir der Ranger versicherte, dafür ausreichen sollten, auch wenn es bereits ein Jahr her war, dass ich ernsthaft gewandert war, und ich nicht wusste, ob ich schnell genug gehen konnte. Ich eilte durch den Hafen, fand einen Wanderweg, der richtig aussah, und tauchte in den Wald ein.

Ich möchte keine falschen Hoffnungen wecken, deswegen sage ich es lieber gleich: Ich habe auf der Isle Royale keinen der 2060 außer Rand und Band geratenen Elche gesehen. Und natürlich auch keinen der zwischenzeitlich 14 auf der Insel lebenden Wölfe, die damit beschäftigt waren, sich an ihr neues Zuhause zu gewöhnen und ihrem Job – Elche zu fressen – nachzukommen. (Seit 2019 hat sich die Wolfspopulation verdoppelt und die Elchpopulation fast halbiert.) Aber das spielte keine Rolle. Ich freute mich darüber zu wandern, in eine neue Landschaft einzutauchen und beim Herumlaufen mehr über sie zu erfahren. Ich ging meiner absoluten Lieblingsbeschäftigung nach, und da es kalt und eine schicke rote Strickmütze der Temperatur angemessen war, sah ich währenddessen auch noch aus wie ein sexy Steve Zissou. Ich raste den Weg entlang, füllte dabei mein Junior-Ranger-Heft aus, lauschte den Geräuschen der Natur, bestaunte die Vegetation und notierte meine Erkenntnisse.

Alles um mich herum war, so leid es mir tut, atemberaubend! Der Lake Superior wird völlig unterschätzt. Oder vielleicht hielt ich ihn nie der Reise wert, weil er so weit im Norden liegt. Oder vielleicht kam es daher, dass der Lake Michigan in meiner Wahrnehmung im besten Fall »Meh« und im schlimmsten »Rühr das Wasser bloß nicht an, sonst bekommst du Hepatitis« ist, was mich zum Schluss verleitete, alle Großen Seen seien gleich. Jedenfalls war ich auf die Erhabenheit des Lake Superior absolut unvorbereitet. Plötzlich lichtete sich der

Pinienwald und gab den Blick frei auf eine felsige Küste und aufgepeitschtes saphirblaues Wasser bis zum Horizont. Immer wieder führte der Weg über Holzplanken durch Gebiete, in denen sich die Erde in Senken zwischen den Steinen sammelte, wo das Wasser nie ganz abfließen konnte und Sumpfpflanzen wie Dotterblumen gediehen. Als ich den Scoville Point schließlich erreichte, blickte ich zum Horizont, zwischen mir und dem Festland meilenweit nichts als See. Da dachte ich, verdammt, kaum zu glauben, dass die Elche hierher geschwommen sind. Diese Irren!

Für die Rückfahrt wieder auf der Fähre, machte ich es mir auf einem Sitz bequem – ich hatte einen ganzen Vierertisch für mich. Und dann. Tauchte auf der Hälfte der Strecke plötzlich, wie aus dem Nichts, ein Mann auf und fragte, ob er sich zu mir setzen dürfe. Jeder, der nach zwei Stunden auf einem Boot ganz plötzlich einen Sitzplatz braucht, bedeutet Ärger. Außerdem schien er irgendwie gereizt, was in meinem Inneren den Alarm auslöste, den ich über die Jahre in New York entwickelt hatte, in denen ich versuchte, nicht ermordet zu werden. Aber da ich als Frau sozialisiert wurde und mir daher beigebracht worden war, höflich und entgegenkommend zu sein, und weil ich immerhin einen ganzen Tisch für mich allein hatte, ließ ich ihn. Er lümmelte sich auf die Bank mir gegenüber und tat, was alle Männer tun, die in der Nähe einer Frau sitzen, die sie nicht kennen: Er ging mir auf die Nerven.

»Was liest du da?«, fragte er mich.

Ich zeigte ihm das Cover meines Buchs: *Yes Means Yes: Visions of Sexual Power and a World Without Rape*. Es war das eine Buch, das kein Mann als Aufhänger zum Flirten nutzen kann.

Aber irgendwie versuchte er es trotzdem. Eine ganze Stunde lang stellte er mir eine Frage nach der anderen, während ich mich ganz offensichtlich weigerte, darauf einzugehen. Schließlich begriff er, dass er seinem Ziel (meine Telefonnummer zu bekommen? mich davon abzuhalten, mehr über Rape Culture zu erfahren?) nicht näherkam, indem er mich nervte. Und so beschloss er, mir den Rest des Weges so unangenehm wie möglich zu machen. In der letzten Stunde der Fahrt bewegte er seine Beine sukzessive in meine Richtung und begann, sie zu spreizen, bis kein Platz mehr für mich unter dem Tisch übrig war. Und für diese eine Stunde ließ ich mir das gefallen. Auf der Isle-Royale-Fähre, von den gespreizten Beinen eines widerlichen Typen in die Ecke gedrängt, fragte ich mich, wie lange ich jemanden mit meiner Ermordung fortschreiten lassen würde, bis ich ihn aufforderte, doch bitte damit aufzuhören.

Als ich den Mann endlich bat, seine Beine zu bewegen, waren wir beinahe wieder in Copper Harbor, doch irgendwie war ich trotzdem stolz auf mich. Ich war stark! Ich war dabei, meine soziale Konditionierung zu überwinden und für meine körperliche Selbstbestimmung einzustehen!

Und dann schnappte ich mir meinen Rucksack, ging von der Fähre und setzte mich eine halbe Stunde neben das Hafenbüro, bis ich sicher war, dass der Mann weg war und mir nicht zu meinem Zeltplatz folgen konnte.

2

EINE ZIEMLICH KOMPLEXE FLEISCHMASCHINE

*D*as Problem am Draußenschlafen ist, dass man sehr früh aufwacht. Man kann Jahre damit verbringen, sich mit größter Sorgfalt eine urbane Identität als Künstlerin zu konstruieren, die um drei ins Bett geht und bis zur Mittagszeit schläft, und trotzdem nach zwei Tagen auf einem längeren Campingtrip feststellen, dass man um 21 Uhr fix und fertig ist und um halb sechs morgens nicht nur wach, sondern topfit und bereit, loszumarschieren. Zur gleichen Zeit aufzuwachen wie 80-jährige oder wie Benjamin Franklin, der diesbezüglich allerdings log, ist, offen gesagt, peinlich. Aber so war es nun einmal. Und dann verbrachte ich den ganzen Tag damit, in Richtung Westen zu fahren, über die Obere Halbinsel und durch die Northwoods Wisconsins.

Als ich nachmittags in Duluth, Minnesota, ankam, hatte ich seit 32 Stunden keinen Kaffee mehr getrunken und stand kurz davor, ein Verbrechen zu begehen. Ich parkte vor einem trashigen Diner, das gute Yelp-Reviews hatte, und bestellte mir etwas zu Mittag und einen Cold Brew von der Größe meines Oberkörpers. Ich fuhr zu einem anderen Diner, um noch mehr Kaffee zu trinken, zu einem dritten, um Eis mit Kaffeegeschmack zu essen, ging zu Walmart, um mir ein Zelt zu kaufen, und verbrachte die Nacht auf einem KOA-Campingplatz. (KOA steht für »Kampgrounds of America« und ist eine privat geführte Kette mit Campingplätzen in den Vereinigten Staaten und Kanada, wobei die Tatsache, dass »Campground« mit »K«

geschrieben wird, derart albern ist, dass die Idee in den USA entstanden sein muss.) Die Geräusche junger Menschen um mich herum, die Spaß hatten, und das Gefühl, jeder einzelne Ast des Waldes würde mich durch mein billiges Zelt hindurch piksen, lullten mich in den Schlaf. Am nächsten Morgen machte ich mich auf den Weg zum Voyageurs-Nationalpark.

Der Voyageurs war noch so ein Park, über den ich fast nichts wusste. Der einzige Grund, warum ich überhaupt wusste, dass so etwas wie der »Voyageurs« existierte, war ein Nationalparkkalender, den mir eine Freundin vor ein paar Jahren geschenkt hatte. Ich blätterte zum Juni und auf einmal stand da ein Elch in einem See und darunter stand das Wort *Voyagers*, nur dass es so geschrieben war wie in einem Gruppenchat, den ich mit ein paar Leuten führe, die alle britische Pässe und mehrere Pelzmützen besitzen und zum Spaß Wörter willkürlich französisch schreiben. Ich starrte auf das Kalenderblatt und den Elch. *So etwas gibt es also in Amerika?*, dachte ich. *Krass.*

Der Park liegt im abgelegenen Norden Minnesotas an der Grenze zu Kanada und besteht aus einem Labyrinth miteinander verbundener Seen. Vom Ende des 16. bis zum Ende des 18. Jahrhunderts wurden diese miteinander verbundenen Seen von biberpelzhandelnden, kanupaddelnden französisch-kanadischen Teenagern genutzt, die man als *Voyageurs* bezeichnete. Dem Gesetzestext von 1971 zufolge, der die Gründung des Parks ermöglichte, »trugen jene Voyageurs maßgeblich zur Erschließung des Nordwestens der Vereinigten Staaten bei«. Es stimmt also, was man sagt: Um die Welt zu verändern, braucht man nur einen Traum und ein Kanu.

Es war kühl und regnerisch und zu früh in der Saison, als dass bei meiner Ankunft im Voyageurs viel losgewesen wäre. Die Rangerin am Infopunkt des Ash-River-Besucherzentrums war um die 60. Sie wirkte wie eine dieser ernsthaften Frauen, die sich in den Dienst der Nationalparks stellen, um der Erde etwas zurückzugeben und um Kindern etwas über die Schönheit der Natur beizubringen. Sie wirkte nicht wie eine Frau, die sonderlich amüsiert wäre, wenn eine 28-jährige Person, die aus New York angeflogen kam, fragte, ob sie am Junior-Ranger-Programm teilnehmen dürfe.

Junior-Ranger-Abzeichen zu sammeln, war die organisatorische Leitlinie meiner Reise. Worum also geht es dabei genau? Das Junior-Ranger-Programm gibt es nicht nur für Nationalparks, sondern auch für National Monuments und an anderen Orten, die vom National Park Service (NPS) verwaltet werden. Teilnehmenden wird ein pädagogisch wertvolles Arbeitsheft ausgehändigt, das nach einer gewissen Anzahl von Aufgaben als abgeschlossen gilt und gegen ein Abzeichen eingetauscht werden kann. Die Abzeichen sind aus Holz, Stoff oder Plastik, und ich war verrückt nach ihnen. Ich war bereit, so viele Wortsuchrätsel, die die Namen der im Park heimischen Tiere beinhalteten, zu lösen wie nötig; ich war bereit, so lange zu wandern, bis ich einen Treffer landete (»Insekt«, »Kot«); egal welcher von einem Ranger oder einer Rangerin geführte Programmpunkt an jenem Tag geboten wäre, ich würde mitmachen: Ich würde mein Junior-Ranger-Abzeichen in jedem Park bekommen, den ich besuchte. Entscheidend dabei ist übrigens, dass das Programm zwar auf Kinder zugeschnitten und für sie bestimmt ist, es aber allen Altersgruppen offensteht.

Wenn ich um ein Heft bat, erzählten mir die Ranger*innen manchmal, sie hätten erst kürzlich einer uralten Person ein Heft oder Abzeichen ausgehändigt. (Wahrscheinlich taten sie das, damit ich mich angesichts meiner peinlichen Bitte, an einem Kinderprogramm teilnehmen zu dürfen, nicht so schämte.) Als ich auf einem Roadtrip im Südwesten den Petrified-Forest-Nationalpark besuchte, erzählte mir die Rangerin dort, sie habe das Petrified-Forest-Junior-Ranger-Abzeichen gerade eben einem 103 Jahre alten Mann verliehen. »Er sagte, es sei das letzte Nationalpark-Junior-Ranger-Abzeichen, das er noch gebraucht habe«, meinte sie.

»Aha«, erwiderte ich. »Dann kann er jetzt also sterben.« Die Rangerin verzog keine Miene.

Warum ich meine Reise um den Erwerb jener Abzeichen herum geplant habe?

Nun, ich liebe Ferienhausaufgaben. Nationalparks zu bereisen, in denen ich mir noch kein Abzeichen verdient hatte, schien außerdem eine gute Methode, viele schöne Orte kennenzulernen, an denen ich noch nicht gewesen war. Der wichtigste Grund war letztlich aber, dass es meiner Reise eine Struktur verlieh; und eine Struktur – egal welche – war für diese ergebnisoffene Reise essenziell, die ich unmittelbar nach meiner Kündigung unternahm.

Es war völlig unmöglich, in den zwei oder drei Monaten, die ich mir selbst gönnte, um mich auszutoben, alle Naturlandschaften zu sehen, die Amerika zu bieten hat, all die verschiedenen Lebensstile auf mich wirken zu lassen, die Antiquitätengeschäfte aller Kleinstädte abzuklappern, in jeder Großstadt des Landes in identisch aussehenden alternativen Cafés mit weißen Metrofliesen und jeder Menge Grünpflanzen Kaffee zu trinken. Aber ein Junior-Ranger-Abzeichen in den von mir erkorenen Nationalparks zu bekommen, das war machbar. Es war eine große Aufgabe, die aus Dutzenden kleineren Aufgaben bestand, von denen mir jede das befriedigende Gefühl verleihen würde, wirklich etwas erlebt zu haben. Sollte ich es schaffen, von jedem Park ein Junior-Ranger-Abzeichen zu ergattern, würde ich qua Gesetz Innenministerin werden. Und als Extra-Bonus kam hinzu, dass es nicht schwer war, weil sich das Programm an Zwölfjährige richtete.

Mit dem Heft in meinen (erwachsenen) Händen, saß ich vor dem Voyageurs-Besucherzentrum in meinem Prius und löste so viele Aufgaben, wie ich konnte, in der Hoffnung, das

Schlimmste des Regens bald ausgesessen zu haben. Bei einer Aufgabe war ich dazu aufgefordert, die Kleidung eines Voyageurs aus dem 18. Jahrhundert mit der eines heutigen 16-jährigen zu vergleichen. Beide wurden als »junge Männer« bezeichnet – obwohl, wie alle wissen, jeder Cis-Mann unter 35 kein Mann ist, sondern ein Kind. Von dem Voyageur, der aufrecht in Unterkleid und einer kleinen Nikolausmütze dastand, zog ich Linien zu seinem Altersgenossen aus dem 21. Jahrhundert, der sich in Hoodie und Trucker-Kappe fläzte. Die Aufgabe wirkte wie ein passiv-aggressiver Seitenhieb, der sich gegen alle Teenager richtete, aber auch wie eine verpasste Gelegenheit, sich vorzustellen, dass 200 Jahre nach »der Erschließung des Nordwestens der Vereinigten Staaten« auch anders aussehende Menschen in diese Landschaft eintauchen konnten. Ich war an große Institutionen gewöhnt, die sich wenigstens ansatzweise in Diversität versuchten, aber das Voyageurs-Junior-Ranger-Heft hielt an der Vorstellung fest, Abenteuer seien einzig weißen, kerngesunden »Männern« (im Teenageralter) vorbehalten.

Und tatsächlich sind die Besucher*innen von Nationalparks größtenteils weiß: Gemäß einer 2011 durchgeführten Umfrage des NPS waren nur 21 Prozent der Besucher*innen People of Color. Schwarze Menschen sind in den Parks besonders unterrepräsentiert: 14 Prozent der amerikanischen Bevölkerung sind Schwarz, aber nur sieben Prozent der Nationalparkbesucher*innen. Die Tatsache, dass die Besucher*innen der Nationalparks überwiegend weiß sind, ist ein komplexes Problem und verschiedenen Ursachen geschuldet, von denen eine höchstwahrscheinlich die mangelnde Repräsentation in den Parks sein dürfte. Ich spreche nicht nur von Teenagern, die in Arbeitsheften für Kinder abgebildet sind: Laut eines Berichts der gemeinnützigen Organisation Partnership for Public Service besteht die Belegschaft der Parks zu 80 Prozent aus weißen Mitarbeiter*innen.

Wie weiß die Nationalparks sind, hat auch mit ihrer geografischen Lage zu tun: Die meisten Parks befinden sich im Westen des Landes und der ist überwiegend weiß. Einer Umfrage des NPS von 2018 zufolge zählen die Entfernung zu den Nationalparks und der Mangel an Transportmöglichkeiten zu zwei der am häufigsten von BIPOC (Black, Indigenous, and People of Color) angegebenen Gründe, warum sie keine Anlagen des NPS besuchen. »Tom Brandes' Toyota Prius, Baujahr 2015« war, wie ich erkannte, eine individuelle Lösung für ein strukturelles Problem. Wenn der NPS und seine Unterstützer*innen mit dem Schriftsteller und Umweltaktivisten Wallace Stegner darin übereinstimmten, die Parks seien Amerikas »beste Idee«, dann stellt sich mir die Frage, warum sie keine größeren Anstrengungen unternehmen, diese Idee allen Amerikaner*innen zugänglich zu machen?

Hätte ich meinen Roadtrip vor dem Losfahren tatsächlich geplant, hätte ich gewusst, dass man den Voyageurs am besten per Boot erkundet und dass Bootstouren erst ein oder zwei Wochen später starteten, wenn der Frühling auch im Norden Minnesotas Einzug hält. Nun war ich also allein und fühlte mich ein wenig dämlich, als ich durch den Wald in Richtung eines Aussichtspunkts namens Beaver Pond Overlook wanderte. Ich lief über glitschige, moosbedeckte Steine, und als ich Halt fand und nach oben blickte, stand da ein riesiges Reh knapp zehn Meter entfernt, direkt über mir auf einem schmalen Felsvorsprung. Ganze fünf Minuten lang musterten das Reh und ich einander; es erinnerte mich an Cheryl Strayed und den Fuchs in *Der große Trip,* doch statt das Reh als Verkörperung meiner Mom zu betrachten, hoffte ich nur, dass es sich ein wenig zur Seite bewegen würde, damit ich es besser fotografieren könnte.

Nach dieser Wanderung brach ich zu einer anderen und dann zu noch einer auf: Vielleicht war es die falsche Jahreszeit, um den Voyageurs angemessen zu erkunden, doch das simple Vergnügen, an einem Ort zu spazieren, an dem ich nie zuvor gewesen war, verzauberte mich noch immer. Ich kraxelte über Küstenlandschaften, wäre beinahe auf ein totes Stachelschwein getreten und als sich der Regen in Sprühnebel verwandelte, erhielt ich das zweite Junior-Ranger-Abzeichen meiner Reise.

Die Fahrt von Duluth in Richtung Westen am darauffolgenden Morgen schien Unheil zu verkünden, und das nicht nur wegen des Moments an einer Tankstelle, in dem ich mich in der Scheibe meines Autos spiegelte und bemerkte, dass ich in meinem Flanellhemd und meiner Camouflage-Waffle-House-Kappe bereits nach sieben Tagen auf der Straße wie ein Trucker aussah. Nein, Unheil schien die plötzliche Allgegenwart von Anti-Abtreibungs-Plakatwänden zu verkünden.

Meile für Meile passierte ich Plakatwände, die weiße oder sehr hellhäutige Babys neben völlig aus der Luft gegriffenen Behauptungen abbildeten, wie dass Ungeborene bereits nach 18 Tagen einen Herzschlag hätten. »Erstens stimmt das nicht, und zweitens hat man nach 18 Tagen noch nicht einmal bemerkt, dass man überfällig ist«, wetterte ich, als ich beim Fahren mit meiner Mom auf Lautsprecher telefonierte. (Ich stamme aus einer Familie, in der »auf Lautsprecher über Politik wettern« als probates Mittel betrachtet wird, Zeit beim Autofahren totzuschlagen.) »Man weiß noch nicht einmal, dass man schwanger ist!«

»Ja, Schätzchen, deswegen behaupten sie so etwas ja. Dann haben sie dich.«

Ich konnte kaum fassen, dass ich den Plakatwänden bereits so früh auf meiner Reise begegnete. Schließlich war ich in Minnesota – dem einzigen Bundesstaat, der 1984 nicht für Reagan gestimmt hatte. So blau ist Minnesota. Ich hatte gedacht, mir würden mindestens fünf weitere Stunden Fahrt bleiben, bevor ich daran erinnert würde, dass mich ein Großteil meines Landes nicht als Person, sondern als Uterus betrachtet, der von einer ziemlich komplexen Fleischmaschine umhüllt ist. Diese Art Fassungslosigkeit kommt davon, wenn man zehn Jahre in Ostküstengroßstädten lebt, in denen sich alle darin einig sind, dass Abtreibungen Teil der medizinischen Grundversorgung sind, und alle zur gleichen Zeit dasselbe Carly-Rae-Jepsen-Album hören. Ein großer Teil dessen, was ich als Realität empfand, stand für die Mehrheit der Bevölkerung zur Debatte. Mir war das bereits aus meiner Kindheit in Illinois vertraut, noch so ein Blue State, in dem die meisten Erwachsenen, die ich kannte, trotz meiner Bemühungen, sie vom Gegenteil zu überzeugen, Anhänger George W. Bushs waren und den Klimawandel leugneten. Als ich gen Westen in Richtung Minnesota fuhr, versuchte ich, mir einzureden, dass viele Menschen den Zugang zu Abtreibungen befürworteten und erst kürzlich beschlossen hatten, ihr Plakatwandbudget dafür auszugeben, andere dabei zu unterstützen, eine Abtreibung durchführen zu lassen. Aber es war mehr als offensichtlich, dass viele Menschen, die mich umgaben, Abtreibungen nicht unterstützten, Frauen nicht unterstützten, mich nicht unterstützten.

Bevor ich mich zum nächsten Nationalpark auf meiner Liste aufmachte, stand eine Pilgerfahrt in Richtung Norden an: Ich wollte an den Lake Itasca, den Quellsee des Mississippi. Wie soll ich das jetzt ausdrücken, ohne sehr, sehr dumm zu klingen? Nun: Ich hatte immer gewusst, dass der Ursprung des Mississippi existierte, aber irgendwie wirkte er auf mich wie aus einem Märchen. So wie »irgendwo in den Wäldern des Nordens steht ein Lebkuchenhaus, in dem eine Hexe lebt, die Kinder frisst«. Allerdings fließt »irgendwo« in den Wäldern des Nordens auch ein bescheidener Bach, der nach und nach zum viertgrößten Fluss der Welt anwächst. *Ja, klar.* Nein, wirklich! Klingt toll.

Ich fuhr auf den Parkplatz des Besucherzentrums am Itasca State Park. Wie ich feststellte, wurden der Park und der namensgebende See nach ihrem Alleinstellungsmerkmal benannt: Der Name beruht auf der schrecklichen Wortneuschöpfung aus ver*itas* (Lateinisch für »wahr«) und *ca*put (Lateinisch für »Kopf«). Auch wenn es durchaus legitime Argumente gibt, die dafür sprechen, dass der Ursprung des Mississippi andernorts liegt – an einem längeren Nebenfluss oder einem, der mehr Wasser führt –, gilt der Lake Itasca gemeinhin als seine Quelle. Und warum auch nicht? Sind Menschen wirklich dafür geschaffen, genau zu verstehen, wie Flüsse funktionieren? (Wissenschaftler*innen sagen: »Ja«.)

Wenige Sekunden, nachdem ich den Parkplatz verlassen hatte, kam ich an eine Brücke über einen kleinen Bach, an deren Seite Treppen zum Wasser hinabführten. *DER QUELLFLUSS!!!!!!*, dachte ich. Ich staunte darüber, dass der Ursprungsort eines derart gigantischen und kulturell bedeutenden Flusses so bescheiden war, so wenig überfüllt, so unbekannt. Als ich so darüber nachdachte, machte ich zunächst auf der einen, dann auf der anderen Seite der Brücke ein paar Selfies. Und dann liefen eine Mutter und ihr Sohn vorbei. Er wollte die Treppe hinuntergehen, aber seine Mom sagte: »Warte, bis wir zum Quellfluss kommen.«

Nachdem ich noch ein paar Selfies gemacht hatte – inzwischen war ich tief in meine Rolle als »Frau, die sich daran erfreut, mit jedem beliebigen Bach abgelichtet zu werden« eingetaucht –, lief ich ein paar Minuten weiter. Und da war er: der Quellfluss (!!!!!). Es bestand kein Zweifel daran: Zum einen stand da ein zu einem Obelisken umfunktionierter Baumstamm, in den die Worte geritzt waren: »An dieser Stelle, 450 Meter über dem Meeresspiegel, nimmt der mächtige Mississippi seinen Lauf und windet sich über 2552 Meilen bis zum Golf von Mexiko.« Zum anderen waren massenhaft Menschen jeden Alters zugegen und zeigten dem Mississippi lässig, wer hier eigentlich der Boss war, indem sie durch ihn hindurchwateten. Und so schlüpfte ich aus meinen Vans und tat es ihnen gleich. Vorsichtig lief ich über die rutschigen Steine, die die Grenzen zwischen dem Lake Itasca und dem Mississippi markierten. Als ich durch das knietiefe Wasser etwa fünf Meter von einem Ufer zum anderen stapfte, dachte ich an die vielen Male, die ich den Mississippi auf mehrere 100 Meter langen Brücken überquert hatte, die sich über den riesigen Fluss spannten, der darunter hindurchrauschte. Ich konnte kaum glauben, dass dieses Bächlein zu einem derart mächtigen Fluss anwuchs, dass wir in einem Land lebten, das derart groß war, dass so etwas wahr sein konnte. Und außerdem konnte ich nicht glauben, dass ich hier war – dass ich jetzt wirklich ein Leben führte, das es mir ermöglichte, spontan loszufahren, um einen Ort zu sehen, den ich immer eher für ein Gerücht als für real gehalten hatte.

Es war Montag und daheim in New York saßen meine Freund*innen in Bürogebäuden und starrten auf Google-Dokumente. Währenddessen war ich im letzten Winkel Minnesotas, wo ich mitten auf einem Parkplatz meine lange Hose gegen Shorts eingetauscht hatte und dann einfach durch den Fluss watete, nur weil ich neugierig war und Lust hatte. Ich fühlte mich, als hätte ich während der vergangenen 30 Minuten intensiver gelebt als zu Hause manchmal in einer ganzen Woche. An welche unerwarteten Orte würden mich der Zufall und meine Reise in den kommenden Wochen und Monaten wohl noch führen?

Als ich so vor mich hinträumte, bemerkte ich einen kleinen Jungen, der in meiner Nähe in die Hocke ging, um in den Fluss zu pinkeln. Dort, 450 Meter über dem Meeresspiegel, begab sich das Pipi eines kleinen Jungen auf seine kurvenreiche Reise bis zum Golf von New Mexico.

Fargo glänzte in seiner Rolle als »nette Stadt im Mittleren Westen«, als ich dort für ein Mittagessen und einen kurzen Streifzug Halt machte. In einem unter dem Motto »Seattle« gestalteten Café – was lassen sie sich wohl als Nächstes einfallen? – bestellte ich einen Iced Coffee. Erst als der Barista ihn mir überreichte, realisierte ich, wie weit ich mich aus meiner liberalen Blase herausbewegt hatte. Nicht nur bekam ich einen Plastikstrohhalm, nein, der Strohhalm war aus unerfindlichen Gründen auch noch 30 Zentimeter lang. Mit Koffein vollgepumpt und nun für den künftigen Tod einer Meeresschildkröte verantwortlich, machte ich mich auf die letzte Reiseetappe des Tages: eine knapp fünfstündige Fahrt auf der I-94, von Fargo, an der östlichen Grenze von North Dakota, bis zum Theodore-Roosevelt-Nationalpark, nur 20 Minuten von der westlichen Grenze entfernt.

Die Fahrt verlief vollkommen ereignislos. Weil ich mich weigere, Podcasts zu hören – und das trotz intensivster Bemühungen eines jeden Mannes, mit dem ich je auf ein Date gegangen bin und der mir auf mein »Ich höre keine Podcasts« einen Podcast empfiehlt, während ich innerlich abschalte –, hatte ich viel Zeit nachzudenken.

Ich lauschte Joni Mitchell, die davon sang, wie sie ihren Typen an einer Kreuzung in North Dakota verließ (Oh mein Gott, ich war in North Dakota!), nach New York ging, um sich eine Mandoline zu kaufen, und völlig außer sich gerät, als sie in einem Schaufenster ein Hochzeitskleid sieht, und machte mir über das heimtückischste aller Abschreckungsmittel Gedanken, das Frauen davon abhält, das zu tun, was Joni und ich taten, indem wir uns auf unsere Reisen begaben. Auch wenn mich die Warnungen vor meiner baldigen Ermordung kaltließen – und das bei meinem Glück! – und es mich nicht sonderlich störte, dass ich infolge meiner Hormonspirale jedes Mal losheulte, wenn ich einen großen Baum sah, beschäftigte mich der Gedanke durchaus, dass es für Männer leichter ist, loszuziehen, weil sie von so etwas wie der Ehe und Elternschaft weniger ausgebremst werden.

Jonis Album *Hejira,* das ich an jenem Tag hörte, ist ein Album über die beiden Dinge, die ich wohl oder übel als meine Lieblingshobbys akzeptiert habe: quer durchs Land fahren und mich gedanklich sehr intensiv mit Männern befassen. Das Leben, das sie auf *Hejira* beschreibt, wirkte auf mich in den Monaten vor meiner Kündigung wie genau die Art Leben, die ich führen wollte. Wie, fragte ich mich, könnte ich ein Leben leben, in dem Raum zum Reisen war und zum Denken und vor allem, um darüber Kunst zu schaffen? Abgesehen davon, keinen Job zu haben, bei dem man jeden Tag im Büro erscheinen muss, vermutete ich, dass diese Art Raum viel mit dem Umstand zu tun hatte, dass Joni, als sie all die Dinge tat, weder verheiratet war noch ein Kind großzog. Ganz wie ich. Also hätte doch alles gut sein können, bis auf die Tatsache, dass ich, so sehr ich Joni auch um ihren 1970er-Jahre-Lifestyle beneidete, Angst davor hatte, wie die Joni aus den 2010er-Jahren zu enden: ohne Partner*in, aber dafür mit einer Krankheit, die sich anfühlt, als krabbelten Insekten unter meiner Haut.

Erst in jenem Sommer schwante mir, dass mich an Männern zu erfreuen und immer mindestens einen in meinem Leben zu haben, nicht bedeutete, dass ich in 50 Jahren nicht dennoch ohne jemanden dastehen würde, der mich liebte oder sich um mich kümmerte oder sich für meine Beerdigungswünsche einsetzte (werft meinen Leichnam in ein flaches Loch im Boden). Diesem Risiko schien ich insbesondere ausgesetzt, weil ich schüchtern und faul bin und eine schreckliche Persönlichkeit habe. Natürlich war mir bewusst, dass ich in eine Beziehung investieren müsste, wenn sie länger die »Manisches Flirten«- und »Geradezu kriminell scharf aufeinander«-Phase überstehen sollte, und ich fragte mich, ob ein solcher Einsatz nicht vollkommen unvereinbar damit war, spontan einen Roadtrip zu machen oder frei zu sein, für mich ein moralischer Imperativ. So oft in Zeitschriften seit Jahrzehnten auch die Frage aufgeworfen wird, ob Frauen alles haben können, ist dies ganz offensichtlich nicht der Fall, weil, wie mir scheint, so vieles im Widerspruch zueinander steht, allem voran »Freiheit« und »Partnerschaft«.

Sich auf ein Abenteuer zu begeben, ist für verheiratete Männer gesellschaftlich weit akzeptierter als für Frauen. Ein Vater, der einen zweimonatigen Roadtrip unternommen hat, klingt einigermaßen interessant; eine Mutter, die dasselbe tut, klingt nach dem Anfang eines Films über eine Frau, die ihren Ehemann verlässt und ihr Leben zerstört. Die Zeiten mögen vorbei sein, in denen Hotels reisenden Frauen, die versuchten, nach Einbruch der Dunkelheit einzuchecken, den Zutritt verweigerten. Aber es gibt noch immer nicht genügend kulturelle Skripte, die Frauen zugestehen, Abenteuer zu erleben – ohne ein psychologisches Urteil über sich ergehen lassen zu müssen.

Daher habe ich eine Rollkartei von Frauen im Kopf, die neue Skripte geschrieben haben: Gloria Steinem ist kinderlos geblieben. Stevie Nicks ist kinderlos geblieben. Die Kunstschützin Annie Oakley ist kinderlos geblieben – nicht, dass es mein großer Herzenswunsch wäre, Kunstschützin zu werden, aber trotzdem. Joni Mitchell gab ihre Tochter zur Adoption frei und ließ eine schlechte Ehe hinter sich, alles vor ihrem 25. Geburtstag. In der Zeit, als sie viele meiner Lieblingsalben aufnahm, war sie wirklich eine Frau von Herz und Verstand, die kein Kind großziehen musste. Ich hatte nie einen starken Drang verspürt, Mutter zu werden, das fühlte sich für mich also nicht wie ein großes Opfer an. Doch als ich mich immer weiter von allen Menschen entfernte, die ich je geküsst hatte, hoffte ich, die Möglichkeit auf Abenteuer bedeutete nicht zugleich, dass ich mich gegen Liebe und Partnerschaft entschied. Und dass die Zeit, die ich mit Autofahren und Schreiben verbrachte, diese Entscheidung nicht für mich fällte.

Während ich so vor mich hin grübelte, breitete sich die Landschaft North Dakotas schier endlos vor mir aus. Ich fuhr stundenlang durch monotones Flach, das nur hier und da von einer hoch aufragenden Skulptur aus Altmetall, beispielsweise von einer Gänseherde, belebt wurde. Die Straße war vollkommen eben und schnurgerade: die Hölle einer jeden Autofahrerin, weniger »Autobahn« als »qualvolle Erkundung des Konzepts von Zeit«.

Stunden, nachdem ich Fargo verlassen hatte, gelangte ich an die Ausfahrt, die mich in das winzige Städtchen Medora führen sollte, das sich am Eingang zum Theodore-Roosevelt-Nationalpark befindet. Die Sonne stand tief am Horizont; ich hatte es geschafft, bevor der letzte Zeltplatz vergeben worden war; mein Picknicktisch eröffnete mir die Aussicht auf ein Pappelwäldchen und, am anderen Ende einer Weide, auf die von Erosionsrinnen zerschnittenen Badlands. Ich war, mit einem Wort, glücklich. Im letzten Licht des Tages baute ich mein kleines Ein-Personen-Zelt auf, machte mir das abscheuliche Essen, das ich so gerne mag – einen Bagel mit Avocado-Schnitzen und einem riesigen Haufen öliger, sonnengetrockneter Tomaten – und begann, das Pamphlet und den Newsletter zu lesen, die ich bei meiner Ankunft im Park erhalten hatte.

Der Theodore-Roosevelt-Nationalpark ist einzigartig, da er als einziger Nationalpark nach einem Menschen benannt ist. Die Namen der anderen Parks verweisen alle auf die Schönheit der Natur und fordern einen dazu auf, *sich die doch bitteschön reinzuziehen*, einzig der Theodore-Roosevelt-Nationalpark legt nahe, sich während seines Aufenthalts eine bestimmte Person vorzustellen. Der Park wurde nicht nur geschaffen, um die Badlands North Dakotas und die dortige Tier- und Pflanzenwelt zu schützen, sondern auch, um das Land zu schützen, auf dem Theodore Roosevelt in seinen Zwanzigern lebte und eine Viehzucht betrieb. (»Hier also begann ich, mein Leben zu lieben«, schrieb er später einmal.) Stell dir vor: ein ganzer Nationalpark, der irgendetwas gewidmet ist, das du in deinen Zwanzigern gemacht hast! Was für ein Albtraum. (Fahren Sie ins schöne Chicago und besuchen Sie Blythe Robersons Langform-Impro-Nationalpark!)

Theodore Roosevelt rief den US Forest Service ins Leben, eine Behörde, die mit der Verwaltung der Nationalforste betraut ist, verabschiedete den Antiquities Act von 1906, der es dem Präsidenten ermöglicht, National Monuments auszuweisen, und schuf während seiner Präsidentschaft 150 Nationalforste, fünf Nationalparks, 18 National Monuments, vier Wild- und 51 Vogelschutzgebiete. Insgesamt belief sich das auf 93 Millionen Hektar unter Schutz gestellte Natur. Als Natur-Fan muss ich sagen: nice. Allein sein Vermächtnis im Bereich Naturschutz – ganz zu schweigen von seinem Vorgehen gegen Wirtschaftsmonopole – erklärt, warum ihn manch eine*r als Präsident betrachtet, der es verdient, dass sein Name auf Nationalparks geklatscht oder sein Antlitz in die Seite eines Bergs gesprengt wird. Doch je mehr ich über Roosevelt erfuhr, wie praktisch immer, wenn ich etwas über historische Männerfiguren erfahre, desto mehr wurde mir bewusst, wie viel von dem, was er tat, sowohl rassistisch als auch sexistisch war.

Als Person, die in einer überwiegend weiß geprägten Region aufwuchs und deren einzige tiefergehende Auseinandersetzung mit amerikanischer Geschichte darin bestand, die Inhalte des Schulunterrichts so aufzusaugen, dass es mir am ehesten ein »Sehr gut« in meinem Uni-Vorbereitungskurs einbrachte, begann ich, mich erst in den letzten Jahren mit Roosevelts genozidalem und kolonialem Vermächtnis zu befassen.

Dieses Vermächtnis gelangte 2017 in die Schlagzeilen, als Protestierende eine Roosevelt-Statue am American Museum of National History in New York mit Kunstblut bewarfen. Die Statue ist eindeutig rassistisch – dargestellt wird eine hierarchisch anmutende Szene: Roosevelt zu Pferde, flankiert zur einen Seite von einem indigenen, zur anderen von einem

Schwarzen Mann –, aber erst während der Proteste infolge der Ermordung von George Floyd im Sommer 2020 kündigte das Museum die Entfernung der Statue an. Zwischenzeitlich wurde sie unter Polizeischutz gestellt, und als Kompensationsgeste in Richtung Roosevelt wurde die Hall of Biodiversity des Museums zu seinen Ehren umbenannt – trotz der Tatsache, dass das Museum bereits eine Theodore Roosevelt Memorial Hall hatte, die Theodore Roosevelt Rotunda und, gleich vor der Tür, den Theodore Roosevelt Park.

Als ich all das las, fragte ich mich: Weiß der Vorstand des Museums eigentlich, dass Theodore Roosevelt tot ist? *Sie dürfen sich kritisch über ihn äußern, meine Herren. Er kann Sie nicht hören.*

Die Sonne senkte sich über die Badlands, als ich den Reißverschluss meines Sarkophag-großen Zelts zuzog und mich weiter durch die Infomaterialien des Parks arbeitete. Ich öffnete die glänzende Landkarte, und mir fiel ein Zitat von Roosevelt ins Auge: »Ich habe immer gesagt, ohne meine Erfahrungen in North Dakota wäre ich nie Präsident geworden.«

Ich hatte bereits eine ganze Weile über Teddy nachgedacht und die Freiheit, über die er verfügte, gen Westen zu ziehen. Es hatte eines Tages bei der Arbeit angefangen. Mein Chef kam zum Plaudern ins Büro, und bald schon drehte sich das Gespräch, wie Gespräche das nun einmal tun, wenn dein Chef anscheinend alle Bücher gelesen hat, die es gibt, um das Vermächtnis von Theodore Roosevelt.

Bis zu dem Tag hatte ich nichts über Roosevelts Vorgeschichte gewusst: Seine Mutter und Ehefrau starben am selben Tag, seine Mutter an einem Fieber und seine Frau, kurz nachdem sie ein gesundes Baby zur Welt gebracht hatte. Am Boden zerstört, machte sich Roosevelt auf den Weg Richtung Westen. Wie mein Chef es so poetisch ausdrückte, ging Roosevelt dorthin, wo die karge, erbarmungslose Landschaft seiner Trauer entsprach. Seine Verbundenheit mit jener Landschaft machte ihn zeit seines Lebens zum Naturschützer.

Ich nickte kurz. »Warten Sie mal«, sagte ich dann. »Und wer hat sein Kind großgezogen?«

Mein Chef wusste es nicht. Ich wusste es ganz offensichtlich auch nicht. Meine Freundin Cami, ebenfalls Mitarbeiterin des Recherche-Teams, die damals gerade eine dicke Roosevelt-Biografie las, wusste es ebenfalls nicht und war stinksauer, dass unser Chef den »Ehefrau und Mutter sterben am selben Tag«-Plot gespoilert hatte.

Roosevelt und seinen mit Goldmünzen gefüllten Säcken war es möglich, gen Westen zu ziehen, sich in Kneipen zu prügeln und zu lernen, wie man Rinder mit dem Lasso fängt, da er die Konsequenzen seiner Entscheidung, ein Kind zu bekommen, auf jemand anderen abwälzen konnte. Insofern ist es besonders bitter, dass er sein politisches Leben der Kontrolle reproduktiver Rechte widmete. Er war Befürworter der Eugenik und setzte sich für die Sterilisation armer Menschen und Menschen mit geistiger Behinderung ein. Als die Einwanderung in die Vereinigten Staaten zunahm, forderte er weiße Frauen auf, mehr Kinder zu bekommen, um keinen »Rassenselbstmord« zu begehen. Roosevelt schrieb, dass »Männer und Frauen, die sich bewusst gegen die Ehe entscheiden … ein Verbrechen gegen die Rasse begehen und ihnen von gesunden Menschen mit Abscheu und Verachtung begegnet werden sollte«.

Als ich diese Zeile las, war es, als würde Roosevelt mich unmittelbar anstarren. Ich blickte zurück: *Hi, du weißes, rassistisches Arschloch!* Ich wünschte mir, er hätte mich sehen können, mit meiner perfekt eingesetzten Hormonspirale, wie meine fruchtbarsten Jahre ganz ohne Ehemann am Horizont dahinschwanden und ich in Richtung Westen zog, wo die Landschaft schroff war und ich mich »als Person, die darüber schreibt, dass Teddy Roosevelt ein rassistischer Bösewicht war« neu erfinden konnte.

Ich faltete die Landkarte zusammen und stellte den Wecker an meinem Handy eine Stunde früher, als das Besucherzentrum öffnete. Zwei Frauen auf benachbarten Stellplätzen unterhielten sich lauthals über die Autocamping-Hacks, die sie auf Pinterest gefunden hatten, und darüber, dass sie lieber an den Straßenrand pinkelten als in öffentlichen Toiletten, weil »Toiletten widerlich sind«. (Interessanter … Ansatz …) So leise ich konnte, schrieb ich meinen Crushes, bis mir die Augen zufielen.

Der Isle Royale und der Voyageurs waren allerliebst. Ich meine es also nicht als Beleidigung, wenn ich sage, dass sich meine Reise erst im Theodore-Roosevelt-Nationalpark anfühlte, als hätte sie wirklich begonnen. Zum ersten Mal, seit ich in Milwaukee losgefahren war, befand ich mich an einem Ort, der sich geografisch von den Seen und mehr oder weniger flachen Wäldern unterschied, in deren Nähe ich aufgewachsen war.

Der südliche Teil des Parks, dort, wo ich mich befand, breitet sich auf einer über 18 000 Hektar großen Fläche aus. Wie erschreckend viele andere Parks war auch der TRNP daraufhin ausgelegt, mit dem Auto erkundet zu werden. (50 Prozent der Besucher*innen des Parks planen überhaupt keinen Aufenthalt, sondern sehen ein Schild auf der Autobahn und sagen sich: »Ach, was soll's.«) An jenem Morgen ging ich zum Besucherzentrum zurück, um ein Junior-Ranger-Heft und ein paar Empfehlungen abzugreifen, und dann begab ich mich auf den Scenic Loop Drive, die malerische Rundstrecke durch den Park.

Als ich um eine Kurve fuhr, sah ich an der rechten Straßenseite ein seltsames Tier. Es war braun und knapp 30 Zentimeter groß; es sah ein bisschen aus wie ein Murmeltier, aber sexy und mit einer besseren Persönlichkeit. Sofort überkam mich Zuneigung für dieses kleine Tier, dem der Selbsterhaltungstrieb fehlte, sich von der Straße wegzubewegen, wenn ein Auto kam. Durch meine offenen Fenster hörte ich, wie das Tier ein zartes Piepsen von sich gab. *Tschüss, kleiner Sonderling,* grüßte ich, beschleunigte und nahm den Rest der Kurve. Vor mir lag ein offenes Feld, das von Dutzenden Verwandten des kleinen Sonderlings bevölkert war, die sich auf die Hinterläufe stellten und herumwuselten. Da ging mir plötzlich auf: Ich war in einer Präriehund-Kolonie.

Bei diesen hier handelte es sich um Schwarzschwanz-Präriehunde, eine von fünf Präriehund-Arten in den Vereinigten Staaten und die einzige, die im TRNP lebt. Sie wuselten durch ihr Reich, das für mich einfach nur wie ein mit kurzem Gras bewachsenes Feld aussah, aber hauptsächlich aus unterirdischen Tunneln und Räumen bestand, in denen genetisch verwandte Präriehund-Familien zusammenlebten. (Ganz wie Promis sind sie genau wie wir!) Die Präriehunde interagierten miteinander, sie flirteten, tratschten und piepsten – der korrekte Ausdruck dafür ist »bellen« –, als ich versuchte, ein Foto von ihnen zu machen, auf dem sie wie Präriehunde aussahen und nicht nur wie weiße Kleckse in der Ferne.

Ich hatte keinen Erfolg, denn grundsätzlich sind Besucher*innen dazu angehalten, etwa 25 Meter Abstand zu Wildtieren zu halten. Wir befinden uns im Zuhause der Tiere, also sollten wir natürlich höflich sein, aber die Regel gilt auch zum Schutz der Besucher*innen. Präriehunde mögen putzig aussehen, aber manchmal beißen sie und, vielleicht noch besorgniserregender, sind mit der Beulenpest infiziert – ja, *der* Beulenpest –, die durch Flöhe auf Menschen übertragen werden kann. Sicher, heute können wir die Pest medizinisch behandeln. Aber angenommen, ich würde mir eine Krankheit einfangen, die früher einmal die Hälfte der Weltbevölkerung dahingerafft hat, müsste ich mir das für alle Zeiten von meinen Freund*innen anhören. Ich postete ein Foto der Kleckse auf Instagram, einer davon umkreist. »Das ist ein Präriehund.«

Zurück im Besucherzentrum, in dem mein Tag begonnen hatte, war der letzte Punkt meiner Tagesordnung im Park ein von einem Ranger gehaltener Vortrag in der Hütte, in der Teddy Roosevelt gelebt hatte. Ich nahm nicht aus Wissbegierde teil oder dem Wunsch, mit anderen zusammenzukommen, sondern nur, weil es Voraussetzung für mein Abzeichen war. In meiner Nähe saß ein Kleinkind und kritzelte in sein Junior-Ranger-Heft; am Ende des Tages würden wir beide den gleichen Anstecker bekommen.

Roosevelts Leben in North Dakota war, wie der Ranger es darstellte, eine Meisterklasse im Posertum (auch wenn der Ranger es anders formulierte). Seine Eltern waren äußerst wohlhabend; als er zum ersten Mal in North Dakota war, um Bisons zu jagen, stellte er sich schrecklich ungeschickt an und zwang seine Guides, ihre Reise so lange zu verlängern, bis er zufrieden war.

Im Grunde lebte Roosevelt getreu dem Motto »Fake It Till You Make It«: Wir bekamen ein Foto von ihm zu sehen, auf dem er Outdoor-Kleidung und eine Pistole trug, im Hintergrund etwas, das auf den ersten Blick wie ein Wald aussah. In Wirklichkeit, erzählte uns der Ranger, habe er vor einer Kulisse posiert; die Pistole und das Wildlederoutfit waren geliehen. Es erinnerte mich an einen Vergnügungspark in der Nähe von dort, wo ich aufwuchs, in dem Tourist*innen Sepia-getönte Fotos von sich selbst in alten Western-Kostümen kaufen konnten: Cowboys für die Männer und »Person in Korsett« für die Frauen. Als sich Roosevelt seine eigenen Western-Outfits kaufte, rochen diese nach Ostküstenelite: Sein Messer war von Tiffany. Er kaufte sich eine Rinderfarm und bewirtschaftete sie ein paar Jahre, bis er pleiteging. Und dann kehrte er einfach zu seinem Leben und seinem Reichtum in New York zurück und wurde innerhalb von nur 15 Jahren Präsident.

Selbstverständlich war ich nicht sonderlich schockiert, dass ein wohlhabender New Yorker pleitegehen, sich allen Konsequenzen entziehen und Präsident werden konnte: Wie weit Männer nach oben fallen können, dem sind keine Grenzen gesetzt.

Am Ende der Präsentation fragte uns der Ranger, ob wir Fragen hätten.

»Ja«, antwortete ich. »Wer hat Roosevelts Tochter großgezogen?«

Es war seine Schwester, Bamie.

Ein großer Teil dessen, was als erfülltes, als »perfektes« Leben gilt, als funktionierende Wirtschaft im Kapitalismus, beruht auf der unbezahlten Arbeit derer, die wir als »Ehefrauen« bezeichnen (oder, in Teddys Fall, als »Schwestern«). Während Frauen von dieser Macht zurückgehalten werden, ist sie für Männer ein Lifehack. Einmal fragte ich meinen Dad, ob er Plastikeinkaufstüten wiederverwende – eine wirklich simple Frage, wie mir schien –, und er antwortete: »Warum willst du das von mir wissen? Woher soll ich das wissen? Ich habe viel zu tun. Ich muss arbeiten.« Ich ermahnte ihn, auch ich hätte eine Karriere, trotz mangelnder Ehefrau, die weiß, ob ich Plastiktüten wiederverwende oder nicht.

»Ich bin meine eigene Ehefrau«, sagte ich zu ihm. Er lachte. Die Erkenntnis fühlte sich genauso an wie damals, nachdem ich als persönliche Assistentin gearbeitet und begriffen hatte, dass ich die gleichen Aufgaben auch für mich selbst erledigte, ich also meine eigene Assistentin war. Assistentin, Ehefrau: Synonyme.

Zahle ich es meinen Hassfiguren (dem rassistischen, auf der Ideologie weißer Vorherrschaft basierenden Patriarchat, dem Geist Theodore Roosevelts) irgendwie heim, indem ich niemals heirate oder Kinder bekomme und stattdessen durch die Lande ziehe, bis ich für meinen zu hohen Benzinverbrauch gecancelt werde? Im Grunde zögerte ich die Antwort auf diese

Frage hinaus, da ich darauf warten wollte, mich mit der geschlechterspezifischen Arbeitsaufteilung auseinanderzusetzen, bis ich die Person traf, die die Auseinandersetzung wert war. Allerdings begann ich auch zu begreifen, dass das Hinauszögern von Antworten schnell selbst zur Antwort wird.

Wieder dachte ich an Joni: Romantisch betrachtet mag sie heute allein sein, war es aber nicht, als sie *Hejira* aufnahm. Damals schlief sie sogar mit dem Schlagzeuger und dem Bassisten. Auch ich befand mich in der »Schläft sowohl mit dem Schlagzeuger als auch dem Bassisten«-Phase meines Lebens, aber mit welchem Ziel? Während der Durststrecke, bevor ich Sex hatte, und in den darauffolgenden Jahren, in denen ich sehr wenig Sex hatte, ging ich davon aus, dass ein steter Strom an Männern irgendwann auf ganz natürliche Weise zur Ehe führen würde. Nur fühlte ich mich der Ehe kein bisschen näher als zuvor. Damit war ich nicht allein: 1960 waren dem US Census Bureau zufolge 59 Prozent der Amerikaner*innen im Alter zwischen 18 und 34 verheiratet, 2018 waren es nur noch 39 Prozent. Würde ich mich immer besser einrichten, je länger ich unverheiratet blieb, und mein Leben sowie meine Persönlichkeit um das Nichtvorhandensein einer Ehe konstruieren – gänzlich fokussiert auf, um ein berühmtes Schwein zu zitieren: *moi?*

Ob ich ein Kind bekommen würde, schien sogar noch ungewisser. Die Welt brannte, das Land, in dem ich lebte, seine Wirtschaft und sein Gesundheitssystem waren am Boden, mein Apartment war winzig und mein Nachbar, der Schuft, hatte die schlechte Angewohnheit, morgens um drei Uhr die Musik aufzudrehen. In eine solche Welt ein Baby zu setzen, war eine schwerwiegende Entscheidung!

Jahrelang dachte ich, Joni Mitchell sei allein, weil sie in Liebesdingen und für Abenteuer auf Freiraum bestand. Dann las ich eine Biografie über Joni und erfuhr, dass sie allein ist, weil – und ich sage das mit nichts als reiner, hell leuchtender Liebe in meinem Herzen – sie sich fast allen gegenüber wie ein absolutes Arschloch verhält. (Sicherlich hat sie sich dieses Recht verdient. Und wer weiß: Wäre ich ein Genie oder hätte mich stärker der Kunst verschrieben und nicht neun Stunden Schlaf pro Nacht, vielleicht wäre auch ich ein Ekel.) Widmet man sein Leben der Kunst, erfordert das viel Zeit, die dann nicht damit verbracht werden kann, Männer kennenzulernen. Zu reisen entfernt einen von all den Männern, die man andernfalls vielleicht kennenlernen würde, einfach deswegen, weil es mitten in der Wüste keine Männer gibt. Und dennoch sind Kunst, Reisen und Abenteuer nicht an und für sich unvereinbar mit Liebe und Partnerschaft.

Es war nicht einfach, sich auszumalen, welche Richtung mein Leben nehmen würde; es gibt so wenig gute Erzählungen darüber, was es bedeutet, eine Frau zu sein, die frei ist, dass es mir schwerfiel, zu einem Schluss zu gelangen. Was ich heute weiß, damals im Theodore-Roosevelt-Nationalpark jedoch nicht wusste, ist, dass Joni zwar keine*n Partner*in haben mag, sie deswegen aber noch lange nicht allein ist. Sie ist von Freund*innen umgeben, die ständig im Instagram-Feed der Singer-Songwriterin Brandi Carlile auftauchen, inmitten von Menschen, Männern und Frauen, selbst großen Künstler*innen, die sie vergöttern.

Zurück auf dem Zeltplatz quälten mich die Stechmücken, und so machte ich es mir auf dem Beifahrersitz des Prius bequem und versuchte, ausreichend Empfang zu bekommen, um das Foto eines wildlebenden Pferdes in meine Insta-Storys zu posten. Als ich zurück zum Campingplatz gefahren war, hatte es die Straße stadtauswärts blockiert. (Wildlebende Pferde stammen von Pferden ab, die den ersten Siedler*innen vor Hunderten von Jahren von ihren Höfen ausbüxten. Insofern sie domestizierte Vorfahren haben, werden sie als »wildlebend« bezeichnet in Abgrenzung zu echten Wildpferden. Allerdings hätte es sich nicht so gut angehört, hätte Mick Jagger anstelle von »Wild Horses« über »Feral Horses« gesungen.) Ein Geräusch von draußen durchbrach meine Konzentration, und als ich aufsah, bemerkte ich einen Bison, der nur wenige Zentimeter von meinem Kotflügel entfernt Gras vertilgte.

Ich finde Bisons nicht sonderlich aufregend. Im Westen sind sie zahlreich vorhanden und stammen ganz so wie die wildlebenden Pferde von Bauernhöfen oder Beständen aus Zoos – nur die Bisons im Yellowstone haben wilde Vorfahren. Dennoch ließ ein uralter Teil in mir meine Instinkte erwachen. *Klick.* Ohne nachzudenken, machte ich ein Foto. Der Bison hörte auf zu kauen, hob seinen gigantischen Kopf und blickte mir direkt in die Augen. In diesem Moment schoss mir durch den Kopf, dass der Bison das größte Säugetier des Kontinents ist. Bisons können über eine Tonne wiegen und sind im aufrechten Stand bis zu 1,80 Meter groß. Sie erreichen eine Geschwindigkeit von 40 Meilen pro Stunde und springen mehr als viereinhalb Meter weit. Der Bison ist, in den Worten der Theodore-Roosevelt-Nationalpark-Literatur, »das gefährlichste Tier Nordamerikas.« (*Haha, sehr witzig,* lachte ich, natürlich voller Respekt.)

Der Bison starrte mich aus wenigen Metern Entfernung an, und ich starrte zurück und mir fiel auf, wie verängstigt ich hätte sein sollen. Wenn er gewollt hätte, hätte er mein Auto einfach umwerfen können. Ich versuchte, bedeutungsvollen Blickkontakt herzustellen, um meine Zerknirschtheit auszudrücken, weil ich mich wie ein merkwürdiger Fan benommen und einfach ein Foto gemacht hatte, ohne zuerst um Erlaubnis zu fragen. Anscheinend funktionierte es: Der Bison sah mich ein letztes Mal mit grimmiger Miene an und trottete dann davon.

3
DAS IST WIRKLICH
SCHWER

Kein Gefühl ist so beruhigend wie das, wenn einem das Navi mitteilt, dass das nächste Reiseziel noch fünf Stunden entfernt ist. Ein solcher Batzen Fahrzeit ist wie Temple Grandins Umarmungsmaschine im Raum-Zeit-Kontinuum – ein Zwischenspiel, währenddessen man sich auf die einfache Aufgabe fokussieren kann, irgendwohin zu kommen. Auch Jahre später noch erinnerte mich das Gefühl an meine Kindheit, als ich auf der Rückbank unseres Autos saß, während meine Mom zu meiner Tante oder meinem Onkel fuhr und 20 schier endlos scheinende Minuten lang nichts von mir erwartet wurde. Als Erwachsene ein Kraftfahrzeug zu bedienen und dabei exakt neun Meilen pro Stunde schneller zu fahren als erlaubt – schnell genug, um sich lebendig zu fühlen, aber nicht schnell genug für einen Strafzettel –, war die geistige Entsprechung dessen, ein Kind zu sein und nichts zu tun. Andere Aufgaben drangen nicht zu mir durch, da ich fuhr und nicht auf mein Handy schauen konnte (hatte schlechten Empfang).

Als ich morgens um sieben Uhr vom Zeltplatz abfuhr, lagen fünf Stunden am Lenkrad vor mir. Ich wollte North Dakota endlich hinter mir lassen und düste fröhlich in Richtung … South Dakota. Mit ein bisschen Glück wäre ich am Abend in Denver. Insgesamt wären es dann elf Stunden Fahrt, etwa so viel Zeit, wie ich im Wachzustand verbringe, wenn ich an Winterdepressionen leide. Aber es lag im Rahmen des Möglichen. Und ich fühlte mich allein dadurch angespornt, nicht durch Nebraska fahren zu müssen.

Um die Mittagszeit hielt ich an einem See in den Paha Sapa, den Black Hills in South Dakota. Obwohl ich mich in der Nähe von Mount Rushmore befand, hatte ich beschlossen, ihn auf meiner Reise auszulassen, und zwar aus zwei Gründen: Er ist äußerst problematisch und ich war erst vor Kurzem dort gewesen.

Nachdem ich ein Erdnussbutter-Marmeladen-Sandwich gegessen hatte und um den See gelaufen war, um meinen Beinen ihre Existenz in Erinnerung zu rufen, stieg ich wieder in den Prius und raste in Richtung Südosten zu meinem nächsten Nationalpark: Wind Cave.

Mit einer Fläche von gerade einmal 133 Hektar ist der Wind Cave einer der kleinsten Nationalparks. Seine größte Attraktion ist, nun ja, eine gigantische Höhle. Diese kann man nur im Rahmen kostenpflichtiger, Ranger-geführter Touren besichtigen, die in zeitlich festgelegten Abständen rund um die Uhr stattfanden. Es war 13 Uhr 35, bis zum Wind-Cave-Nationalpark waren es noch 34 Minuten und die nächste Tour begann um 14 Uhr 20 – ich konnte es also schaffen. Ich fuhr an sanften Hügeln und mit Gelb-Kiefern bewaldeten Bergen vorbei; aus der Ferne betrachtet verschmelzen sie zu einer dunklen Masse, was den Black Hills ihren Namen verleiht. Eine Bison- und Elchherde am Straßenrand war meinem Zeitplan auch nicht gerade behilflich – trotz meiner bereits bekannten Gleichgültigkeit gegenüber dem gefährlichsten Tier Nordamerikas gab ich mich meiner menschlichen Natur hin und hielt an, um Fotos zu schießen. Schließlich machte ich die Zeit jedoch wett, indem ich durch die Kleinstadtstraßen raste, durch die Google Maps mich lotste.

Um 14 Uhr 16 stellte ich den Prius auf dem überfüllten Parkplatz des Wind-Cave-Nationalparks ab. Man kann sich also leicht vorstellen, wie schnell ich zu den Türen des Besucherzentrums rannte.

»Könnte ich noch ein Ticket für die Tour um 14 Uhr 20 bekommen?«, fragte ich den Mann am Infopunkt, wobei ich, wie ich anmerken möchte, *nicht* vor Anstrengung keuchte, weil ich sowas von fit bin.

»Tut mir leid, die ist ausverkauft«, sagte er. »Sie müssen auf die 15-Uhr-40-Tour warten. Und Ihr Ticket bekommen Sie dort drüben.« Er zeigte auf ein paar Leute, die darauf warteten, mit der Frau an einem zweiten Infopunkt zu reden.

»Könnte ich dann schon mal ein Junior-Ranger-Heft haben?«, fragte ich und tat mein Bestes, die Frage ganz normal klingen zu lassen.

»Welches wollen Sie denn gerne?«, antwortete er. »Es gibt zwei.«

Es stellte sich heraus, dass es neben dem Heft, das sich auf den Wind-Cave-Nationalpark bezog, noch eines gab, das in allen Nationalparks mit Höhlen genutzt wurde und das Ökosystem von Höhlen etwas fundierter erklärte. Die Nachricht, dass ich doppelt so viele Hausaufgaben machen konnte, war eine willkommene Überraschung: Als ich für meine Eintrittskarte zur Höhlenbesichtigung anstand, fing ich an, mir die Aufgaben in den Heften anzusehen.

»Eins für die Tour um 15 Uhr 40, bitte«, sagte ich, als ich schließlich an der Reihe war.

»Nur Sie?«, fragte die Frau. Wie so oft in meinem Leben musste ich einmal mehr bestätigen: Ja, ich war verlassen und allein auf dieser Welt. »Ach, wären Sie doch nur zwei Minuten früher hier gewesen. Wir haben die 14-Uhr-20-Tour gerade mit einem freien Platz losgeschickt.«

In *Sexualität ist Macht* schreibt Angela Carter, Höhlen stünden symbolisch für die Gebärmutter: »diese dunklen, abgeschiedenen Orte des Anfangs und der Offenbarung«. Meiner Meinung nach handelt es sich einfach um große, dunkle Erdlöcher, in denen sich vielleicht ein Schatz befindet. Ich liebe Höhlen! Am liebsten würde ich täglich eine Höhle erkunden. Wahrscheinlich ist es zutiefst menschlich, eine Höhle zu sehen und zu denken: Da muss ich rein.

Und mehr »Höhle« geht kaum als in der Wind Cave, der ersten, nach der ein Nationalpark benannt wurde. Es ist die dritttiefste Höhle in den Vereinigten Staaten und entweder die sechs- oder siebentiefste der Welt, je nachdem, wen man fragt. In der Wind Cave herrschen die größten Luftströmungsgeschwindigkeiten aller Höhlen weltweit, über 75 Meilen pro Stunde allein am Eingang. Warum das wichtig und nicht einfach nur furchteinflößend ist? Weil der Luftdruck und die Windgeschwindigkeit Aufschluss über die Größe einer Höhle geben. Aufgrund der Messwerte in der Wind Cave gehen Wissenschaftler*innen davon aus, dass bislang nur zwei bis fünf Prozent der Höhle erschlossen wurden. (Bevor du dir den Kopf darüber zerbrichst, wie viele Schätze in den verbleibenden 95 bis 98 Prozent versteckt sein könnten, solltest du wissen, dass ein Großteil der Höhle für Menschen wahrscheinlich unzugänglich ist, entweder weil der Fels zu porös ist, um Gewicht zu tragen, oder weil die Gänge, ganz wie mein eiskaltes Herz, zu klein sind.)

Nichts davon wusste ich, als ich am Wind-Cave-Nationalpark vorfuhr. Es sind nur einige Beispiele dessen, was man aus Junior-Ranger-Heften lernen kann (ergänzt durch die Wind-Cave-Website). Als ich mein Auto um 14 Uhr 16 einparkte, dachte ich mir noch: *Gleich bewundere ich ein großes Erdloch*, und um 14 Uhr 45 dann: *Der Fachbegriff für Tropfsteine lautet Speläotheme, und in der Wind Cave gibt es bizarre Gesteinsformationen, die ihresgleichen suchen*. Den Broschüren zufolge gab es in der Wind Cave sogenannte »Strohhalme« (im Grunde hohle Stalaktiten), »Erbsensteine« (kleine knubbelige Kalkkügelchen) und »Sinterfahnen«, die (im Englischen) auch als »Höhlenglasur« oder »Höhlenspeck« bezeichnet werden. Daraus schloss ich, dass man Höhlenforscher*innen klarmachen sollte, damit aufzuhören, Gesteinsformationen zu benennen, wenn sie Hunger hatten. Und dann gab es in der Wind Cave natürlich auch noch Boxwork – um genau zu sein, 95 Prozent des weltweiten Vorkommens dieses aus dünnschichtigem Kalzit bestehenden Höhlenminerals. Die Bezeichnung wurde in der Wind Cave geprägt und bezieht sich darauf, dass diese Art Speläothem Postfächern ähnelt, zumindest, wenn man den Begriff »ähnelt« äußerst frei interpretiert.

Nach einer Stunde, die ich hoch oben auf einem großen Felsvorsprung verbracht hatte, ohne rücklings in den Abgrund zu stürzen (ja, ich gebe schon wieder an), war ich mit meiner Höhlen-Broschüre fertig und spazierte ins Besucherzentrum, um mein Höhlenforscherabzeichen einzuheimsen. Der diensthabende Ranger, ein Mann um die 60 oder 70, lächelte. »Ich bin beeindruckt, dass Sie das Höhlen-Heft geschafft haben!«, sagte er. »Das ist wirklich schwer.« Er unterzeichnete die Broschüre und überreichte mir ein kleines Abzeichen aus Holz, das ich mir sofort an meine Jeansjacke heftete. Inzwischen war es 15 Uhr 30 – Zeit, mich zum Eingang der Höhle zu begeben.

Wir folgten dem Ranger im Gänsemarsch immer tiefer in die Höhle hinein. Jedes Mal, wenn der schmale Pfad breiter wurde, hielt der Ranger inne und zeigte auf Tropfsteine, die ich, als anerkannte Höhlenforscherin, natürlich bereits identifizieren konnte. Wir wurden streng ermahnt, nichts in der Höhle anzufassen, was die frechen weißen Jungs, die mich auf allen Seiten umgaben, prompt ignorierten. Ihr mangelnder Respekt gegenüber den Gesteinsformationen, deren Entstehung Hunderte von Jahren gedauert hatte, erfüllte mich mit Wut, ja, und mit tiefer Erleichterung darüber, dass keiner von ihnen mein Kind war.

Während wir weiterliefen, erzählte uns der Ranger die Geschichte der Wind Cave. Alles begann, sagte er, im Jahr 1881, als ein Siedler namens Jesse Bingham Gras bemerkte, das sich an einem Loch im Boden bewegte. Als er näherkam, um das Ganze genauer zu betrachten, blies ihm der Wind, der aus dem

Loch kam, den Hut vom Kopf. Seine unmittelbare Reaktion: Er suchte seine Brüder, sodass jeder von ihnen seinen Hut auf das Loch legen konnte. Was wir daraus lernen: Männer sind seltsam. Kurz darauf versuchte Bingham den Trick mit dem Hut erneut, doch diesmal saugte das Loch seinen Hut ein. So also wurde der Legende nach die Wind Cave entdeckt.

Da man in der Wind Cave keine wertvollen Bodenschätze abbauen kann, begannen geschäftstüchtige Siedler*innen bald damit, die Höhle als Touristenattraktion zu vermarkten. Ein Mann namens Jesse D. McDonald (ganz schön viele Jesses Ende des 18. Jahrhunderts) und seine Familie beschlossen, die Höhle zu erkunden, größere Durchgänge anzulegen und ein paar Leitern aufzustellen, um sowohl mit geführten Touren Geld zu verdienen als auch (Triggerwarnung) durch den Verkauf von Gesteinsformationen, die sie von den Wänden der Höhle abbrachen.

Um ihre Besichtigungstouren geben zu können, beriefen sich die McDonalds auf den Homestead Act und beantragten die eigene Nutzung des Höhleneingangs, denn dank diesem Gesetz von 1862 konnte man sich auf einem unbesiedelten Stück Land niederlassen und es bewirtschaften. (Der Homestead Act kann nicht auf Höhlen angewandt werden, wenn man es aber für den einzig bekannten Höhleneingang geltend macht, gilt es im Grunde für die gesamte Höhle.) Dass man sich eine Höhle wie die Wind Cave reservieren kann – so wie das letzte Stück Kuchen –, ist besonders beschämend, da die Höhle den Lakota heilig ist, wie uns der Ranger informierte. Die Entstehungsgeschichte des Volkes besagt, dass die Lakota die Erdoberfläche zum ersten Mal durch die Wind Cave betraten. Auf der einen Seite: der Glaube eines gesamten Stamms. Auf der anderen: das Geld, das eine Familie mit dem Verkauf von Stalaktiten an Tourist*innen verdienen konnte.

Obgleich es während unserer 90-minütigen Tour in der Wind Cave unerwähnt blieb, hat das Gebiet des Nationalparks für viele indigene Gemeinschaften eine tiefere Bedeutung; es ist der Ursprungsort dutzender indigener Völker, und mehr als 50 Stämme haben eine Verbindung zu oder einen Anspruch auf die Black Hills. Den einen war die Wind Cave heilig und von kultureller Bedeutung; andere Stämme zogen durch das sie umgebende Land.

Natürlich war ihnen die Existenz der Höhle bekannt. Sie wurde nicht erst 1881 »entdeckt«. Bei diesem Datum handelt es sich nur um die erste urkundliche Erwähnung von jemandem, der sie betrat. Ich muss schon sagen: Wenn ich höre, dass etwas, das ich gerne tue (wie die Wind Cave besichtigen), zum ersten Mal von einem weißen kolonialistischen Siedler getan wurde, frage ich mich, ob das eigentlich moralisch vertretbar ist, was ich da tue.

Bevor ich mich auf meinen Roadtrip begab, wusste ich bereits Folgendes: Der Grund, warum wir *auch nur einen* Nationalpark haben, ist der gleiche, aus dem wir überhaupt Land in Amerika besitzen. Weiße Siedler*innen und die Regierung der Vereinigten Staaten beraubten indigene Völker gewaltsam des Landes, auf dem diese seit Tausenden von Jahren gelebt hatten, mit dem sie zutiefst vertraut und spirituell verbunden waren. Auch indigene Völker hatten einander in der Vergangenheit verdrängt – die Lakota kamen Mitte des 17. Jahrhunderts vom Lake Superior und vertrieben unter anderem die Crow, Cheyenne, Kiowa und Arapaho. Die angelsächsischen Siedler*innen kamen jedoch in großer Überzahl und vernichteten die indigene Bevölkerung. Wesentlich für den genozidalen Feldzug der Regierung war das Abschlachten der Bisons, also des Tieres, das alles lieferte, was die indigenen Völker der Plains zum Leben brauchten.

Schätzungen zufolge lebten in Nordamerika bis zu 75 Millionen Bisons, als die englischen Kolonisten im 16. Jahrhundert Virginia erreichten; um 1840, als die weißen Siedler*innen in den Great Plains ankamen, verringerte sich diese Zahl um 20 Millionen. (Und ja, das waren immer noch jede Menge Bisons.) Bisons waren den Plains-Nationen nicht nur heilig, sie waren für ihr Überleben elementar. Als die amerikanische Regierung entschied, die indigenen Bewohner*innen im Namen der Westerweiterung zu »beseitigen«, und als dieser Landnahme mit erbittertem Widerstand begegnet wurde – der Journalist Christopher Ketcham schreibt diesbezüglich in seinem Buch *This Land:* »[I]n den 1870er-Jahren kamen auf jeden getöteten Indianer 25 Männer der amerikanischen Armee«* –, beschloss sie, es wäre einfacher, Bisons zu töten und damit diejenigen auszuhungern, die für ihr Überleben auf sie angewiesen waren. Die Regierung begann damit, massenhaft Bisons abzuschlachten, und ermutigte Privatpersonen, es ihnen gleichzutun. Eisenbahngesellschaften, die nach Westen expandieren wollten, setzten Kopfgelder auf die Bisons aus, die von Fahrgästen häufig aus Zugfenstern abgeschossen wurden.

Eine wütend durch die Landschaft stampfende Eisenbahn voller Männer, die sich aus Fenstern lehnen und wild um sich ballern, um mal eben etwas Geld zu verdienen: Gab es wohl je eine treffendere Metapher für Amerika? Ketcham zufolge »[i]st die Zahlenlage nicht gesichert, doch angeblich soll es um 1900 weniger als 1000 Bisons in freier Wildbahn gegeben haben«. Als die Bisons weg waren, gelang es der amerikanischen Regierung endlich, den Nationen der Plains ihr Land zu rauben.

Daher also gondelte Jesse Bingham 1881 ganz in der Nähe des Eingangs zur Wind Cave durch die Black Hills – weil seine Regierung einen mörderischen Feldzug gegen die Menschen führte, die bereits dort lebten. Daher also wirkte das Land »unbewohnt«, sodass eine Familie den Eindruck gewinnen konnte, es sei ihr gutes Recht, Besitzansprüche an einer Höhle gel-

* Wir haben uns dazu entschlossen, das Zitat nicht zu verfälschen und den Begriff »Indianer« an dieser Stelle stehen zu lassen. Überall sonst haben wir Robersons Verwendung dieses Wortes in der deutschen Übersetzung angepasst (Anm. d. Ü.).

tend zu machen. War es vor diesem Hintergrund überhaupt vertretbar, Nationalparks zu besuchen?

Die Nationalparks wurden zum Wohl europäisch-stämmiger amerikanischer Tourist*innen gegründet, und die Ureinwohner*innen Amerikas, die ihr vertraglich verbrieftes Recht ausübten und dort jagten, sich versammelten und kontrollierte Waldbrände legten, wurden gewaltsam vertrieben. Daher also können wir heute ein paar Stunden Halt im Wind-Cave-Nationalpark machen, auf unserem Weg an einen anderen Ort, vielleicht an diesen einen großen Berg, den wir so lange mit Dynamit malträtiert haben, bis er aussieht wie vier Präsidenten.

Nationalparks sollen nicht nur Naturschätze schützen, sondern auch Besucher*innen die Geschichte des Landes näherbringen. So viel stand fest, war ich doch gerade erst aus einem Park gekommen, dessen Existenz sich einer Phase verdankte, die Theodore Roosevelt in seinen Zwanzigern durchlebt hatte. Allerdings war das Geschichtsbild, das in den Parks vermittelt wurde, die ich bislang auf meiner Reise besucht hatte, fast ausschließlich eurozentrisch und grenzte an Manifest-Destiny-Propaganda.

Entweder ignorierten Infomaterial und Beschilderung der Parks die Tatsache, dass das Land schon da war, bevor es ins Bewusstsein weißer Menschen drang, oder räumten die Existenz indigener Völker auf fadenscheinige Weise ein (à la »vor Urzeiten lebten einmal …«). Dass diese »Wildnis« bereits von Menschen bewohnt gewesen war, die für ihre Nahrung, Medizin und Lebensart darauf angewiesen waren, fand keine Erwähnung. Und natürlich auch nicht, dass ihnen der Zugang zu dem Land verwehrt wurde, damit es als unberührtes Paradies für angelsächsische Feriengäste herhalten konnte.

Die flüchtige Erwähnung indigener Völker auf Schildern, Touren und in den Junior-Ranger-Heften erinnerte mich an ein Gemälde des Yosemite Valley von 1896. Ich sah es vor Jahren in einer Ausstellung im Milwaukee Art Museum, *dem* Ort, um Kultur zu tanken, während man sich in einem Gebäude befindet, das wie ein Segelboot, aber auch wie ein toter Wal, aber auch wie so ziemlich jedes andere Gebäude aussieht, das Santiago Calatrava jemals entworfen hat. Neben dem Gemälde des Malers Thomas Hill hing eine Tafel, die erläuterte: »Obgleich das Yosemite Valley bereits seit Langem als beliebtes Reiseziel der Mittelklasse galt, versicherte Hills Darstellung amerikanischer Ureinwohner im Bildvordergrund potenziellen Touristen, dass die Gegend ihre Ursprünglichkeit bewahrt hatte und nicht völlig von Touristen überrannt war.« So wie Bisonmäntel genau in dem Moment in Mode kamen, als es dem Interesse der Regierung diente, die Bisons auszurotten, werden die Ureinwohner*innen Amerikas genau dann als authentisches Deko-Element betrachtet und nicht als Menschen und Bewohner*innen eines Ortes, wenn die Regierung der Vereinigten Staaten das Land kolonisieren und von ihm als Touristenattraktion profitieren möchte.

In den letzten Jahren hat sich der National Park Service allmählich gebessert. Die Parks erlauben es den ansässigen indigenen Nationen nun, ihre Vertragsrechte auszuüben und auf dem Gelände der Parks Pflanzen zu sammeln. Sie haben die traditionellen Ortsbezeichnungen wieder auf ihren Landkarten eingefügt, was allen Besucher*innen zugutekommt, da die weißen Siedler*innen – ein klassischer Fall gleichgeschalteter Gehirne – alle Berge auf dem gesamten Kontinent offenbar auf den Namen »Fran's Nipple« tauften. Ein paar Parks haben amerikanische Ureinwohner*innen als Ranger*innen eingestellt, die ein nuancierteres Bild vermitteln können, in dem das Land der Nationalparks eine Geschichte hat, die weit länger zurückreicht als bis zur Ankunft der europäischen Siedler*innen, die ihre Hüte von höhlenspezifischen Luftströmungen durch die Luft wirbeln ließen.

Diesem Wandel liegt nicht ein einzelner Auslöser zugrunde. Sicherlich hat die Bürgerrechtsbewegung des 20. Jahrhunderts etwas mit den Veränderungen zu tun, zu der auch das American Indian Movement gehört, ebenso die Bewegungen der letzten Jahre.

Darüber hinaus eine Entscheidung des Supreme Court von 1999, die die Regelung aus dem 19. Jahrhundert für nichtig erklärte, nach der mit der Gründung eines Nationalparks alle Vertragsrechte der indigenen Bevölkerung erloschen. Auch hat dazu beigetragen, dass die aktuelle Innenministerin Deb Haaland wie auch der Vorsitzende des National Park Service, Charles F. Sams III, sowohl Native Americans als auch die ersten Native Americans in ihrer jeweiligen Position sind. Und wahrscheinlich haben auch die zunehmend sichtbaren Auswirkungen des Klimawandels damit zu tun und die Erkenntnis, dass das Land sehr viel gesünder war, als es der indigenen Bevölkerung oblag. (Das heißt nicht, dass alle indigenen Völker bekommen, was sie wollen, oder mit der öffentlichen Grund- und Liegenschaftspolitik einverstanden wären. Als Bidens Regierung 2021 neue Öl- und Gasbohrungen auf Land des Bundes stoppte, legte das Volk der Ute Beschwerde ein: Die Gewinnung fossiler Brennstoffe sei für ihre Gemeinschaft eine der wichtigsten Einnahmequellen.)

Nichts von alledem ist in Stein gemeißelt. Die Black Hills sind heute eines der bekanntesten Beispiele weltweit für die Bemühungen, indigenen Völkern ihr Land zurückzugeben. Die Oceti Sakowin (Sioux) befinden sich in einem andauernden Konflikt mit der amerikanischen Regierung über die Rückgabe der Black Hills, da diese 1874 einen Vertrag brach, den sie nur sechs Jahre zuvor unterzeichnet hatte. Im Jahr 1973 besetzten Hunderte von Oglala Sioux Wounded Knee, den Schauplatz, an dem 1890 mehrere 100 Lakota von der amerikanischen Armee massakriert worden waren, und forderten die Rückgabe der Black Hills. Im Jahr 1980 entschied der Supreme Court, dass die amerikanische Regierung den Oceti Sakowin für den Bruch des Vertrags von Fort Laramie von 1868 mehr als 100 Millionen Dollar an Reparationen schuldig sei, diesbezüglich hieß es: »Ein üblerer Fall unehrenhaften Handelns wird sich in unserer Geschichte mit größter Wahrscheinlichkeit nicht finden lassen.«

Heutzutage beträgt die Schuldsumme inklusive Zinsen beinahe zwei Milliarden Dollar. Aber die Oceti Sakowin weigern sich weiterhin, die Auszahlung anzunehmen, da die Black Hills, wie sie sagen, nicht zum Verkauf stehen. Für sie kann Land nicht mit Geld aufgewogen werden – es ist heilig. Heutzutage führen Gruppen wie das NDN Collective mit seiner LANDBACK-Bewegung den Kampf fort.

Als ich mich auf meinen Roadtrip begab, wusste ich nichts von alldem; ich erfuhr davon erst durch die Parks und meine weitere Auseinandersetzung damit. Ebenso wenig wie ein Bestandteil der Natur – die Gräser, der Bison, der Elch, der mit dem Bison abhängt, weil sie jetzt offensichtlich befreundet sind – vom restlichen Ökosystem getrennt betrachtet werden kann, kann die natürliche Umgebung nicht getrennt von der Geschichte der Menschen betrachtet werden.

Ich hätte mir gewünscht, mehr darüber in den Parks selbst zu erfahren. Vielleicht wird die Geschichte so zurückhaltend aufgearbeitet, weil die Ereignisse so überwältigend grausam sind, auf denen dieses Land und die Nationalparks errichtet wurden. Schnell ist man vor Schuldgefühlen wie gelähmt, und ein Besuch der Parks scheint nicht verantwortbar. Nur ist damit niemandem geholfen. Anstatt darüber zu grübeln, ob es okay ist, die Parks zu besuchen, sollten wir darauf hinarbeiten, den Native Americans die Kontrolle über die Parks zurückzugeben. Das würde nicht bedeuten, dass die Parks nicht mehr so wie heute für alle frei zugänglich wären, nur dass das Land von indigenen Personen gehütet und verwaltet würde. Vergleichbares geschieht bereits in anderen Teilen der Welt, in denen öffentliche Anlagen wieder der Aufsicht der indigenen Bevölkerung unterstellt werden. Es funktioniert. Und ist der richtige Weg.

Auf meiner Besichtigungstour durch die Wind Cave wusste ich nichts von dem Supreme-Court-Urteil von 1980 und vom NDN Collective, das für die Rückgabe der Black Hills kämpft. Ich wusste, wie man etwa 15 Arten Tropfsteine voneinander unterscheidet, aber das war's. Am Ende der Tour öffnete der Park-Ranger den Raum für Fragen. Ich hob meine Hand. »Haben die Lakota jemals die Regierung verklagt, um die Höhle zurückzufordern?«

Der Ranger bejahte dies und ging nicht weiter darauf ein.

Wir verließen die Höhle und putzten unsere Schuhe gründlich an einer Fußmatte in Fledermausform. Ich löste mein zweites Heft ein, stieg in mein Auto und schon war ich wieder unterwegs, an einen anderen Ort.

4

LEAVES OF GAS, GRASS, OR ASS

*I*n *Unterwegs* macht Jack Kerouac mehrmals in Denver Halt und mischt sich »mit einem schiefen Grinsen [...] unter die alten Penner und fertigen Cowboys auf der Larimer Street«.[1] Allen Ginsberg zog eine Zeitlang in die Stadt, um Neal Cassady nachzulaufen, ein unglücklicher Schachzug (den ich selbst fast für mehrere Männer in mehreren Städten gemacht hätte), und schrieb später in seinem Gedicht »Geheul« über die besten Köpfe seiner Generation, »die nach Denver reisten, die in Denver starben, die zurück nach Denver kamen und vergeblich dort rumstanden und warteten«.[2] Denver übte eine Anziehungskraft aus oder hatte sie zumindest vor 70 Jahren ausgeübt. Nachdem ich eine Woche lang fast ausschließlich durch schier unendlich öde Weiten gefahren war, konnte ich kaum erwarten, mir die Stadt anzusehen.

Ich hatte beschlossen, zwei Nächte in Denver zu bleiben, aus dem einfachen Grund, weil ich meine Freundin Molly vermisste, die mit ihren Töchtern in Denver lebte, und ich keine Ahnung hatte, wohin es mich danach verschlagen würde. Außerdem dachte ich, es sei höflich, wenn ich nach einer Woche mal wieder duschen würde. Molly und ich wuchsen in derselben Straße auf, und sie war eines der Kinder, die damals an jenem schicksalhaften Tag Anfang der Nullerjahre am Devil's Lake verloren gingen. Zudem war auch sie eine Naturfreundin, jemand, den Walt Whitman mit den Worten »Ich bin verliebt in das Leben im Freien«[3] charakterisiert hätte. Ein paar Jahre zuvor war Molly an den Fuß der Berge gezogen, um ihren

Töchtern ebenfalls die Möglichkeit zu geben, sich in das zu verlieben, was draußen wächst.

Mein Plan für den ersten Morgen war, ins Sputnik zu fahren, eine schummrig beleuchtete, vage im Stil der 1960er-Jahre gestaltete Bar, die zugleich Diner und für ihr geniales veganes Tofu-Rührei berühmt war. Der Zauber, im Schutz der Dunkelheit nach Denver hineinzufahren, so wie ich es in der Nacht zuvor getan hatte, besteht darin, dass man die Berge fast vergisst. Wenn man sie dann am nächsten Tag erblickt, wie sie sich vor der Skyline der Stadt erheben, wirken sie noch kolossaler und majestätischer. Angesichts der räumlichen Nähe von Bergen zu auf Tofu basierenden Köstlichkeiten erstaunt es kaum, dass die Bevölkerung Denvers zwischen 2010 und 2020 um 21 Prozent zunahm – was als Teil einer größeren Welle rapiden Bevölkerungswachstums im Süden und Westen gewertet werden kann, der keinerlei Anzeichen erkennen lässt, bald abzuflauen. In manchen Jahren besteht mehr als die Hälfte der Zugezogenen aus Millennials; da wir es uns einfach nicht mehr leisten können, in New York zu leben oder schicke Urlaubsreisen zu machen, ergibt es Sinn, in eine günstigere Stadt in der Nähe öffentlicher Flächen zu ziehen, auf denen man seine Urlaubstage damit verbringen kann, auf Berge zu kraxeln.

Ich beendete mein Schickimicki-Frühstück und brach auf, um ein paar Besorgungen zu erledigen. Mein erster Halt war beim Flagshipstore der Sport- und Outdoormarke REI. Über 8000 Quadratmeter zum Shoppen, An-Wänden-Hochklettern und Fahrräder-Probefahren. Er könnte als Kathedrale der Naturspiritualität beschrieben werden – allerdings nur nach einer kapitalistischen Gehirnwäsche und wenn man absolut nicht versteht, worum es eigentlich geht (wie das bei so vielen Leuten der Fall ist, wenn wir ehrlich sind). Im Inneren lief ich an 450-Dollar-Rucksäcken vorbei und Kühlboxen auf dem neusten technischen Stand für gerade mal 1300 Dollar – sicherlich ein vernünftiger Preis, vorausgesetzt, man findet heraus, wie man in einer Kühlbox wohnen kann. Ich brauchte eine Isomatte, weil ich, auch wenn ich mich bislang unkompliziert und eins mit der Natur gegeben habe, herausgefunden hatte, dass meine Wirbelsäule mit spitzen Steinen auf dem Boden nicht eins war. Mit einem nonchalanten Lächeln im Gesicht umkreiste ich die Isomatten, bis ich die billigste gefunden hatte, eine aus Schaumstoff, die *nicht* vorgab, extrem bequem zu sein, dafür aber nur 39,99 Dollar kostete. Sie hatte die Farbe einer Nasennebenhöhlenentzündung, wahrscheinlich die Strafe für meinen Geiz, doch mein Wille war stärker als der Angriff auf mein ästhetisches Empfinden.

Das Denver des Jahres 2019 war ziemlich anders als das der Beatniks. Die Kneipen, in denen sie herumlungerten, waren abgerissen oder bis zur Unkenntlichkeit gentrifiziert worden. Auch was ich als junge Frau unterwegs auf den Straßen Amerikas erlebte, unterschied sich in vielerlei Hinsicht von den kanonischen Reisenarrativen, die ich gelesen hatte.

Der Kanon, der mir vorschwebte, begann mit den ersten typisch »amerikanischen« Geschichten aus dem 19. Jahrhundert und setzte sich von dort aus fort. Ein paar der Bücher, die mich zu meiner Reise inspirierten, handelten von Reisen, andere von der Natur, aber sie alle einte das Streben nach Freiheit und nach, auch wenn ich nicht langweilig klingen will, Transzendenz.

An erster Stelle stand ihr spiritueller Opa, *Walden*. Henry David Thoreau und die anderen Transzendentalisten waren von den europäischen Romantikern beeinflusst, schufen mit ihren Schriften über die Suche nach »einer ursprünglichen Verbindung zum Universum« im Grunde jedoch die erste originär amerikanische Literaturtradition, die von der Landschaft der Vereinigten Staaten geprägt ist. *Walden* handelt nicht vom Reisen, adressiert aber ein Verlangen, sich aus der Massenkultur zurückzuziehen, auf sich selbst zu besinnen und bewusst zu leben. Thoreau ist der Held vieler meiner Held*innen. Auch wenn ich *Walden* insgesamt ein bisschen oder eher »extrem langweilig« finde, stoße ich doch auf so viel Wertvolles in seinen Werken und denke immer wieder über manche Zeilen nach. »Ich wollte mit vollen Zügen leben« – same! »[W]ar ich doch reich, wenn nicht an Geld, so doch an sonnigen Stunden und Sommertagen.«[4] Genau diese Gedanken haben mich veranlasst, loszureisen.

Dann war da der Mann, der mir in diesem ganzen Kanon am meisten bedeutete: Walt Whitman. Er war Zeitgenosse Thoreaus und eine Art Transzendentalist für Extrovertierte. Whitmans »Gesang von der freien Straße« wurde 30 Jahre veröffentlicht, ehe auch nur etwas einem Auto annähernd Ähnelndes zusammengebaut worden war. Und ist doch der beste Text über das Reisen, den ich je gelesen habe.

»Zu Fuß und fröhlichen Herzens schlage ich die freie Straße ein«, beginnt es:

Gesund, frei, vor mir die Welt;
Vor mir der lange braune Pfad, der mich führt,
wohin ich nur will.

Fortan verlange ich kein Glück; ich selbst bin das Glück.
Fortan wimmere ich nichts mehr, verschiebe nichts mehr,
brauche nichts.
Vorbei sind die Klagen zwischen dumpfen vier Wänden
und Bibliotheken, vorbei gallige Kritik.
Rüstig und zufrieden schreit ich die freie Straße hin.[5]

Und da Whitman nun einmal Whitman ist, geht es dann noch etwa 220 Zeilen weiter. Es ist ein perfektes Gedicht. Ich liebe es. Einmal sendete ich das Gedicht einem der Typen, in die ich verknallt war, und er antwortete: »Er kann ganz gut reimen.« Man kann diese Typen zwar zum Wasser führen, sie aber nicht dazu zwingen, sich durch das Lesen von Gedichten für das Leben zu begeistern. Manche Zeilen von »Gesang von der freien Straße« erfassen perfekt, was ich fühle, wenn ich an einen schönen Ort fahre. Sie sind mir nicht im Geringsten fern, nur weil sie von einem Mann geschrieben wurden, der 180 Jahre vor mir lebte. (Mitten auf meiner Reise fiel mir auf, dass sich Walt Whitmans Geburtstag 2019 zum 200. Mal jährte, und ich fragte mich, ob ich meinen Großen Amerikanischen Roadtrip in eine Feier zu Ehren von Whitmans Zweihundertjährigem umwidmen könnte. »Ich möchte das Buch *Leaves of Gas, Grass, or Ass: No One Rides for Free* nennen!«, sagte ich. Woraufhin mir mitgeteilt wurde, dass es mir unter keinen Umständen je erlaubt sein würde, ein Buch mit dem Wort »Ass« im Titel zu veröffentlichen.)

2019 war es nichts Ungewöhnliches, auf einen Outdoor-Typen zu treffen – einen dieser wirklich männlichen Männer in einem Toyota Tacoma, einen Kerl, der sich mit dem Überleben in freier Natur so gut auskennt, dass er erwägt, sich für die Reality-Show *Alone* zu bewerben –, der Whitman oder Thoreau las. Noch wahrscheinlicher aber war, dass er sich die Werke von Edward Abbey zu Gemüte führte, ein ehemaliger Ranger im Arches-Nationalpark und Autor von *Die Einsamkeit der Wüste* und *Die Monkey-Wrench-Gang*.

Ich fand heraus, dass Abbey bei einer bestimmten Sorte Mann beliebt war, solche, die Autoritäten hassten und fanden, fast alle würden das ganze »Leben mit der Natur«-Ding falsch machen. Auch wenn ich nur davon träumen kann, so widerborstig und misanthropisch zu sein wie diese Männer, stehe auch ich Autoritäten skeptisch gegenüber, und es regte sich auch in mir der Verdacht, dass viele Menschen das ganze Natur-Ding in der Tat falsch angehen (indem sie 500 Millionen Dollar für ein neues Outdoor-Outfit von North Face x Online Ceramics ausgeben, damit sie möglichst drippy aussehen, um das gleiche Foto am gleichen überlaufenen Ort wie alle ande-

ren zu machen und auf Instagram zu posten – ZUM BEISPIEL).
Ich kaufte mir also *Die Einsamkeit der Wüste* und begann,
mich mehr mit Abbey zu beschäftigen. Manche Aspekte seines
Texts waren durchaus überzeugend, wie seine Kritik am Massentourismus. Aber über Abbeys »Ich bin so ein schräger Vogel«-Energie kam ich einfach nicht hinweg – diese Art Mann,
die sich gerne von anderen abheben möchte und andeutet,
dass sie besser ist, indem sie pseudo-bescheiden darauf hin-
weist, dass sie ein bisschen anders ist, ein bisschen *schräg* eben.
»Meine Exkursionen in die Wüste habe ich meistens allein unternommen«, schreibt Abbey. »Nicht unbedingt, weil ich es so
wollte, sondern weil mir nichts anderes übrig blieb – ich gehe
am liebsten an Orte, die in der Regel niemand sonst aufsuchen
möchte.«[6] *Sicher.* Als ich sein beliebtes, zugleich aber auch rassistisches und misogynes Buch las – sollte es möglich sein,
über nicht nachhaltigen Bevölkerungswachstum zu schreiben,
ohne dabei wie ein Eugeniker zu klingen, wusste Abbey offensichtlich nicht, wie –, fühlte ich mich der Outdoor-Kultur
mehr entfremdet als davor.

Das wichtigste Buch für meinen Roadtrip war *Unterwegs.*
Es weckte in mir das brennende Verlangen, so oft durch die
Vereinigten Staaten zu fahren, bis ich davon gelangweilt oder
ausgebrannt war oder das Ganze in ein Buch verwandelt hatte.
Unterwegs war nicht nur das Buch, das eine Milliarde Roadtrips angestoßen hat; es brachte Generationen von Amerikaner*innen bei, wie man cool ist, zumindest, wenn Coolsein
bedeutet, Gedichte zu schreiben und die Zigarettenpackung
im T-Shirt-Ärmel einzurollen. Was natürlich der Fall ist.

Als Kerouac 1947 per Anhalter durch das Land reiste, wurde
dies nicht als romantisch oder abenteuerlich wahrgenommen,
sondern erinnerte die Menschen an die Arbeitslosen, die während der Großen Depression auf Güterzüge aufsprangen und
durch die Lande zogen. Er aber fuhr in der Annahme los, dass

es »[i]rgendwo unterwegs Mädchen, Visionen, alles [gab]; irgendwo auf dem Weg würde mir die Perle überreicht werden«.[7] Als er der Welt 1957 mit der Veröffentlichung seines Buches *Unterwegs* diese Perle überreichte, entstand eine völlig neue Art des Reisens, und durch das Buch inspiriert, begaben sich zahlreiche junge Menschen auf die Straße. Auch wenn nicht alle, die durch Kerouacs Schreiben angeregt wurden, seinem Beispiel folgen konnten.

Die Hochphase der Beatgeneration fällt unmittelbar mit der Hochphase der Kernfamilie mit männlichem Ernährer zusammen, eine Zeit, in der Frauen häufiger und jünger als je zuvor in der Geschichte Amerikas heirateten. (Immer wieder wird außer Acht gelassen, dass das, was ich als »höllisches Worst-Case-Szenario« beschreibe und Konservative als »traditionelle Familie«, keine sonderlich lange Vergangenheit hat; um genau zu sein, herrschte das Modell nur 15 Jahre lang, Mitte des letzten Jahrhunderts, vor.) Dieses Zusammenfallen bedeutete, dass vieles von dem, worum es den Beatniks ging, den Frauen der damaligen Zeit verschlossen blieb.

Joyce Johnson – eine Schriftstellerin, die zur Zeit, als *Unterwegs* veröffentlicht wurde, mit Kerouac liiert war – schreibt in ihrer Autobiografie *Warten auf Kerouac*, ihrem Buch über diese Zeit: »Erfahrungen, Abenteuer – das war nichts für junge Frauen.«[8] Abenteuer waren mit Sex verbunden, was für das Leben einer Frau den Ruin bedeuten konnte. Frauen sollten zu Kunst inspirieren und Kunst bewundern, nicht Erfahrungen sammeln, die es ihnen selbst ermöglichten, Kunst zu schaffen. Außerdem musste in einer Bewegung, in der eine Festanstellung und Geldverdienen verpönt waren, jemand arbeiten, damit diese zerstörerischen männlichen Genies etwas zu essen hatten, während sie die Seiten mit Worten füllten. Und da die Partnerinnen keinen künstlerischen Ruf zu verlieren hatten, fiel das Los auf sie. (Ich kann mir keinen *New-York-Times-*

Bestseller mit dem Titel *Bei der Arbeit* von einer von Jack Kerouacs Muttis/Geliebten vorstellen.)

Frauen haben weniger Bücher über die Freiheit des Reisens oder die Freiheit in der Natur geschrieben. Der Grund dafür liegt auf der Hand: Frauen sind weniger frei als Männer. Eine Frau, die zur Zeit Thoreaus geboren wurde, hätte nicht zwei Jahre auf dem Grundstück ihres Freundes Ralph Waldo Emerson verbringen, in einer Hütte faulenzen und ihre Zeit verplempern können. Das weibliche Pendant zu Whitman war Emily Dickinson, die ihr Leben nur deswegen der Kunst widmen konnte, weil sie nicht in die Welt zog, sondern ihr Zuhause bekanntlich nie verließ, was ihr den Ruf einhandelte, eine echte Bitch zu sein, auch wenn sie vermutlich eher unter einer affektiven Störung litt. Das Funktionieren der Gesellschaft basierte darauf, dass Frauen heirateten, Kinder bekamen und die Hausarbeit verrichteten, was zur Folge hatte, dass sich Frauen nicht so einfach auf Abenteuer einlassen konnten *und* dass die Gesellschaft als etwas Domestiziertes und tendenziell Feminines betrachtet wurde. Oder wie Annie Dillard in ihrem Tagebuch festhielt, das sie in der Entstehungszeit ihres Buchs *Pilger am Tinker Creek* über die amerikanische Natur schrieb: »Unvorstellbar: eine Situation, in der jemand ein Buch nicht schreiben kann, weil ohne Penis geboren. Außer vielleicht, das Buch heißt *Mein Leben mit Penis*.«

Seit 1957 haben sich die Dinge für Frauen rapide verändert, und als ich auf der Welt war und einen Führerschein hatte, war es für junge Frauen sehr viel einfacher, allein zu reisen. Es gab Bestseller von Autorinnen übers Reisen und die Natur, wie Cheryl Strayeds *Der große Trip* und Elizabeth Gilberts *Eat, Pray, Love*. Ich hoffe, dass es in Zukunft mehr Bücher geben wird, in denen sich Frauen auf ein Abenteuer begeben, ohne dass es dafür der Rechtfertigung bedarf, sie müssten sich von einem traumatischen Ereignis erholen (Gilbert von ihrer Scheidung und Strayed vom Tod ihrer Mutter). Doch auch wenn mir das erste Stück meines Roadtrips deutlich gemacht hatte, dass meine Reise anders gewesen wäre, hätte ich *Mein Leben unterwegs mit Penis* geschrieben, war Reisen für Frauen mit meinem Äußeren ziemlich gut machbar.

Ich wollte durch Amerika fahren, unberührte Orte sehen und darüber schreiben, weil ich denke, je mehr Erzählungen uns über Frauen vorliegen, die so etwas machen, desto sicherer und einfacher vorstellbar wird es für andere Frauen, das Gleiche zu tun (oder zumindest weniger wahrscheinlich, dass ihr Stiefvater versucht, ihnen zuerst eine Pistole aufzuschwatzen). Und auch wenn unterwegs zu sein für die, die nicht genauso aussahen wie Jack Kerouac (weiß, halbwegs jung, Quadratschädel), sich nicht ganz so einfach gestaltete, erfreute sich diese typisch amerikanische Art des Reisens großer Beliebtheit.

Ich aß ein letztes veganes Frühstück vor meiner Abreise aus Denver und bemerkte einen Aufkleber für eine bevorstehende Volksabstimmung über die Entkriminalisierung von Magic Mushrooms. Seit dem Erscheinen von *Unterwegs* waren 62 Jahre vergangen, und selbst wenn Jack Kerouac womöglich über meine Tofu-Eier gelacht hätte, konnte ich eine Verbindungslinie erkennen, von ihm zu den Hunderttausenden von Menschen, die auf der Suche nach Abenteuer und Freiheit nach Colorado gezogen waren.

Unterwegs zu den berühmten Nationalparks in Utah sollte ich sehen, wie groß die Beliebtheit war, derer sich der amerikanische Roadtrip tatsächlich erfreute.

II

DER INTERMOUNTAIN WEST

5

EIN SELTSAMER KAKTUS, BEI DEM ES RICHTIG LÄUFT

Jetzt kommt der Clou am Junior-Ranger-Programm: Es ermöglicht nicht nur Kindern und albernen Erwachsenen, durch das fleißige Ausfüllen von Wortsuchrätseln Anstecker zu sammeln. Nein, die Broschüren sind wirklich gut, um etwas über die Nationalparks zu lernen. Mir wurde das erst ein paar Jahre vor meiner Reise klar, als mir eine (echte) Park-Rangerin im Rocky-Mountain-Nationalpark erzählte, dass auch sie im Urlaub Junior-Ranger-Hefte ausfüllte, weil sie so am schnellsten einen guten Eindruck von dem Park gewinnen könne, in dem sie sich gerade aufhielt. Rückblickend betrachtet, war ich, wenn ich mit Freund*innen verreiste, oft die Einzige, die das Arbeitsheft ausfüllte und nach ein paar Tagen die Fragen meiner Freund*innen über Elche oder merkwürdige Pflanzen oder die Geschichte des Parks beantworten konnte. Das Junior-Ranger-Programm ermöglichte es mir, die Bioregion vor Ort »zu treffen«, etwas, das Jenny Odell in ihrem Buch *Nichtstun* beschreibt: »Wenn ich reise, fühle ich mich nicht eher angekommen, bis ich die lokale Bioregion ›getroffen‹ habe, durch Umherwandern, Beobachten, was dort wächst, und indem ich etwas über die indigene Geschichte des Ortes in Erfahrung bringe (was an allzu vielen Orten das letzte ist, was die Menschen, die sich auf irgendeine sinnvolle Weise mit der Bioregion beschäftigen, dokumentieren).«[9] Im nächsten Park auf meinem Plan würde ich eine Bioregion treffen, die aus, äh, Sand bestand.

Auf meiner vierstündigen Fahrt von Denver zum Great-Sand-Dune-Nationalpark hatte ich nur geringe Erwartungen. Offen gesagt, mache ich mir nichts aus Sand. Ich finde Sand öde. »Aber dieser Sand ist weiß!«, entgegnest du. Sorry, so leid es mir tut, muss ich dich darauf hinweisen, dass du an den White-Sands-Nationalpark denkst, einen anderen Ort im Süden New Mexicos, der erst fünf Monate nach meiner Reise als Nationalpark ausgewiesen wurde. Etwas, was wirklich nervig ist und nur einer von vielen Gründen für meinen aktuellen Versuch, die Regierung der Vereinigten Staaten zu stürzen.

Nein, hier gab es nur ganz normalen Sand, und unter uns: Sand habe ich schon mal gesehen.

Doch als ich hinter einem Berg hervorfuhr und die Dünen sah, reagierte mein Gehirn so wie ein Pferd in einem Film, wenn es auf den Bösewicht trifft: Es schreckte auf und vielleicht wieherte es sogar ein bisschen. Die Dünen waren nicht nur gigantisch: Sie sind etwa 230 Meter hoch und bedecken eine Fläche von rund 80 Quadratkilometern. Diese gigantischen Dünen wurden dann auch noch auf der einen Seite von völliger Ödnis und auf der anderen von den schroffen Berggipfeln der Sangre de Cristo Mountains gesäumt. Die Dünen sahen aus, als hätten Aliens sie zum Spaß zurückgelassen. Einmal mehr wurden mir die gewaltigen geografischen Ausmaße der Vereinigten Staaten klar. Nicht nur, dass es in ein und demselben Land die flachen Maisfelder meiner Kindheit und gigantische Sanddünen neben einer Bergkette gab. Sondern auch, dass es einen derart eigenartigen Ort geben konnte, *ohne dass ich je davon gehört hatte.*

Begierig darauf, das *Wie* und *Warum* der Sanddünen zu erfahren, raste ich zum Besucherzentrum. Ich fragte den Ranger am Infopunkt, ob er mir wohl freundlicherweise ein Junior-Ranger-Paket aushändigen und sagen könnte, wie ich am besten [zeigt in Richtung Dünen] hinauf in den Sand gelangen könnte. Leider lautete die Antwort auf Letzteres: »Das ist völlig ausgeschlossen.« Ohne im Vorfeld recherchiert zu haben, hatte ich es fertigbekommen, zur ungünstigsten Tageszeit bei den Great Sand Dunes anzukommen. Der Wind war zu stark und die Wahrscheinlichkeit eines Gewitters zu groß, als dass ich die Dünen hätte erklimmen können, ohne eine Hautreizung zu riskieren oder vom Blitz getroffen zu werden. Und so trat ich auf die Außenterrasse des Besucherzentrums, suchte mir ein Plätzchen, von wo aus ich die Dünen betrachten konnte, während der böige Wind versuchte, mich in das sandige Grasland zu wehen, und schlug mein Arbeitsheft auf.

Meine erste Lektion bestand darin zu lernen, wie die Sandberge überhaupt hergekommen waren. Die Grundidee lautet wie folgt: Die Sangre de Cristo Mountains wurden durch plattentektonische Prozesse nach oben geschoben. Viele Meilen westlich entstanden infolge vulkanischer Aktivitäten die San Juan Mountains. Lange Rede, kurzer Sinn: Gesteinssedimente der Berge lagerten sich im Tal zwischen den beiden Bergketten ab, und die vorherrschenden Südwestwinde wehten den Sand in eine Biegung in den Sangre de Cristo Mountains. Aber! Und das ist wichtig: Manchmal bewirkten Stürme, dass der Sand zurück in Richtung Tal geblasen wurde, was zum vertikalen Wachstum der Dünen führte. Heutzutage befinden sich am Grund des Tals ausreichend Pflanzen und in den Dünen genug Feuchtigkeit, sodass das Dünenfeld größtenteils stabil ist. Hierbei handelt es sich um eine extrem verkürzte Version; ich habe die gesamte Geschichte eines riesigen Flusses ausgelassen, der vor langer Zeit austrocknete. Für alle, die zu Hause 230 Meter hohe Dünen anlegen wollen, ist das aber das Grundrezept.

In erdgeschichtlich jüngerer Zeit kamen die Menschen. Zunächst nomadische Jäger*innen und Sammler*innen. Viele der modernen indigenen Völker kannten die Gegend, manche lebten in ihr oder sie galt ihnen als heilig, darunter den Ute, den Diné (Navajo) und der Jicarilla Apache Nation. Vor 400 Jahren kamen die Spanier*innen. Im Jahr 1807 erwähnte der amerikanische Offizier und Entdecker Zebulon Pike, nachdem ein Berg in Colorado Pike's Beak benannt wurde, die Great Sand Dunes in seinen Tagebüchern – es handelt sich dabei um die ersten schriftlichen Erwähnungen der Dünen. Ich schreibe das bloß, weil, mal ehrlich: Stell dir vor, du würdest Zebulon heißen. Was war denn nur mit seinen Eltern los? Wie kann es sein, dass ein Mann namens Zebulon im Jahr 1807 lebte und nicht im Jahr 5477, auf einem Raumschiff, das unser Sonnensystem umkreist, bis die Erde eines Tages wieder bewohnbar ist?

Nachdem ich ein paar Aufgaben erledigt hatte, beschloss ich, den Sand Sheet Loop Trail zu erkunden, der eine gute Sicht auf die Dünen bot und so gut schien wie jeder andere Ort, um das Junior-Ranger-Bingo zu vervollständigen. Konnte ich Dünengras sehen? Abgehakt. Einen Kaktus? Abgehakt. Einen Maultierhirsch? Abgehakt. Offen gesagt, hatte ich während der ersten zwei Wochen meiner Reise mehr als genug Hirsche gesehen. Nicht, dass mich das als überzeugte Umweltschützerin gestört hätte.

Und dann bemerkte ich im Quadrat rechts oben auf meiner Bingo-Karte die Abbildung einer Pflanze, die ich zwar überall gesehen hatte, deren Name ich jedoch nicht kannte. Zum ersten Mal war sie mir auf einem Roadtrip mit meiner Freundin Emmy im Jahr davor wirklich aufgefallen. Wir waren am Grand Canyon, diesem gigantischen Loch im Boden, das vermeintlich überbewertet wird, aber tatsächlich ein Wunder ist: ein Ort, der zwar massiv gehypt wird, aber dennoch irgendwie im richtigen Maß. Der Vollmond hatte in der vorigen Nacht so hell geschienen, dass wir kaum schlafen konnten und daher sogar eine Stunde vor seiner Öffnung am Besucherzentrum eintrafen. Nachdem wir Erdnussbutter-Marmeladen-Sandwiches gegessen und unsere Wasserflaschen aufgefüllt hatten, Bienen verscheucht, unsere Tampons gewechselt, ein bisschen gelesen und uns mit Sonnencreme eingeschmiert hatten, blieb uns noch immer eine halbe Stunde, um rumzusitzen und uns umzuschauen. Da fiel uns eine Pflanze auf, eine stachlige grüne Kugel, wie ein überdimensionierter, Fotosynthese betreibender Seeigel mit einem langen, blütenbesetzten Stiel, der aus ihrer Mitte schoss. »Schau dir das mal an«, sagte ich zu Emmy. »Was meinst du, ist das wohl?«

Peinlicherweise sagte ich, ich hielt die Pflanze für einen »seltsamen Kaktus, bei dem es richtig läuft«.

Wie mich das Great-Sand-Dunes-Junior-Ranger-Heft informierte, war das, was ich auf dem Sand Sheet Loop Trail gesehen hatte, eine Yucca. Es handelt sich dabei noch nicht einmal um eine Kakteenart – Yuccas gehören zu den Spargelgewächsen. (Was nun wiederum ein wenig peinlich für die Yuccas ist, aber Schwamm drüber.) Bei Yuccas handelt es sich um eine eigene Pflanzengattung, was ich bis dato nicht gewusst hatte, und zu erfahren, dass auch die Seeigelpflanze zu den Yuccas gehörte, ließ mein Hirn explodieren wie einen Partykracher. Ich konnte jetzt etwas ansehen, dessen Name ich bislang nicht gekannt hatte, und sagen: »Das ist eine Yucca.« In diesem Moment fühlte mich so was von lebendig.

Selbst einen so kleinen Teil der Natur betrachten und würdigen zu können, fühlte sich gut an, wie eine Entschuldigung für alles, was die Menschheit ihr seit der Industriellen Revolution angetan hat. Und es war leicht und aufregend, die Natur in einer Umgebung zu beobachten, die so anders war als die, in der ich aufgewachsen war, und als die Großstadt, in der ich inzwischen lebte. Das Erlernen der Namen von Tieren und Pflanzen hat im Zeitalter des Massensterbens ein seltsames Gewicht. Gehöre ich zur letzten Generation, die etwa den Namen des Fleckenkauzes lernen wird? Den der Yucca-Pflanzen? Den von Hirschen??? Wenn Menschen den Namen von Yucca-Pflanzen kennen würden, wären sie dann motivierter, sich für ihr Fortbestehen einzusetzen?

Ein inmitten von Indianischem Reisgras wuselndes Insekt bescherte mir ein Bingo, und ich schlenderte zurück ins Besucherzentrum, um mein Junior-Ranger-Heft abzugeben. Es war noch immer zu gefährlich, die Dünen zu besteigen, aber ich beschloss, wenigstens zu ihnen hinunterzulaufen, um sie mir aus der Nähe anzusehen. Um vom Parkplatz zu den riesigen Sandhügeln zu gelangen, musste ich ein paar Pappeln passieren und den breiten, flachen Medano Creek überqueren. Der Creek, der aus Schmelzwasser besteht, das von den Sangre de Cristos hinabfließt, existiert die meiste Zeit des Jahres kaum, doch ohne jegliches Verschulden meinerseits hatte ich nicht nur das Glück, genau das Zeitfenster abzupassen, in dem er gerade vorhanden war, sondern auch seinen höchsten Pegelstand hatte. Ich zog meine Schuhe aus und watete hinein. Ich schnappte nach Luft. Das Wasser war eiskalt, was mich erstaunte, bis ich mir in Erinnerung rief, dass der Bach heute Morgen noch als Schnee aufgewacht war.

Seit Jahren hatte ich Zeit in der Natur verbracht, ohne die Namen zahlreicher Dinge zu kennen, die ich sah – in meiner Kindheit hatte ich sogar Beeren gegessen, ohne ihren Namen zu wissen, was im Nachhinein weniger als »charmantes Detail« erscheint, als vielmehr wie eine »Todesursache«. Doch als ich am Medano Creek entlanglief und die Dünen bestaunte, bereicherte es meine Erfahrung ungemein, die Namen ein paar der heimischen Pflanzen zu kennen und ein Fünftklässler-Verständnis davon zu haben, wie der Sand hergekommen war. Ich hatte eine ungefähre Ahnung, wie die Dinge miteinander zusammenhingen, wie alles auf diesem verrückten Planeten miteinander verflochten war, mit seinem Spargel-Kaktus und seinen Alien-Scherz-Dünen. Ich war froh, dass ich den Unterhaltungswert von Sand derart falsch eingeschätzt hatte.

Am nächsten Morgen wollte ich gerade meine KOA-Hütte in Cortez, Colorado, verlassen, als ich um ein Haar auf eine kleine Eidechse getreten wäre. Nach zehn Tagen unterwegs war ich endlich in der »kleine Eidechsen«-Bioregion angelangt. Ich befand mich im Südwesten Colorados, direkt am Four Corners Monument: Von einer Anhöhe aus konnte ich bis nach New Mexico, Arizona und Utah blicken.

Der KOA, auf dem ich abgestiegen war, gehörte meiner Tante Chris und meinem Onkel John, die ihre Festanstellungen fünf Jahre zuvor hinter sich gelassen hatten, um besagten Campingplatz in der Nähe des Bryce Canyon zu übernehmen. Erst wenige Wochen vor meiner Ankunft hatten sie den KOA in Cortez gekauft. Der Vorteil an Cortez und der Grund für meinen Aufenthalt war, dass es nur zehn Fahrtminuten vom Mesa-Verde-Nationalpark entfernt lag.

Falls du noch nie etwas vom Mesa Verde gehört hast – oder von ihm gehört hast, aber wie mein Dad fast nichts über ihn weißt und seinen Namen »Messy Verdi« aussprichst: Der Mesa Verde ist ein Nationalpark, der zum Schutz der archäologischen Stätten der Anasazi (in den Vereinigten Staaten auch Ancestral Puebloans) eingerichtet wurde. Dieser Stamm, auf den 26 moderne Völker zurückgehen, lebte mehr als 700 Jahre am Mesa Verde – einem dicht bewaldeten Tafelberg –, zunächst in Grubenhäusern, dann in oberirdischen Häusern auf den Felsen und später, im 12. Jahrhundert, in außergewöhnlichen Unterkünften, die in Nischen im Fels gebaut wurden.

Nachdem ich Tickets für zwei Besichtigungstouren der Felssiedlungen gekauft hatte, saß ich vor dem Mesa-Verde-Besucherzentrum, aß Studentenfutter und füllte mein Heft aus. Ich blätterte zu einer der Aufgaben mit dem Titel »Ein guter Wächter sein«.

Um Junior-Ranger zu werden, musst du ein guter Wächter sein, erklärte das Heft. *Ein Wächter ist jemand, der dabei hilft, sich um etwas zu kümmern, das allen gemeinsam gehört.* Die Aufgabe beinhaltete eine Illustration und erforderte, dass ich einkreiste, welche Kinder sich schlecht benahmen, da sie auf den archäologischen Fundstätten saßen oder Blumen pflückten oder einem Maultierhirsch offenbar interessante Stöcke zum Schnuppern hinhielten. (Wenn jemand nur eine Sache aus dem Heft mitnimmt, ist es hoffentlich, dass man HIRSCHE NICHT an STÖCKEN riechen lässt!!!) Eine andere Aufgabe forderte mich auf, das Wasser beim Zähneputzen abzudrehen, um die Umwelt zu schützen. Mich schockiert die Erinnerung, dass es einmal eine Zeit gegeben hatte, in der so etwas als adäquate Maßnahme zum Schutz des Planeten betrachtet wurde. Jede*r muss für sich beantworten, ob wir den Autor*innen des Junior-Ranger-Hefts vorwerfen können, darin versagt zu haben, Kinder zum In-die-Luft-Jagen der Infrastruktur für fossile Brennstoffe zu ermuntern.

Ich begab mich zum Parkmuseum, einem alten, kompakten Haus, das aus dem gleichen Sandstein gebaut war wie die Häuser der Ancestral Puebloans. Ich ging zum Infopunkt, um mein Heft gegen ein Abzeichen einzutauschen. Dort ließ mich Ranger Cameron meine rechte Hand heben und den Standard-Junior-Ranger-Eid ablegen. Und dann begann er, frei zu improvisieren. »Ich verspreche, Zahnseide zu benutzen …«, sagte er.

»Ich verspreche, Zahnseide zu benutzen …«, wiederholte ich.

»… und mit niemandem im Auto zu streiten.«

»Na ja, ich bin allein unterwegs. Das wird einfach.« Wie bei einer Sendeverzögerung der FCC, um bei Live-Übertragungen Schimpfwörter zu vermeiden, dauerte es ein paar Sekunden, bis mir, ah ja, klar wurde, dass ich meine Ermordung todsicher herbeiführen würde, indem ich lauthals verkündete, allein zu reisen.

Auf der Mesa Top Loop Road erfuhr ich mehr über die Geschichte der Ancestral Puebloans, die ab dem sechsten Jahrhundert in die Region einwanderten. Offenbar gehörten sie zu den Letzten, die sich wirklich tief auf die Bioregion einließen und nur von dem lebten, was ihnen die Gegend bot. Sie sammelten Nahrung – die Kerne der Pinyon-Kiefern, stachelige Kaktusfeigen, die Körner des Reisgrases. Sie jagten Tiere, darunter Hirsche, Elche und Hasen, und oben auf dem Mesa bauten sie Mais, Bohnen und Kürbis an – drei Gemüsearten, die sehr gut zusammen gedeihen. Die Ancestral Puebloans domestizierten außerdem Tiere: Truthähne (zunächst wegen ihrer Federn und Knochen, später wegen ihres Fleischs) und Hunde (wegen ihrer bedingungslosen Liebe und für den Content). Sie legten Stauseen an und Terrassenfelder, um Wasser für ihre Nutzpflanzen zu gewinnen und der Bodenerosion entgegenzuwirken.

Diese Menschen zogen nicht leichtherzig durch die Lande, ohne eine Spur zu hinterlassen; nein, sie durchdrangen ihre Umgebung zutiefst, traten mit ihr in Verbindung und formten sie. Ihr Wissen um und ihre Achtung für ihre Bioregion hielt die Ancestral Publeoans nicht vom Versuch ab, sie zu verändern, doch ihre Lebensart war nachhaltiger als das, was ich heute sah: Gemüse und Konsumgüter und Tourist*innen, die quer durchs Land und über Landesgrenzen hinweg transportiert wurden, wobei fossile Brennstoffe verbrannt werden. Wasser, das im Südwesten gedankenlos verschwendet wurde – während einer Dürre. All die Menschen, die herumliefen und nicht einmal wussten, was eine Yucca ist. In der Natur zu sein und etwas über traditionelle Lebensweisen zu erfahren, hat in mir schon immer die Sehnsucht nach einem einfacheren, naturverbundeneren Leben geweckt. Allerdings lernte ich nur etwas über all diese Dinge, weil ich selbst, wie mir bewusst wurde, Teil des Problems war.

Die Besichtigungstour zum Balcony House beginnt hoch oben auf dem Mesa und führt dann hinab in den Canyon. Wie die meisten Parkführungen meines Lebens war auch diese von nervtötenden jungen weißen Männern geplagt. Als wir den

Pfad nacheinander hinabgingen, hörte ich, wie der Teenager vor mir zu seiner Mutter sagte, er sei nicht sonderlich beeindruckt, er selbst hätte locker in so einer Felsbehausung leben können, er könne das Plateau des Mesa Free Solo erklettern, kein Problem.

»Nein, könntest du nicht, Kyle«, antwortete seine Mutter. »Dazu sind deine Schultern nicht stark genug.«

Meine zweite Tour führte mich zum Cliff Palace, und unser Guide war kein anderer als Ranger Cameron. Als er der Reisegruppe eine Einführung gab, nieselte es. Während das Balcony House über 38 Räume verfügte und wahrscheinlich 30 Menschen beherbergen konnte, verfügte der Cliff Palace über 150 Zimmer und beherbergte wahrscheinlich um die 100 Bewohner*innen. Er wurde für Zeremonien genutzt und war sowohl sozialer Mittelpunkt als auch Verwaltungszentrum. Er war, mit anderen Worten, der Ort, um den domestizierten Truthahn auszuführen, um zu sehen und gesehen zu werden.

Als wir den Pfad zum Cliff Palace hinabstiegen, der sogar noch größer war, als ich erwartet hatte, nieselte es weiter. Kurz nachdem auch der letzte Nachzügler im Innenhof des Felspalasts eingetrudelt war, öffnete der Himmel seine Schleusen. Es wurde unmittelbar deutlich, warum die Ancestral Puebloans in erster Linie unter den Felsen lebten: Wir blieben staubtrocken, während der Regen einen Meter von uns entfernt sintflutartig herunterkam. »Ich fühle mich, als wären wir in einem Rainforest Café«, sagte ich. Nur eine Frau lachte.

Die wichtigsten Räume des Cliff Palace waren entweder geschlossen oder aufgrund des Unwetters nicht zugänglich, so stand Ranger Cameron im Innenhof und gab seine einstudierte Rede über die Unterkunft zum Besten. Und dann, nach ein paar Minuten, ging ihm der Gesprächsstoff aus. Er blickte in den Regen, der jetzt noch stärker war als zuvor. »Hat jemand eine Frage für mich?«, fragte er, und etwa fünf Minuten lang hatten wir Fragen, bis sie uns ausgingen. Es regnete immer noch. Da wir nichts Besseres zu tun hatten, zerbrachen wir uns in den darauffolgenden 15 Minuten die Köpfe, um Ranger Cam etwas – egal was – zu fragen, solange wir auf das Ende des Wolkenbruchs warteten. »Wie hoch war ... äh ... die ... durchschnittliche Lebenserwartung?«, erbarmte sich eine Teilnehmerin.

»Also, tatsächlich«, sagte Ranger Cam, der die Frage voll auskostete, »ist *durchschnittlich* für so etwas kein gutes Maß. Sie betrug 28 Jahre, aber nur, weil Geburten für Mutter und Kind so gefährlich waren.« Ich, zu der Zeit 28, nickte. Ich wusste genau, wie es war, 28 zu sein, eine Greisin, bereit abzutreten. »Aber wenn man das überlebt hat«, fuhr Ranger Cam fort, »konnte man bis zu 80 oder 90 Jahre alt werden.«

Ich möchte an dieser Stelle betonen, dass keine der Zahlen, die Ranger Cam uns an jenem Tag servierte, durch Informationen der Mesa-Verde-Website gestützt wurden, auf der die durchschnittliche Lebenserwartung mit 32 bis 34 beziffert wurde, mit Ausreißern nach oben von 50 bis 60 Jahren. Das gab mir zu denken: Wenn alles, was eine Frau tun musste, um bis zum reifen Alter von 90 (klingt wie ein Albtraum, aber na gut) zu überleben, war, keine Kinder zu bekommen, konnte sie dann nicht einfach ... keine Kinder bekommen? Daraufhin – und zu meiner Verteidigung sollte erwähnt werden, dass wir uns Minute 25 von 30 näherten, die wir in dem Innenhof feststeckten – hob ich die Hand.

»Praktizierten die Ancestral Puebloans«, – und genau in dem Moment bemerkte ich, dass ich meine Frage inmitten einer Schar von Kindern stellte – »ähm, irgendeine Form der Verhütung?«

Ranger Cam sah mich mit den großen Augen eines Mannes an, der durch eine Frage entweder extrem pikiert wurde oder sich gleich eine Antwort aus dem Arsch ziehen würde oder vielleicht beides. »Ja«, sagte er. »Matrizid.« Donner grollte (nicht wirklich). »Ein sehr trauriges Kapitel, ich werde Ihnen später mehr darüber erzählen.« Der Regen ließ nach, und unsere Gruppe folgte dem Pfad den Mesa hinauf. Ich wartete zehn Minuten auf Ranger Cam, aber er tauchte nicht mehr auf.

Bis heute ist nicht wirklich bekannt, warum die Ancestral Puebloans kurz nach dem Einzug in ihre Felsbehausungen um 1200 v. Chr. begannen, in Richtung Süden zu ziehen, doch innerhalb von einer oder zwei Generationen hatten sie den Mesa Verde vollständig verlassen. Vielleicht hatten sie, nachdem sie 700 Jahre in der Gegend gelebt hatten, schließlich die Wälder erschöpft, zu viele Hirsche, Elche und Dickhornschafe erlegt und solange Landwirtschaft betrieben, bis die Erde ihrer Nährstoffe beraubt war. Vielleicht gingen sie sich auch einfach auf die Nerven – sodass es attraktiver war, seine Siebensachen zu packen und bei Verwandten in New Mexico zu leben. Vielleicht lag es auch an der großen Dürre, die von den 1270er- bis zu den 1290er-Jahren anhielt – auch wenn die aktuelle, seit Jahrzehnten andauernde Dürre im Südwesten der Vereinigten Staaten bereits sehr viel gravierender ist als die, die womöglich 20 000 Menschen dazu trieb, ihre Felsvillen zu verlassen.

In mir regte sich eine böse Vorahnung: Wenn das Leben in dieser Region schon für eine Kultur nicht haltbar war, die ziemlich gut auf das Ökosystem achtete, in dem sie lebte, was sollte das dann für uns bedeuten, die wir das Ökosystem bei jeder Gelegenheit so gut wie möglich ignorieren? (Fairerweise sollte man an dieser Stelle erwähnen, dass »böse Vorahnungen« im 21. Jahrhundert zur Grundstimmung gehören.) Wie so oft, wenn ich mich mit dem Klimawandel beschäftige, fühlte ich mich gleichermaßen zum Handeln aufgefordert und durch das ungeheure Ausmaß des Ganzen komplett gelähmt.

6

WARUM IST DIESER STEIN NICHT BERÜHMT?

*D*er Weg zum Capitol-Reef-Nationalpark führt über eine desolate, erstaunliche Straße durch die Wüste, die nur zwei Nachteile hat: Man verliert garantiert den Empfang, und vielleicht fordert das Navi einen dazu auf, seitlich an einer Steilwand hinaufzufahren. Sollte Letzteres der Fall sein: Mein Beileid, du hast Bekanntschaft mit dem Moki Dugway gemacht.

Wenn man »Moki Dugway« googelt, lauten die »Andere suchten auch nach«-Vorschläge: »Ist der Moki Dugway sicher?«, »Ist der Moki Dugway gefährlich?« und »Welche Straße ist die steilste von Utah?« Wer braucht bei solchen Fragen noch Antworten?! Der Moki Dugway setzt laut Google Vorwissen über den Moki Dugway voraus, was ich definitiv nicht hatte, als ich auf einer Reise im Jahr zuvor zum ersten Mal auf diese »Straße« stieß.

Emmy und ich waren ein wenig verloren durch Utah gefahren, als am Horizont eine Steilwand in Sicht kam. Gedankenversunken fragte ich mich, wann uns Google Maps wohl daran vorbeilotsen würde. 15 Minuten später waren wir am Fuß der Wand angekommen. »Und jetzt rauf da, Bitch«, befahl mir Siri. Und so begann die qualvollste halbe Stunde meines Lebens.

Die Straße vor mir bestand aus einer Reihe steiler Serpentinen. Sie war unbefestigt. Sie hatte keine Leitplanken. Sie war einspurig. (Wie ich später erfuhr, ist sie angeblich breit genug für zwei Autos, aber wer auch immer das behauptete, dachte nicht daran, dass es keine Leitplanken gibt und sie *an einer Steilwand entlangführt*.) Die Sonne war beinahe untergegangen, wir waren seit 15 Minuten an keiner anderen Straße mehr vorbeigekommen und da ich aus Gründen, die mit der problematischen Natur des Lebens im 21. Jahrhundert zusammenhängen, alles mache, was mir mein Handy befiehl, begann ich, die Sandpiste hinaufzufahren. Nie war ich sicherer, gleich zu sterben.

Als genug Monate vergangen waren und ich über das Erlebnis nachdenken konnte, ohne mich erneut zu traumatisieren, erfuhr ich, dass der Moki (von *moqui,* das Wort der spanischen Kolonisatoren für die indigenen Völker, denen sie begegneten) Dugway (weil die Straße aus der Felswand gehauen wurde) 1958 erbaut wurde, um Uranerz aus der Happy Jack Mine in die Siedlung Mexican Hat zu transportieren. Laut der Bewertungen im Internet bietet die Straße eine fantastische Aussicht, was wahrscheinlich stimmt, wenn man es fertigbekommt, ganz objektiv in den Abgrund zu blicken, in den man zu Tode stürzen wird. Schilder kurz vor dem Dugway empfehlen, die Serpentinen mit fünf Meilen pro Stunde zu befahren. Ich empfehle, sie überhaupt nicht zu befahren!

Als ich Tante Chris und Onkel John auf dem KOA erzählte, wo ich hinfahren wollte, sorgten sie dafür, dass ich eine Route nahm, die den Moki Dugway aussparte. »Sorg dafür, dass sie in deinem Handy gespeichert ist«, sagte Tante Chris, »du wirst keinen Empfang haben.« Sie empfahlen mir, vor Einbruch der Dunkelheit zum anvisierten Campingplatz zu fahren, um sicherzugehen, dass ich nicht blind einen Felsabhang hinabstürzte, wie es sonst so meine Gewohnheit ist. »Und schreib uns, wenn du im Capitol Reef angekommen bist!«

Als ich am Campingplatz abfuhr, rief ich meinen Dad an, um ihm die frohe Botschaft zu überbringen, dass ich noch nicht ermordet worden war. Ob dieser Neuigkeit erleichtert, fragte er mich, was ich für diesen Tag geplant hätte.

»Capitol Reef?«, wiederholte er. »Ist das nicht der, dem Trump seinen Status als Nationalpark aberkannt hat?«

»Ne, du meinst das Bears Ears National Monument und das Grand Staircase-Escalante Monument«, korrigierte ich ihn, stolz darauf, wie gut ich über das Thema Bescheid wusste. Unmittelbar darauf schlug ich mir den Kopf an derselben Ecke des Dachs an wie am Abend zuvor.

Die Gründung eines Nationalparks wie den Capitol Reef erfordert einen Kongressbeschluss, also erfordert die Auflösung eines Nationalparks – was noch nie geschehen ist – ebenfalls einen Kongressbeschluss. Ein National Monument wie das Bears Ears oder das Grand Staircase-Escalante auszuweisen, erfordert nur ein Dekret, also erfordert der Widerruf eines National Monument nur die Unterschrift des Präsidenten.

Der Name »Grand Staircase-Escalante Monument« bezieht sich auf die Schichtstufenlandschaft, die sich vom Grand Canyon in Arizona bis zum Bryce Canyon in Utah und darüber hinaus erhebt. Sie umfasst nicht nur Canyons und Felsen, sondern auch Hoodoos (turmartige Gebilde aus Sedimentgesteinen) sowie Flüsse und Wälder. Bill Clinton rief das knapp 7700 Quadratkilometer (das entspricht fast zwei Delawares) große Naturschutzgebiet 1996 aus. 1999 veröffentlichte das Bureau of Land Management einen Plan, der das Gebiet mit seiner beeindruckenden Anzahl an »biologischen, geologischen sowie paläontologischen und archäologischen Phänomenen« an Wissenschaft und Forschung übereignete. Wie vielleicht aus den Hinweisen in diesem Text über die Vereinigten Staaten hervorgeht, wurde der Wissenschaft noch nie derart viel Land gewidmet.

Ganz in der Nähe wurde das Bears Ears nicht aufgrund des wissenschaftlichen Werts seiner Canyons, Mesas, Pinyon-Kiefern und Wacholdersträucher unter Schutz gestellt, sondern aus dem ebenso wesentlichen Grund, dass das Land den Diné, Hopi, Ute, Mountain Ute und Zuni Nations heilig ist. Indigene Völker leben bereits seit Tausenden von Jahren in der Region und verwalten das Land, beten und halten darauf ihre Zeremonien ab. Jahrzehntelang haben indigene Vertreter*innen für den staatlichen Schutz von Bears Ears gekämpft und endlich, im Dezember 2016, hat Barack Obama das 486 000 Hektar große Gebiet als Naturschutzgebiet ausgewiesen. Einen Monat später wurde Donald Trump als Präsident vereidigt. Im April 2017 beauftragte er das Innenministerium damit, die Rechtmäßigkeit aller seit 1996 geschaffenen Naturschutzgebiete zu überprüfen. Diese Amtshandlung stand ganz im Einklang mit seiner einzig handfesten Weltanschauung: dass alles, was Barack Obama je getan hatte, falsch war und die Vereinigten Staaten von Amerika irgendwie in den Ruin trieb.

Gemäß einer Wählerumfrage in den westlichen Bundesstaaten sowie zig Millionen Stellungnahmen, die beim Innenministerium eingingen, lehnte die überwiegende Mehrheit der Bevölkerung die flächenmäßige Reduktion der Schutzgebiete ab. Nichtsdestotrotz unterzeichnete Trump im Dezember 2017 eine Anordnung, die die Flächen des Bears Ears National Monument um 85 Prozent und die des Grand Staircase-Escalante um 50 Prozent verringerte. Auch wenn es den Anschein haben mag, als treffe das Wort auf alles zu, was seit 2016 passiert, war das – und jetzt im Chor – beispiellos. Allein durch die Reduktion dieser beiden Gebiete erklärte Trump den Schutz von mehr als 800 000 Hektar Land für nichtig und ermöglichte Öl- und Gasbohrungen sowie andere Methoden der Rohstoffgewinnung. Einer Studie der Wilderness Society zufolge hatten Trump und der von den Republikanern dominierte Kongress bis zum darauffolgenden September über 60,7 Millionen Hektar öffentlicher Flächen und Gewässer den Schutzstatus aberkannt. Das entspricht 154 Delawares in öffentlicher Hand, die jetzt dem Raubbau zum Opfer fallen: der Rodung von Wäldern, Rohstoffbohrungen und Weidewirtschaft, wobei heiliges Land entweiht und der Natur geradezu grotesker Schaden zugefügt wird. Und das allein aus einem einzigen, einem ach so tollen Grund: um Barack Obama eins auszuwischen.

Der Gedanke, dass das bisschen geschützte Natur, die wir noch hatten, von den Launen unserer Volksvertreter*innen abhing (die definitiv in die Kategorie Chaotic Evil fallen), machte mich fertig. Aber was in den Nachrichten tat das nicht? Ich verabschiedete mich von meinem Dad und fuhr los, zu einem der geschützten Lebensräume, die uns noch blieben.

Utah ist abgefuckt. Sorry! Es lässt sich nicht anders ausdrücken. Es ist einfach zu schön. Vielleicht war es die Höhenlage, vielleicht kam es daher, dass ich meinen Kopf innerhalb der vergangenen 24 Stunden zweimal an einem Dach angeschlagen hatte und mich fühlte, als hätte ich eine leichte Gehirnerschütterung, vielleicht lag es am Cold Brew, den ich in einer besorgniserregenden Geschwindigkeit in mich hineinschüttete, aber alles, woran ich vorbeifuhr, seit ich die Grenze von Colorado passiert hatte, war einfach perfekt. Jeder Stein sah aus, als sollte er eigentlich berühmt sein. Manchmal traf ich auf menschliche Hinterlassenschaften – ich fuhr an einer selbstgebastelten Reklametafel vorbei, die mir in Großbuchstaben entgegenbrüllte: DAS ZIEL DES SOZIALISMUS IST DER KOMMUNISMUS – WLADIMIR LENIN. Da fragte ich mich, warum diese Region, die schöner war als die meisten im Land, keinen Schutz durch den Kongress genoss.

Die felsige, außerirdisch anmutende Landschaft machte einem Canyon Platz, der zerklüftete Felsen durchschnitt. Und der fruchtbare grüne Streifen dazwischen, das war der Capitol-Reef-Nationalpark.

Im Besucherzentrum stellte ich mich am Infopunkt in eine lange Schlange, hinter einen Weißen mit blonden Dreadlocks und Crocs, die aussahen, als seien sie 1000 Jahre vergraben gewesen. Als ich an der Reihe war, hieß mich der Mann hinter der Theke freundlich im Capitol Reef willkommen, »der die Schönheit der Nationalparks Utahs in sich vereint, nur ohne die Menschenmassen«. Das war natürlich falsch – ich hatte gerade 20 Minuten gewartet, um auf die Toilette zu gehen –, aber die Vorstellung war schön.

Mit meinem Junior-Ranger-Heft stand ich etwa eine Meile vom Besucherzentrum entfernt auf einem Holzbohlenweg und starrte auf eine Felswand, die mit Petroglyphen übersät war. Sie waren von der Fremont-Kultur eingeritzt worden, ein Volk, das zwischen 300 und 1300 n. Chr. in der Gegend lebte, nach den archaischen Wüstenkulturen, Jäger- und Sammlergemeinschaften, die um 10 000 v. Chr. auftauchten, aber vor den Diné, Hopi, Ute, Paiute und anderen indigenen Völkern, die heutzutage dort leben. Meine Lieblingspetroglyphen waren eine Reihe von Figuren, die entweder Bison-Gottheiten darstellten oder muskelbepackte Typen mit interessanten Hüten, die in den Himmel aufstiegen.

Als ich so über den Bohlenweg ging, kam ein Park-Ranger auf mich zu.

»Hi, wie geht's?«, fragte er.

Ha, dachte ich, *wenn das mal kein Flirtversuch ist.* »Mir geht's gut«, sagte ich und wedelte mit meinem pädagogisch wertvollen Arbeitsheft herum. »Ich arbeite mein Junior-Ranger-Heft durch.« *Ha, der Flirt-Ball liegt bei dir.*

»Ma'am wären Sie bereit, an einer kurzen Umfrage über den Park teilzunehmen?« Die Umfrage enthielt Standardfragen darüber, wie ich den Park wahrnahm. Doch als ich mich dem Ende der Umfrage näherte, wies mich der Ranger auf die wichtigste Frage hin: Warum war der Capitol Reef meiner Einschätzung nach ein Nationalpark? *Mann, das musst du mir doch erzählen,* dachte ich mir. Was macht einen Landstrich in einem derart schönen Bundesstaat schützenswerter als andere? Und, na ja, warum gerade der *Capitol Reef,* ein Park, von dem niemand etwas gehört hat? Ich überlegte, ob die Frage wohl etwas mit den erst kürzlich vorgenommenen Einschnitten beim Schutz öffentlicher Flächen zu tun hatte, ob sich die Belegschaft des Capitol Reef Sorgen machte und sich Argumente zurechtzulegen versuchte, warum sie den Status des Nationalparks verdienten, sollte die Ölindustrie demnächst anklopfen. »Ich werde meine Vermutung aufschreiben«, sagte ich zu dem Ranger, »verraten Sie mir die Antwort, wenn ich fertig bin?«

Welche Landschaften werden in Amerika unter Schutz gestellt und warum? In den Vereinigten Staaten gibt es jede Menge Land in Bundesbesitz. »Jede Menge« heißt knapp 259 Millionen Hektar, was 28 Prozent der gesamten Landmasse entspricht; in anderen Worten: 657 Delawares. Wenn du jetzt denkst: Ich wusste überhaupt nicht, dass so viele Delawares unter Naturschutz und meinem Outdoor-Vergnügen und dem meiner Landsleute zur Verfügung stehen, hast du damit recht. Allerdings sind öffentliche Flächen mehrheitlich nicht mit geschützten Flächen gleichzusetzen.

In einem gewissen Maß erlauben gesetzliche Bestimmungen die Nutzung oder Gewinnung von Rohstoffen auf fast allen öffentlichen Flächen, selbst in Nationalparks. Und das ist auch nicht grundsätzlich schlecht! Immerhin haben wir Menschen Bedürfnisse und können uns nicht von schönen Aussichten ernähren oder im Vogelgezwitscher wohnen. Und es ist durchaus möglich, Rohstoffe zu gewinnen, ohne die Landschaft zu zerstören. Was viele indigene Kulturen mehr oder weniger gut hinbekamen, bevor die europäischen Siedler*innen kamen und sagten: »Wir müssen *alle* Bäume abholzen!« Die Rohstoffgewinnung auf öffentlichen Flächen wäre kein Krisenfall, würde sie nachhaltig und verantwortungsvoll vonstattengehen, aber … na ja, hast du die amerikanische Regierung schon mal gesehen?

Gemeinsam verwalten der United States Forest Service (USFS) und das Bureau of Land Management (BLM) 177 Millionen Hektar Land. Als ich noch jung und naiv war, mit einem Herz voller Liebe und einem Kopf voll Bambi, dachte ich, der USFS existiere, um Wälder zu schützen. Nein. Die Behörde, die

154 nationale Forstgebiete sowie 20 Graslandschaften betreut, existiert in großen Teilen dazu, den Holzabbau zu steuern. Dem Land, das in den Zuständigkeitsbereich des BLM fällt, ergeht es ganz ähnlich, allerdings sprechen wir hier von Öl- und Gasbohrungen, Minen und Viehweiden. »Moment mal, ich stimme dir zu, Bohrlöcher und Minen sind ernste Angelegenheiten, aber Kühe sind doch süß!« *Du könntest nicht falscher liegen, was die Kühe angeht.* Die Viehherden im Westen erodieren den Boden, verschmutzen mit ihrem Mist das Wasser und befördern die Ausbreitung invasiver Grasarten, die leicht Feuer fangen – nichts, was in einer Gegend gebraucht wird, die ohnehin bereits konstant und katastrophal in Flammen steht. Eine Studie aus dem *Journal of Arid Environments*, die ich an dieser Stelle aus Christopher Ketchams Buch *This Land* zitiere, »zeigt, dass die Nutzung öffentlicher Flächen als Weideland in der Nähe des Militärstützpunkts White Sands Missile Range die vegetativen Erholungsprozesse der hiesigen Flora stärker beeinträchtigte als der dort 1945 unter dem Decknamen Trinity-Test durchgeführte Atombombentest«. *Schlimmer als eine Atombombe!* Und dennoch sehe ich keine öffentlichen Ausgaben für eine Nationale Kuhabwehr, die alle Kühe erschießt, die unseren Weg kreuzen.

Außerhalb der Nationalparks, die die Rohstoffgewinnung im Großen und Ganzen verbieten, hat öffentliches Flächenmanagement meist nichts mit der Outdoor-Szene oder mit Naturschutz zu tun. Vielmehr dient es privaten Interessen, die den Steuerzahler*innen jährlich Millionen von Dollar kosten. Holz- und Weidewirtschaft werden stark subventioniert, obwohl, so Ketcham, der Abbau von Nutzholz auf öffentlichen Flächen »weniger als vier Prozent aller in den Vereinigten Staaten verkauften Holzprodukte ausmacht«. Und wie der Autor David Gessner in seinem Buch *Leave It As It Is* schreibt, »stammt weniger als ein Prozent der amerikanischen Rindfleischproduktion von den öffentlichen Flächen im Westen«.

Für alle, die ohnehin reich sind, sind die Subventionen der reinste Sozialismus, auch wenn es sich dabei oft um Menschen handelt, die behaupten, den Sozialismus zu hassen. Und wie wir alle wissen, ist das Ziel des Sozialismus der Kommunismus, Zitat Wladimir Lenin.

Hetze, die darauf abzielt, öffentliche Flächen der kapitalistischen Ausbeutung leichter zugänglich zu machen, setzt sich weiterhin fort. Dass es auch heute noch, wo der Westen der Vereinigten Staaten in Flammen steht und die Temperaturen weltweit steigen, ein Anliegen ist, mehr Bohrungen vorzunehmen, weitere fragile Ökosysteme als Weideland zu nutzen – es gleicht einer Farce. Vielleicht haben sich diese Menschen damit abgefunden, dass das Ende naht, und möchten der Apokalypse einfach nur im schönstmöglichen Auto entgegenfahren. Aber für den Rest von uns geht der Kampf darum weiter, mehr Land zu schützen und das Land zu verteidigen, das bereits unter Schutz steht.

Warum also verdiente es der Capitol Reef – inmitten von öffentlichen Flächen, die viel weniger geschützt waren und auf denen jeder Stein aussah, als sollte er berühmt sein, die letztlich wahrscheinlich aber für den Abbau von Uranerz herhalten müssten oder von Viehherden mit Klauen getreten würden – ein Nationalpark zu sein? »Stellen Sie diese Frage, weil Sie befürchten, dass Trump weitere Naturschutzgebiete reduziert?«, fragte ich den Ranger.

Nicht ganz. Die Parkleute seien angesichts dessen, was dem Bears Ears und Grand Staircase-Escalante passiert war, zwar alarmiert, aber für den Capitol Reef bestehe keine reale Gefahr. Sie wollten nur wissen, ob sie gut vermittelten, warum er zum Nationalpark ernannt wurde.

Nur falls es noch nicht deutlich geworden ist: Das Junior-Ranger-Programm hat mir wirklich viel beigebracht.

»Ist es aufgrund des Waterpocket Fold?«, fragte ich und bezog mich dabei auf eine mehr als 100 Meilen lange Falte in der

Erdkruste, die das charakteristische Merkmal des Capitol Reef ist.

YES, BITCH. SO IST ES.

»Ja«, sagte der Ranger emotionslos.

Mir war nicht sonderlich am Waterpocket Fold gelegen (ich bin ja keine Geologin), aber der Capitol Reef war so unerhört schön, seine Canyons und Wüsten und sein fruchtbares Tal so voller Überraschungen, dass ich einfach nur froh war, dass er unter Naturschutz stand. Der Grund dafür spielte keine Rolle. Es grenzte ohnehin an ein Wunder.

Als ich mich für mein Junior-Ranger-Abzeichen wieder in die lange Schlange einreihte, zog ich mein Handy aus der Tasche, um einem meiner Lieblingshobbys nachzugehen: obsessiv versuchen, ins WLAN zu kommen. Ich wollte Tante Chris und Onkel John erklären, dass ich unterwegs zum Capitol Reef nicht gestorben war, aber wenn ich eine Nachricht aus diesem Park übermitteln wollte, müsste ich sie wohl mit einem Raben schicken und hoffen, dass er wüsste, wo Cortez, Colorado, lag und die Abkürzung »KOA« verstand. Ebenso besorgniserregend war, dass mein Plan, die Maps-Route zum Campingplatz zu speichern, auf dem ich in dieser Nacht schlafen wollte, erwartungsgemäß gescheitert war. Weil ich Landkarten lesen konnte (was für ein Flex, ich weiß), wusste ich grob, wie man in die Gegend gelangte, aber um wirklich am Zeltplatz anzukommen, wäre ich irgendwann auf ein GPS-Signal angewiesen.

Der Mann am Infopunkt blätterte durch mein Heft, überprüfte meine Antworten und stellte mir Fragen, um mich zu testen, was weniger entspannte Ranger*innen manchmal tun. Und dann konfrontierte er mich mit etwas, das nicht von den Lernunterlagen abgedeckt worden war: »Wohin«, fragte er, »führt die letzte Reise eines Steins?«

Ich hatte keine Ahnung, was er damit meinte, aber die Frage war zum Totlachen und vielleicht sogar perfekt. Manche sagen, im Englischen klinge der Ausdruck »cellar door« am schönsten, also Kellertür, was nur daran liegen kann, dass sie niemand gefragt hat: »Wohin führt die letzte Reise eines Steins?«

»Ähm«, sagte ich, »ins Meer?«

»Korrekt.«

Vielleicht war ich doch eine Geologin.

Auf dem State Highway, der aus dem Capitol Reef hinausführte, war ich guter Dinge, dass mein Handy wieder Empfang bekäme, sobald ich in eine Stadt fuhr, die so groß war, dass es einen Subway und ein Days Inn gab. Doch ich hatte kein Glück. Zum ersten Mal auf meiner Reise war mein Handy einen ganzen Tag lang nichts als ein wertloser Ziegelstein (zumindest, wenn Ziegelsteine auch als Kamera und iPod dienen könnten, nicht aber als Telefon oder Browser). Und dennoch konnte ich es nicht lassen, mit meinem Ziegelstein zu spielen, obwohl man in der Natur doch angeblich so leicht von seinem Handy loskommen soll. Nur deswegen wurde die Natur überhaupt erfunden. Oder, um Henry David Thoreau zu zitieren: »Du bist in der freien Natur; hör auf, wegen dem fehlenden WLAN rumzuheulen, du Millennial-Bitch!«

Anscheinend versuchen in den Vereinigten Staaten heutzutage alle, weniger Zeit damit zu verbringen, auf ihre Bildschirme zu starren; zu diesem Zweck wird jede Woche eine neue App oder ein neues Buch veröffentlicht. Auch ich möchte weniger auf Bildschirme starren. Vor ein paar Jahren löschte ich meinen Facebook-Account, weil ich bewusster leben wollte. Allerdings war ich bei meiner Entwöhnung von den sozialen Medien nicht sonderlich erfolgreich. Als ich 2016 den Yellowstone besuchte, hatte ich keinen Handyempfang, und meine Mom glaubte wirklich, ich sei gestorben, weil ich 24 Stunden am Stück nicht tweetete. Es stimmt: Ich vergeude meine Lebenszeit damit, Apps zu aktualisieren, aber ich kann nicht damit aufhören oder doch erst, wenn ich etwas sehe, dass bei mir ein derart schlechtes Gefühl hinterlässt, dass ich mein Handy weglegen kann. Ich habe das, was Wissenschaftler*innen als »Matschbirne« bezeichnen.

Auf dieser Reise kam ich ganz gut damit zurecht, nicht zu wissen, was Donald Trump den ganzen Tag im Schilde führte; ich kam weniger gut damit zurecht, nicht 20 Mal pro Stunde auf mein Handy zu sehen. Jetzt endlich hatte ich einmal wirklich keinen Empfang und fand es nicht befreiend, sondern nervig.

Und auch wenn ich absolut zustimme, dass, ja, ich nicht so oft auf meine elektronischen Endgeräte schauen sollte, orientierte sich die Gesellschaft, in der ich lebte, doch gerade daran, ständig auf elektronische Endgeräte zu schauen. Ich schrieb an meinem Computer; den Job, den ich gerade hinter mir gelassen hatte, hatte ich an zwei unterschiedlichen Computern ausgeführt; viele der Freizeitangebote, die mir zur Verfügung standen, fanden in irgendeiner Form auf einem Bildschirm statt. Ich habe dieses Arrangement nicht erfunden; schuld daran war die Gesellschaft. Dass die Gesellschaft so besessen davon war, Menschen Schuldgefühle wegen ihrer Bildschirmzeit einzuimpfen, war offensichtlich keine Lösung. Wollte man Menschen ermöglichen, ihr reales Leben im Hier und Jetzt zu leben, könnte eine echte Lösung darin bestehen, mehr Hier zu schaffen. Ein Lösungsansatz könnte darin bestehen, mehr öffentliche Flächen im ganzen Land zu schützen und den Menschen zugänglich zu machen und den Konzernen weniger Land zur Verfügung zu stellen, auf dem sie zum Nachteil der Steuerzahler*innen nach Öl oder Gas bohren können. Nur so ein Gedanke!

7
DER WEDGIE-TEST

*D*er Bryce Canyon sieht aus, als wäre er nicht von dieser Welt; eher wirkt er wie das Set eines Sci-Fi-Films mit einem gigantischen Budget und einem Set-Designer auf psychedelischen Drogen. Grund dafür sind die Hoodoos, turmartige Gebilde, Überbleibsel von Felswänden, die ansonsten erodiert sind. »Hoodoos« heißen sie, weil sie wie das Resultat eines magischen Elfenzaubers wirken. Die Entstehungsgeschichte der Paiute besagt, dass es sich bei den Hoodoos im Bryce Canyon um Sagengestalten handelt, die von Kojoten in Stein verwandelt wurden, weil sie sich schlecht verhalten haben (nachvollziehbar). Hoodoos sind bizarr, und im Bryce-Canyon-Nationalpark gibt es mehr davon als überall sonst auf der Welt. 2019 war er der zwölftbeliebteste Nationalpark, mit über 2,5 Millionen Besucher*innen. 60 Prozent von ihnen kamen zwischen Juni und September. Und mit dabei im Juni war auch ich.

Ich fuhr auf den riesigen Parkplatz des Besucherzentrums und fand nur noch eine einzige freie Parklücke, auf der man parallel einparken musste, wahrscheinlich für ein Wohnmobil, aber auch für einen Prius perfekt, der von einer Frau gesteuert wurde, die bereits von mehreren fremden Männern das Angebot bekommen hatte, ihr Auto für sie parallel einzuparken. (Das mag klingen, als wäre eine Runde feministische Empörung angebracht, aber meine Einparkkünste sind wirklich unterirdisch.) Ich hatte Sorge, mein iPad für so viele Menschen sichtbar in meinem Auto zurückzulassen und bedeckte es mit

Susan Brownmillers *Gegen unsere Willen: Vergewaltigung und Männerherrschaft*. Im Inneren stand ich mindestens zehn Minuten in der langen Schlange am Infopunkt an, bevor mir ein Ranger freundlicherweise ein Junior-Ranger-Heft überreichte und mir riet, bald loszuwandern, damit ich fertig wäre, bevor die nachmittäglichen Gewitter losbrachen.

Der Bryce ist ein langgezogener, schmaler Park, durch den eine 18 Meilen lange Hauptstraße führt. Am meisten ist im Bryce-Amphitheater geboten, dem Zuhause der berühmten Hoodoos, das man nach wenigen Meilen erreicht. Ich beschloss, mich zum am weitesten entfernt gelegenen Aussichtspunkt im Amphitheater zu begeben, dem Bryce Point, und meine Wanderung von dort aus zu beginnen. Ich raste mit meinem Prius zum Ausgangspunkt des Wanderwegs, bog auf den Parkplatz ein und … fand keine einzige freie Parklücke. Ich war in einer Autokolonne gefangen, die langsam vorankroch, und wartete darauf, dass ein Wunder geschah und jemand Platz machte. Aber es geschah kein Wunder, und in mir stieg eine Mischung aus Parkplatzpanik und wütender Gereiztheit auf, die dann entsteht, wenn zu viele Menschen die gleiche Idee haben wie man selbst, nur 15 Minuten früher. Verzweifelt verließ ich den Parkplatz, fuhr die enge Serpentinenstraße hinab, bis ich eine Stelle fand, an der ich einen U-Turn machen konnte, und dann begab ich mich zurück nach oben für einen Nachschlag dieser Tortur. Diesmal hatte Gott Erbarmen mit mir, und es gab eine freie Parklücke. Voller Dankbarkeit parkte ich ein und beschloss, nie wieder wegzufahren.

Was ist denn bloß mit all den Menschen los, die Nationalparks besuchen?

Die Freiheit, an Steinen zu schnuppern oder frei nach Whitman: auf dem Erdboden liegend behaglich Rast zu halten und einen Halm von Sommergras zu betrachten, ist ein geschätzter amerikanischer Zeitvertreib. Die Menschen kommen auf der Suche dessen in die Parks, was Thoreau als »absolute Freiheit und Wildheit, im Gegensatz zur zivilisatorisch eingehegten Freiheit und Kultur«[10] bezeichnete. Sie gehen in die Natur, um der Zivilisation zu entfliehen, egal wie kurz. Und in der Tat beginnen einige der bekanntesten Naturerzählungen dieses Landes damit, wie der Protagonist seine Verbindung zur Gesellschaft auf dramatische Weise kappt – wobei angemerkt werden sollte, dass, angenommen zu deiner Vorstellung von Freiheit zählt (wie zu der von Chris McCandless aus *Into the Wild*), all dein Bargeld zu vernichten, du ein Idiot bist. Was viele Männer nicht wissen, ist, dass es erlaubt ist, wandern zu gehen, ohne seine Sozialversicherungskarte davor zu verbrennen.

Irgendetwas an der Natur verleiht vielen von uns das Gefühl, intensiver zu leben – vielleicht weil wir uns das Leben beim Betreten der Natur ein klein wenig schwieriger machen, weniger komfortabel, weniger technologisch vereinfacht. Vielleicht besteht das Leben selbst aus Draußensein und mit allem anderen – der Arbeit und dem Leben in der Stadt, wo unsere Arbeitsplätze sind – opfern wir Zeit, in der wir wirklich leben könnten, ein Opfer, das wir erbringen, um uns in die Gesellschaft einzukaufen. Karl Marx unterschied das »Reich der Notwendigkeit« vom »Reich der Freiheit«, und die Natur entspricht eindeutig letzterer Kategorie. Dass wir letztlich sterben, verleiht unserem Leben Bedeutung; vielleicht ist das, was unserer Zeit in der Natur Bedeutung verleiht, dass wir letztlich zurück ins Büro müssen.

Im Bryce zu sein, fühlte sich nicht an, wie im Büro zu sein, aber auch nicht, als wäre ich fern der Gesellschaft und insofern nicht so erfrischend, wie ich erhofft hatte; offenbar war hier die gesamte Gesellschaft vertreten und versuchte, sich ein und denselben Parkplatz zu schnappen. Ich hätte mir gewünscht, er wäre nicht ganz so überfüllt, nicht nur aus logistischen Gründen, sondern auch, um Tiere beobachten oder die Stimmung ganz ungestört auf mich wirken zu lassen – aber mir war klar, dass sich jede*r hier dasselbe wünschte, und dass wir alle dasselbe wollten, war der Sache nicht eben dienlich. Ich stopfte ein Erdnussbutter-Marmeladen-Sandwich in meine Tasche und schloss mich den Massen an, die in Richtung Wanderweg strömten.

Als ich den Wanderweg betrat, löste die Aussicht augenblicklich einen Kurzschluss in meinem Gehirn aus. Es gab mehr Hoodoos, als meine Augen verkraften konnten. Und die Farben! Das waren Kraft-Mac-and-Cheese-Farben, von denen man schwören würde, sie wären mithilfe von Chemikalien hergestellt worden, würde man sie nicht auf der anderen Seite des Canyon sehen. Ich schaffte es fast, eine ganze Minute lang zu wandern und meinen tiefschürfenden Gedanken über die Ähnlichkeiten und Unterschiede zwischen Makkaroni und Gesteinsformationen nachzuhängen, bis mir ein Fotomotiv den Weg versperrte. Ein fotogenes Paar (schrecklich) versuchte, ein Selfie zu machen, und ein Mann bot ihnen seine Hilfe an. Ich wartete geduldig und versuchte dann, mich an ihnen vorbeizuquetschen. Nicht so schnell.

»Möchtest du, dass ich ein Foto von *dir* mache?«

»Danke, nicht nötig.«

Aber er beharrte darauf. »Angeblich ist es gut fürs Karma, Fremde auf dem Wanderweg zu fotografieren.« Also posierte ich und tat, wozu ich als Frau sozialisiert wurde: Ich begann, dem Mann Fragen über sein Leben zu stellen. Er war Wirtschaftsprofessor an einem College, ganz in der Nähe von dort, wo ich aufgewachsen war, und verbrachte seinen Sommer damit, Nationalparks zu besuchen. Er erzählte mir, er mache einen Dokumentarfilm darüber und hoffe, diesen für 10 000 Dollar an Netflix zu verkaufen.

»Gibt es einen bestimmten Blickwinkel oder nur ›Hey, das ist meine Reise‹?«, fragte ich.

»Es gibt keinen besonderen Standpunkt.« Aber er – nennen wir ihn Professor Josh – erklärte, dass Netflix bis oben hin voll mit »Hey, das ist meine Reise«-Dokus sei, die er sich zum Einschlafen ansah. »In den meisten kommt allerdings eine gutaussehende Frau vor«, räumte er ein. »Wenn ich mit meiner Frau oder Freundin unterwegs wäre, würde sich meine Doku wahrscheinlich besser verkaufen.« Auf einmal blieb er wie angewurzelt stehen, zog seinen Selfiestick heraus und begann, eine Videobeichte abzulegen.

Wir wanderten einige Meilen weiter, unterhielten uns über unser Leben, unsere Reisen und die Prophezeiungen unserer Freund*innen, dass wir im Laufe des Sommers zu Tode kommen würden. »Alle meinten, ich werde von einem Bären gefressen«, sagte Josh. »Keiner hat behauptet, ich werde ermordet.« Wir diskutierten über die Bücher von Bill Bryson und ob Männer über ihre Gefühle reden können oder nicht (es falle ihnen sehr schwer, sagte Josh). Er erzählte mir von den Bekanntschaften, die er im Capitol Reef gemacht hatte und denen er im Bryce zufällig wieder begegnet war.

Schließlich erreichten wir das Ende des Wanderwegs und stiegen in einen Shuttle-Bus, der die diversen Parkplätze abfuhr. Joshs Halt kam zuerst, und er bot mir an, mich zu meinem Auto zurückzufahren, sodass ich mir alle dazwischenliegenden Haltestellen sparen könnte. Ein Fremder bot mir an, in sein Fahrzeug zu steigen, um an einen anderen Ort zu gelangen, und das, nachdem er gerade erst das Wort »ermordet« laut ausgesprochen hatte. Instinktiv antwortete ich: »Klar! Danke!« Doch dann wurde mir bewusst, dass er gegenüber des Besucherzentrums geparkt hatte, und beschloss, erst noch ein wenig dort zu bleiben, um herumzustöbern und mit meinem Junior-Ranger-Heft voranzukommen.

Nachdem ich eine halbe Stunde damit verbracht hatte, jeden Aushang im Inneren des Besucherzentrums zu lesen, mit einem Shuttle zu meinem Auto zurückzufahren, und ich dann die Hauptstraße des Parks gemächlich auf- und abfuhr, um nach einem der wenigen freien Parkplätze Ausschau zu halten, war ich immer noch nicht fertig mit dem Heft. Da ich noch mehrere Aktivitäten abhaken musste, begab ich mich auf einen Rundwanderweg. Dieser kürzere, einfache Weg war völlig überlaufen. Nach ein paar Sekunden ging ich an einer Frau vorbei, die am Wegesrand vapte; 15 Minuten später kam ich an einer sexy Lady vorbei, die sich auf einem brüchigen Hoodoo räkelte, während ihr Freund ein Foto von ihr machte; danach hörte ich einen Teenager ganz in der Nähe sagen: »Also, Mom, was hältst du vom Ökofaschismus?« (er wollte sie offensichtlich provozieren).

Als letzte Aufgabe, für die mir noch Gelegenheit blieb, sollte ich »jemanden, der den Park heute besucht«, befragen, welche persönliche Bedeutung Nationalparks für ihn oder sie hätten. Es lässt sich leicht ausmalen, welches Bild den Macher*innen des Bryce-Canyon-Nationalpark-Junior-Ranger-Hefts vor Augen stand, als sie diese Aufgabe ersonnen: die herzerwärmende Szene eines kleinen Kindes, das seine Eltern interviewt, die mit sanfter, liebevoller Stimme über den Stellenwert der Natur und der Umwelt sprechen. Nur war ich leider kein kleines Kind, sondern eine kleine Erwachsene. Ich hatte niemanden, den ich hätte befragen können, und lag bereits weit über meinem täglichen Pensum bedeutungsvoller Gespräche mit Fremden. (Wir befinden uns in einem Nationalpark, nicht auf Hinge. Ich kann nicht öfter als einmal am Tag erklären, wo ich aufgewachsen bin und womit ich meinen Lebensunterhalt verdiene.) Also überging ich den »der den Park heute besucht«-Teil und rief jemanden an, der schon deshalb zum Abnehmen verpflichtet war, weil er mich so oft anrief, wenn er sich beim Autofahren langweilte: meinen Dad.

Ich las ihm die Interviewfragen vor: »Wie heißt der erste Nationalpark, den du besucht hast, und wann?«

Er erzählte mir, wie er 1967 durch die Badlands fuhr, damals war er acht Jahre alt. Er erinnerte sich, dass der Park irgendwo im Nirgendwo lag und »sehr hügelig« war, und er erinnerte sich daran, wie er dachte: »Früher sind hier bestimmt Cowboys herumgeritten«.

»Okay. ›Welcher Nationalpark hat dir am besten gefallen und warum?‹«

»Glacier, weil wir dort unseren Familienurlaub verbracht haben. Yosemite, wegen der Aussicht.«

Dass er eine Antwort parat und mehrere Optionen zur Auswahl hatte, sprach für die Beliebtheit von Nationalparks, die nicht nur auf meine Weise und die anderer Alleinreisender besucht wurden, sondern auch auf anderem Weg und von anderen Generationen. Was für ein Glück für mich, denn diese Reisen waren für mich »liebgewonnene Erinnerungen« (ein Ausdruck, den ich gerne verwende, wenn jemand buchstäblich alles vergessen hat, was er oder sie je mit mir unternommen hat).

Ich fragte meinen Dad, welche Bedeutung Nationalparks für ihn hätten. Er dachte einen Moment nach. »So gibt Amerika seinen Bürgern etwas zurück.«

Ich fuhr zum Besucherzentrum zurück und dachte über Professor Josh nach, der Videobeichten für seinen Dokumentarfilm drehte, über die Frau, die für ihren Content aufreizend und gefährlich posiert hatte, und über meine Reise.

Jahrelang hatte ich davon geträumt, durchs Land zu fahren, um einmal in meinem tristen Leben etwas Lustiges zu unternehmen, und jetzt, da ich es tat und mir andere Menschen DMs schickten, in denen sie mir schrieben, meine Reise sei wichtig und aufregend, fühlte es sich tatsächlich so an. Ich hatte nicht mehr das Gefühl, als sei es lange her, dass ich zum letzten Mal frei gewesen war, wie ich es so oft gehabt hatte, als ich noch arbeitete und Songs hörte, die davon handelten, wie lange es her gewesen sei, dass die Sängerin sich frei fühlte. Aber war das, was ich da tat, wirklich auf sinnstiftende Weise »frei«? In den Urlaub zu fahren? Wenn Horden anderer Menschen genau den gleichen Urlaub machten wie man selbst? In mir regte sich der Verdacht, dass unsere Gesellschaft Geschichten von Menschen schätzt, die auf bekannten Pfaden abtrünnig werden und die Autorität nicht wirklich infrage stellen.

In meiner Vorstellung mag der Große amerikanische Roadtrip der Gipfel der Suche nach Authentizität gewesen sein, aber was, wenn Tausende oder gar Millionen dieselbe Idee hatten – wie authentisch konnte diese Suche dann sein? Warum hatte ich den besten Brotjob gekündigt, den ich mir vorstellen konnte, um meine Zeit stattdessen damit zu verbringen, über Parkplätze zu kurven? Im Bryce fühlte ich mich weniger so, als würde ich etwas Interessantes oder Wichtiges oder irgendwie Originelles tun, und eher so, als sei ich vom System dorthin gelenkt worden. Als ich einmal mehr in einer Schlange anstand, um mein Junior-Ranger-Heft abzugeben, konnte ich mir keine Möglichkeit vorstellen, wie ich authentisch und naturnah leben könnte, ohne meinem Leben eine drastische Wendung zu geben. Dabei hatte ich mein gesamtes Leben bereits drastisch verändert, nur um in diese Schlange zu gelangen.

Und es sollte noch schlimmer kommen: Der Park, den ich am nächsten Morgen ansteuerte, war der meistbesuchte meines Reiseplans und der hipste Amerikas – der Zion-Nationalpark.

Als ich mich dem Zion näherte, wurde das Gelände bergiger, die Bäume höher. An der Grenze zum Park angelangt, war ich zu beiden Seiten von Tafelbergen umgeben. Die Straße schlängelte sich durch die Landschaft, bis ich eine Bergwand erreichte und der Verkehr langsamer wurde. Ich war am Zion-Mount Carmel Tunnel angelangt. Der Tunnel wurde Ende der 1920er-Jahre zu genau dem Zweck erbaut, für den ich ihn gerade nutzte – um vom Bryce Canyon zum Zion zu fahren –, ist über eine Meile lang und hat Panoramafenster, um Licht hereinzulassen. Es ist verboten, anzuhalten und sich in die Fensteröffnung zu stellen, um Fotos zu machen. Zum einen ist es extrem dämlich, sein Auto in einem Tunnel abzustellen, außerdem posierte 1958 eine Frau für ein Foto in einer solchen Fensteröffnung und stürzte in den darunterliegenden Canyon zu Tode. Für ein Foto sterben: doch *nicht* von Millennials erfunden!

Aus dem Tunnel fuhr ich mitten hinein in die gewaltigen roten Felsen des Zion Canyon und den grün gesprenkelten Talboden. Es war unmöglich, sich auf die Straße zu konzentrieren. Mir hüpften die Augen aus dem Kopf und meine Zunge rollte sich aus meinem Mund, und so fuhr ich wie eine notgeile Comicfigur weiter, bis ich am Besucherzentrum ankam.

Ich stieg aus dem Auto, ließ meine Besitztümer in der gnadenlosen Sonne zurück und stellte mich in eine lange Schlange, um einem Park-Ranger auf die Nerven zu gehen. Als ich an der Reihe war, erkundigte ich mich nach einer Wanderroute durch die Narrows, die mir jede*r auf meinem Handy und sogar mein ganz und gar realer Vater empfohlen hatte.

Bedauerlicherweise lautete die Antwort: »Das geht nicht« – die Narrows waren aufgrund des hohen Wasserstands und Überflutungsrisikos abgesperrt. (Stand 2017, als das Buch *Death in Zion National Park* veröffentlicht wurde, waren 15 Personen in den Narrows ertrunken, als sie von Springfluten überrascht wurden. Bei einer solchen Flut kann eine bis zu 3,70 Meter hohe Wasserwand entstehen, die sich durch die Schlucht wälzt und dabei Wander*innen wegspült, die keinerlei Chance haben, sich an den glattgeschliffenen Wänden des Canyons in Sicherheit zu bringen. Die paar wenigen Glücklichen, die eine Springflut in den Narrows überlebten, waren tagelang auf hohen Felsvorsprüngen gefangen, bevor sie von Rettungskräften gefunden wurden, und für so etwas hatte ich einfach keine Zeit: Bis zu meiner Rettung wäre vermutlich der ganze Prius geschmolzen.)

Als Nächstes fragte ich den Ranger nach einem Zeltplatz – in Denver war es mir zwar gelungen, eine Reservierung für einen Zeltplatz im Zion für den darauffolgenden Abend zu ergattern, doch am Tag meiner Ankunft war er voll ausgebucht. »Etwa 45 Minuten von hier entfernt gibt es öffentliche Flächen, auf denen sich ein paar Zeltplätze befinden«, teilte er mir mit und gab mir Richtungsanweisungen. Daraufhin bat ich frecherweise auch noch um Tipps für eine Wanderung auf den Angels Landing, um ein Junior-Ranger-Heft und fragte, welche Wanderwege mir der Ranger persönlich empfehlen würde. Dann begab ich mich auf genau die Wanderungen, die er mir ans Herz gelegt hatte.

Es ist schwer zu vermitteln, wie viele Menschen im Zion waren. Ein Indikator: Gleich auf meiner ersten Wanderung dort erfand ich den Wedgie-Test, ein Messinstrument, das ich seitdem unzählige Male angewandt habe. Der Test funktioniert wie folgt: Zuerst warte ich, bis ich einen Wedgie habe – mir die Hose also zwischen die Pobacken gerutscht ist. Dann sehe ich mich um, um festzustellen, ob eine andere Person entweder auf mich zu oder hinter mir läuft. Wenn dem so ist, kann ich meine Hose nicht zurechtzupfen, und der Wanderweg ist beim Wedgie-Test durchgefallen. (Es sind keine Anschlussfragen erforderlich, warum mir die Hose so oft zwischen die Pobacken rutscht.) Bei meinem Aufenthalt im Zion bestand kein einziger Wanderweg den Wedgie-Test, noch nicht einmal ansatzweise. Ich befand mich inmitten einer der traumhaftesten Naturlandschaften der Vereinigten Staaten und war nie allein.

Das heißt nicht, dass der Park nicht schön gewesen wäre. Die Canyons zogen mich in ihren Bann; die stacheligen Feigenkakteen standen in voller Blüte; der Virgin River floss durch das Tal; ein Maultierhirsch mümmelte, von allem Publikumsverkehr vollkommen unberührt, am Wegesrand Blätter. Ich hob den Müll auf, den ich sah, was mich zwar ekelte, aber eine Voraussetzung für das von mir begehrte Abzeichen war. Nach mehreren Wanderungen zu unterschiedlichen Wasserfällen begab ich mich zu einem von einer Rangerin gehaltenen Vortrag, eine weitere Voraussetzung. Dieser Vortrag, der kürzeste, der am besten in meinen Zeitplan passte, sollte von … Dickhornschafen handeln. Klar! Warum nicht?

Das gesamte Publikum bestand aus Kindern, die ihr Abzeichen haben wollten, und den Eltern dieser Kinder. Dickhornschaf-Fans aka Dickhornsheeple aka the Hörnchen waren offenbar nicht vertreten.

Als wir dasaßen und darauf warteten, dass das Programm losging, erzählte uns die Rangerin, eine junge Frau namens Hayley, von ihrer Arbeit im Park. »Viele der Besucher*innen sagen, sie würden sich wegen der Menschenmassen wie in Disneyland fühlen«, sagte sie. In den letzten fünf Jahren war der Zion in einem Ausmaß überrannt worden, das die Pflanzen, Tiere und Petroglyphen gefährdete – und Rangerin Hayley zufolge war dieses exponentielle Wachstum einzig auf die sozialen Medien zurückzuführen.

Mittlerweile war es an der Zeit, das Programm zu beginnen, und so erzählte uns Rangerin Hayley alles über das Dickhornschaf. Offenbar können sowohl die Männchen als auch die Weibchen Hörner haben. Da ging der Feminismus wohl eindeutig zu weit!

Als ich zum Besucherzentrum zurückkam, neigte sich der Tag seinem Ende zu, und glücklicherweise gab es keine Schlange. Während ich mich den Theken näherte, waren zwei Ranger zugleich damit fertig, jemanden zu beraten, und beide winkten mich zu sich heran.

»Sie müssen sich für einen von uns entscheiden«, sagte der Ranger zu meiner Linken neckisch.

»Wer von Ihnen ist besser?«, erwiderte ich. (Neckisch kann ich gut.)

»Ich bin größer«, sagte der Ranger zu meiner Rechten.

»Stimmt«, räumte der andere ein. »Er ist größer.« Der zu meiner Rechten stand auf und überragte jeden und alles. Ich hatte keine Wahl! Es ist wissenschaftlich erwiesen! Ich ging zu Mr Tall Ranger und sagte, trotz meiner mächtigen Flirt-kräfte unfähig, einen Flirt zustande zu bringen, ich sei mit meinem Kinder-Arbeitsheft fertig und wolle mein Abzeichen abholen.

Er blätterte durch mein Heft, bis er zu einer Seite gelangte, auf der die oder der angehende Junior-Ranger*in aufgefordert wird zu erklären, warum es wichtig ist, Petroglyphen und Pik-togramme zu schützen. Eine ziemlich anspruchsvolle Aufgabe für ein Kind! Für die Antwort waren drei Zeilen vorgesehen. Wahrscheinlich erwarteten die Autor*innen der Broschüre, dass Sechsjährige etwas antworteten wie: »Die Felsbilder ka-puttzumachen, ist gemein«, aber ich war eine 28-jährige Frau, die es einen Tick besser machen wollte. Und so hatte ich eine Tirade über den Siedlerkolonialismus und die Geschichte der weißen Vorherrschaft der amerikanischen Regierung verfasst, und dass es das Mindeste sei, die kulturellen Artefakte der Menschen, denen das Land gewaltsam entwendet worden war, nicht zu entweihen. Mr Tall Ranger zeigte auf meine Ausfüh-rungen. »Können Sie das erläutern?«

Ich verhaspelte mich, versuchte zu vertreten, wovon ich überzeugt war, ohne mit einem konventionell gutaussehenden weißen Dude in einen Streit zu geraten, da diese Sorte Mensch meiner Erfahrung nach nicht immer meine liebsten politi-schen Ansichten vertritt. Aber Mr Tall Ranger unterbrach mich schon bald und sagte, er sei ganz meiner Meinung. Auch er habe darüber nachgedacht. Bevor er in den Zion kam, arbei-tete er im Klondike Gold Rush National Historical Park, ein Park, den meine Freundin Rebecca mir einmal beschrieb als »ein ganzer Park, der völkermordenden weißen Idioten gewid-met ist, die im Schnee starben«. Mr Tall Ranger fand die Bot-schaften, die man dort über indigene Völker und die Gewalt vermittelte, die gegen sie verübt worden war, unvollständig und peinlich. »Und im Zion erzählen wir den Besucher*innen noch nicht einmal mehr, wo sich die Petroglyphen befinden, weil die Leute ihnen keinen Respekt zollen.«

Mr Tall Ranger und ich plauderten über seinen Job und den NPS, bis ich feststellte, dass sonst keine*r mehr da war und die Lichter ausgemacht wurden: Der Infopunkt war praktisch geschlossen. Ich fragte ihn nach seiner E-Mail-Adresse, damit wir unsere Unterhaltung fortführen könnten, und zog dann verlegen ab. Trotz all der Zeit, die ich in Parks verbracht hatte, all den Begegnungen, all den Infopunkten, an denen ich mich gegenüber eines oder einer Parkmitarbeitenden wiedergefunden hatte, war dies das erste Mal, dass ich mit jemandem sprach, der dem NPS kritisch gegenüberstand, viele Verbesserungsmöglichkeiten sah, aber die Parks ganz offensichtlich liebte. Es war nur eine zehnminütige Unterhaltung, aber ich fühlte mich wie neu belebt.

Auch wenn ich ursprünglich vorgehabt hatte, auf meinem Roadtrip größtenteils wild zu campen, sollte dies die erste Nacht sein, in der ich es tatsächlich tat. Die Wildcamping-Stellplätze, die mir der Ranger am Morgen empfohlen hatte, waren primitiv: Es waren einfach nur Parkbuchten neben Schotterpisten in der Wüste, weit und breit weder ein Wasserhahn noch ein Mülleimer, ja noch nicht einmal ein Plumpsklo. Als ich eine freie Parkbucht fand, öffnete ich die Autotür, um nach einem Platz für mein Zelt zu suchen, stellte fest, dass der Boden vor Käfern nur so wimmelte, und knallte die Autotür wieder zu. *Dann ist wohl eine Nacht im Auto angesagt!*

Auch wenn ich vor vier Uhr morgens aufstehen musste, um den ersten Shuttle-Bus zum Angels Landing im Zion zu erreichen, war die Sonne noch nicht untergegangen und ich nicht bereit, in meinem brütend heißen Auto zu schlafen. Meine angeregte Unterhaltung mit dem großen, tiefgründigen Ranger hatte mir vor Augen geführt, dass ich auf dieser Reise zwar manchmal Freund*innen traf oder ein bedeutungsvolles Gespräch mit einer völlig fremden Person führte, die meiste Zeit jedoch (selbst von Besuchermassen umgeben) vollkommen allein war. Auf dem Papier war meine Solo-Reise vielleicht feministisch, stark und frei. In Wirklichkeit entpuppte es sich jedoch als einsam und etwas langweilig, allein und ohne WLAN in einem heißen, von Käfern umzingelten Auto in der Wüste Utahs herumzusitzen.

Doch auch wenn ich kein Internet hatte, waren auf meinem Handy ein paar Empfangsbalken zu sehen, und so tat ich das Einzige, was mir blieb, außer den Wecker zu stellen oder irgendeine Zahl durch irgendeine andere Zahl zu dividieren: Ich benutzte mein Handy als Telefon und rief meine gesamte Familie an. Ich erzählte ihnen, dass ich tags zuvor in Professor Joshs Auto gestiegen war, um mir ein paar Minuten im Shuttle zu ersparen.

»*Genau so* wird man ermordet«, sagten meine Mom, mein Stiefvater und mein kleiner Bruder einstimmig.

»Ein Auto ist eine ganz üble Falle«, ergänzte TB.

Ich erzählte ihnen von dem großen, leicht frustrierten Ranger, und TB murmelte genau dann »Wahrscheinlich ist er ein Serienmörder«, als mir auffiel, dass er während unseres gesamten Gesprächs kein einziges Mal geblinzelt hatte. Tom stieß einen Triumphschrei aus. »Hab ich es nicht gesagt!«

Am nächsten Morgen um viertel nach vier (meiner Meinung nach immer noch mitten in der Nacht, aber okay), fuhr ich durch pechschwarze Finsternis 45 Minuten zurück zum Zion, um den ersten Shuttle-Bus zum Angels Landing zu erwischen. Es war so dunkel, dass ich jeden Stern im Universum sehen konnte, aber so früh, dass ich nicht wollte. Die Stimmung im Sechs-Uhr-Shuttle lässt sich als »widerwillig wach« beschreiben, die Leuchtstofflampen waren rücksichtsvollerweise ausgeschaltet und die Mitfahrenden blieben still, in stillschweigendem Einvernehmen, es sei zu früh am Morgen für Smalltalk. Dann wurden die Lichter angemacht. Die Frau neben mir und ich schreckten auf wie Vampire, die in die Sonne treten. Dann erkannten wir einander als Schwestern im Geiste und begannen zu plaudern. Ihr Name war Wren, und sie war eine Yoga- und Kunstlehrerin, die mit ihrem Freund Dev an der Ostküste lebte, einem Arzt, der im gegenüberliegenden Gang saß und in etwa ebenso glücklich wie Wren und ich schien, wach zu sein. Sie hatte einen trockenen Humor; ich mochte sie auf Anhieb.

Der Shuttle-Bus spuckte uns an einem Ort namens »The Grotto« aus, und als wir die Straße überquerten, machte mich Wren mit Dev bekannt. Als wir gemeinsam zum Ausgangspunkt des Wanderwegs liefen, bemerkte ich mit Schrecken, dass wir gemeinsam wandern würden. Für »körperlich fitte« Menschen mag das nichts Ungewöhnliches sein. Doch auch wenn ich mich als fit genug für meinen Lebensstil betrachte, beinhaltet dieser in der Regel keine 5,4 Meilen langen Wanderungen mit über 450 Höhenmetern. Zu allem Überfluss führt der Weg auf den Angels Landing umgehend über eine Reihe von Serpentinen bergauf, auf die dann eine Reihe *noch steilerer* Serpentinen folgt. Zehn oder 15 Minuten lang konnte ich mit meinen neuen, fitten, gesunden, sexy Freund*innen mithalten und streute meinen immer schwerer werdenden Atem in unsere Unterhaltung ein. Doch schließlich musste ich mir meine Niederlage eingestehen. »Leute, geht schon mal vor«, sagte ich zu ihnen. »Ich muss mich noch eincremen.«

Gesagt, getan. Dann begann ich meinen langsamen Aufstieg, auf dem ich über den Wanderweg und alles, wofür er stand, sinnierte. Es handelte sich um den Wanderweg, den mir jede*r, der oder die wusste, dass ich den Zion besuchte, *unbedingt* ans Herz legte. Es handelte sich außerdem um den Wanderweg, wie Mr Tall Ranger später in einer Mail erklärte, der für so ziemlich alles stand, was am Zion falsch ist. Es ist ein ziemlich anstrengender Weg und nicht für alle geeignet, dennoch ist es der Weg, an dem sich jede*r versucht. Er ist sehr beliebt und überlaufen, und deswegen gefährlich: Über ein Dutzend Menschen sind hier beim Wandern gestorben. Selbst mein Aufwachen vor der Dämmerung, um die Erste auf dem Weg zu sein, hieß noch lange nicht, dass er den Wedgie-Test bestehen würde. Es bedeutete lediglich, dass meine Wanderung etwas weniger wahrscheinlich mit einem Sturz von einem Felsen enden würde.

Zu diesem Zeitpunkt hatte ich die erste Reihe von Serpentinen bewältigt und kam zum schwierigsten Teil des Wegs, einer Reihe steiler, kurzer Serpentinen namens Walter's Wiggles. (Dieser Zickzackweg war für das Herz-Kreislauf-System jedoch weit weniger belastend als Blythe's Wiggles, wie ich meinen Zustand nach zwei Gläsern Prosecco bezeichne.) Als ich die Wiggles hinaufstieg, musste ich wahrscheinlich 18 Mal innehalten, um Luft zu holen, aber als ich auf der Anhöhe ankam, war ich so weit oben, wie der Weg es erlaubte. Ich hatte den Scout Lookout erreicht, einen Aussichtspunkt, an dem der Weg breiter wird. Ich stieß auf Wren und Dev, die sich dort ausruhten, und zusammen begaben wir uns auf das letzte Stück, das zum Angels Landing führt. Auf diesem Abschnitt ereignen sich die meisten tödlichen Unfälle. An einer Stelle ist der Sandsteingrat keine zwei Meter breit und links und rechts geht es Hunderte von Metern nach unten. Es war erst acht Uhr morgens und schon hatten wir unser Nahtoderlebnis: Das ist der Nervenkitzel, den die Nationalparks Amerikas zu bieten haben.

Und dann waren wir da. Die ganzen Leute, die davon geschwärmt hatten, lagen durchaus nicht falsch: Der Angels Landing war atemberaubend. Wir ragten über den gesamten Zion Canyon, hatten eine 270-Grad-Sicht, die Sonne warf dramatische Schatten auf die roten, braunen und pinken Felswände und auf den Virgin River, der den Talboden durchschnitt. Der Name »Angels Landing« wird einem Wanderer zugeschrieben, der 1916 gesagt haben soll, nur ein Engel könne hier landen. (Wobei: Es sollte eher Angel's Landing als Angels Landing heißen. Denn wenn mehr als ein Engel versucht hätte, dort an jenem Morgen zu landen, hätten sie keinen Platz gehabt.)

Auf dem Hinweg auf den Angels Landing, als erste Busladung an diesem Morgen, waren die Wander*innen auf dem Sandsteingrat nur in eine Richtung gegangen. Doch als Wren, Dev und ich abstiegen, kamen uns massenhaft Menschen entgegen, die begierig darauf waren, in die andere Richtung zu laufen. Was sich auf dem Weg nach oben aufregend, aber machbar angefühlt hatte, ließ uns jetzt nervös werden. Nach einem besonders nervenaufreibenden Moment, in dem ein Jugendlicher an uns vorbeipreschte und uns alle fast bis zur Kante zwang, passierten wir Professor Josh auf dem Sandsteingrat.

»Hi!«, sagte ich begeistert.

»Hi«, erwiderte er, völlig fertig wegen des Abgrunds links und rechts von ihm.

Anscheinend machten nicht nur alle den gleichen Urlaub: Nein, alle machten den exakt selben Urlaub, dieselben Parks, in derselben Reihenfolge. Ich erinnerte mich daran, wie sehr sich Professor Josh darüber freute, als er den Leuten, die er im Capitol Reef kennengelernt hatte, ein paar Tage später in einem Park weiter westlich wiederbegegnete; jetzt hatten wir unser eigenes, identisches Wiedersehen. Meine Freude darüber, ihn »zufälligerweise« an einem so »ungewöhnlichen« Ort zu treffen – in über 300 Metern Höhe – wurde nur durch meine Einsicht getrübt, was für ein wandelndes Klischee ich doch war.

Nach meinem Morgen auf dem Angels Landing fuhr ich zu einem Walmart, um Zutaten für Wren zu besorgen, die mich zum Abendessen auf ihren und Devs Zeltplatz eingeladen hatte. Beim Nudelregal stieß ich auf einen Mann, der konzentriert auf eine Dose mit Tomatensoße starrte. Er trug weite Shorts, seine blonden Dreads wurden von einem Gummiband zusammengehalten und an seinen Füßen befanden sich vollkommen ruinierte Crocs. *Oh mein Gott.*

»Entschuldigung«, sagte ich zu ihm. »Warst du nicht vor drei Tagen im Capitol-Reef-Nationalpark? Ich glaub, ich stand hinter dir in der Schlange.«

»Absolut, das war ich!«, sagte er. Wir beide waren jetzt in dem Stadium unserer identischen Reisen, in dem wir ungeduschte Fremde einfach so anquatschten. Er erzählte mir, dass er mit seinem Bruder auf einem Roadtrip quer durchs Land unterwegs sei, von Nationalpark zu Nationalpark. Vom Zion fuhren sie weiter zum Grand Canyon, was ich nur zu gerne hörte, weil ich andere Pläne hatte und mich so einen Tag länger ein klein wenig originell fühlen konnte.

Der Crocs-Typ, Professor Josh, Wren, Dev, ich und all die anderen Menschen auf vergleichbaren Reisen, wir alle wollten unsere Urlaubszeit dazu nutzen, Orte zu besuchen, die allgemein für ihre Schönheit bekannt waren. Anstatt auf gut Glück irgendein Eckchen auf öffentlichem Land zu bereisen, fuhren wir zu einem Nationalpark, einer vom Kongress mit dem Prädikat »besonders wertvoll« versehenen Gegend. (Auch wenn mir nicht ganz klar ist, warum wir dem Kongress diesbezüglich vertrauen, wo ich ihm nicht einmal zutrauen würde, mir die richtige Uhrzeit zu sagen.) Wir Tourist*innen wollten unsere wenigen Tage in diesen Parks so sinnvoll wie möglich verbringen, daher machten wir die Wanderungen und Aktivitäten, über die andere bereits etwas gepostet hatten. Und dann würden wir wahrscheinlich selbst etwas darüber posten und noch mehr Menschen dazu anregen, genau dasselbe zu tun.

Während Wren ein Chili kochte, unterhielten wir uns über das Leben, die Natur und Kunst. Ich stand zu nah am Feuer und betrachtete ein Stück Asche, das ein Loch in mein T-Shirt brannte. Ich unterrichtete Dev und Wren über kulturelle Meilensteine, die ihnen irgendwie entgangen waren, wie den Slenderman (eine Ikone) und den Babadook (eine schwule Ikone), und überreichte Wren grünen Pfeffer, einen Holzlöffel und einen Sixpack, die ich allesamt bei Walmart erstanden hatte. Den Pfeffer und den Löffel platzierte sie auf dem Picknicktisch, aber das Bier musste kaltgestellt werden. »Mir nach«, sagte Wren, und wir gingen von ihrem Zeltplatz zum nahegelegenen Virgin River. Wren nahm ein paar Bierflaschen und drehte sie an seichten Stellen im kalten Wasser in den Sand. »So sollte es gehen«, sagte sie. *Das ist das echte Amerika*, dachte ich. *So haben es sich unsere Gründerväter vorgestellt.* Bier im eiskalten Wasser eines Flusses zu kühlen, der einen der prächtigsten Canyons des Landes in den Fels geschnitten hatte: Es war kaum auszuhalten, wie perfekt alles war.

In den Jahren vor meiner Reise, als die Idee Gestalt angenommen hatte, durch die Lande zu tingeln, ich von Wanderungen in Nationalparks träumte und darüber nachdachte, was all das zu bedeuten hatte, stellte ich mir vor, was ich aus einer solchen Reise ziehen würde. Dazu gehörten weder »neue Methoden, um bei der Lagerung von Alkohol besonders cool auszusehen« noch »Bekanntschaften schließen«. Anders ausgedrückt: Ich war nicht hier, um Freund*innen zu finden. Aber hier in der realen Welt, in der ich mein Leben zu Hause vermisste und von lustigen, offenen, netten Menschen umgeben war, die sich ebenfalls für die Parks interessierten, stellte sich heraus, dass ich vielleicht doch genau deswegen hier war. Ich Glückspilz.

8

WO SPERREN SIE NACHTS
DIE ›BISONS‹ HIN?

*E*rst als bereits 35 Nationalparks und National Monuments existierten, kam jemand auf die Idee, dass eine Behörde sinnvoll wäre, die sich mit diesen verflixten Orten herumschlagen sollte.

Im Jahr 1916 verabschiedete der Kongress den Organic Act und erschuf damit den National Park Service. Der grundlegende Zweck des NPS, so der Organic Act, liegt darin, »die Landschaft, die natürlichen sowie historischen Objekte und die Tierwelt in derselben zu schützen und so dafür zu sorgen, dass man sie genießen kann und sie, ohne Schaden zu nehmen, auch von künftigen Generationen genossen werden kann.« Die Landschaft erhalten *und* dafür sorgen, dass sie genossen werden kann – kein Problem! Das ist in etwa so, als wäre man zugleich mit Hannah Montana und Miley in einem Zimmer – da sehe ich keinerlei Konflikt!

Der Spagat, die Parks einerseits für Tourist*innen zu erschließen und sie andererseits für Pflanzen, Tiere und das Wohl des Ökosystems – und die Zukunft der Menschheit – zu schützen, war eigentlich überhaupt kein Spagat: Die Verantwortlichen räumten dem Tourismus von Beginn an den Vorrang ein. Wie der Historiker Mark David Spence in seinem Buch *Dispossessing the Wilderness* bemerkt, schrieb Innenminister Franklin Lane nur zwei Jahre nach der Gründung des NPS einen Brief an Stephen Mather, den ersten Direktor des National Park Service, und ermutigte Mather, »die Parks als neues ›landesweites Spielplatznetz‹ zu entwickeln, das der Öffentlichkeit ›mit allen erdenklichen Mitteln‹ zugänglich gemacht werden soll«. Zu diesen Mitteln, so Spence, zählten »der Bau von Straßen, Wanderwegen und Gebäuden und eine aktive Zusammenarbeit mit Reisebüros, Handelskammern und Automobilclubs«. Es zählte außerdem dazu: die Rodung von Bäumen, die sicke Aussichten versperrten, und die Tötung von Bären, Wölfen oder Pumas, die das Vorkommen weniger gefährlicher, touristenfreundlicher Tiere wie Bergschafe oder Rehe bedrohten (der größte Unterschied zwischen heute und vor 100 Jahren scheint mir zu sein, dass Rehe damals offenbar noch aufregend waren).

Im Jahr 1956, 40 Jahre nach seiner Gründung, reflektierte der National Park Service seine Rolle. Wie schlug er sich beim Erhalt der Natur und ihrer Erschließung zum Genuss der Menschen? Die Antwort war eindeutig: »Wir müssen mehr erschließen! Wir brauchen mehr Straßen! Wir lieben Parkplätze!« Autos waren inzwischen ein Ding, das Autobahnnetz war bereits ausgebaut, mehr Amerikaner*innen hatten ein verfügbares Einkommen, und infolgedessen hatten sich die Besucherzahlen der Parks seit dem Zweiten Weltkrieg verdreifacht.

Um die Parks besser dafür zu rüsten, mit der großen Anzahl an Tourist*innen fertig zu werden, schlug der Leiter des National Park Service ein auf zehn Jahre angelegtes Entwicklungsprojekt namens Mission 66 vor. Das Projekt wurde vom Kongress verabschiedet, und der NPS begann damit, Zeltplätze zu modernisieren, die Energieversorgung und Straßen auszubauen und einen völlig neuen Teil der Infrastruktur zu errichten: die Besucherzentren. Eines der Besucherzentren, das im Rahmen von Mission 66 erbaut worden war, lag in dem Park, durch den ich gerade fuhr: den Great-Basin-Nationalpark, in einer abgelegenen Gegend Nevadas. So kritisch ich der Erschließung der Nationalparks auch gegenüberstehe, bin ich doch offensichtlich großer Fan der Besucherzentren und freute mich darauf, bald wieder in einem zu stehen.

HERZLICH WILLKOMMEN IN NEVADA verkündete ein Autobahnschild, unter dem sich ein weiteres Schild befand, das daran erinnerte, dass man sich jetzt in der PAZIFISCHEN ZEITZONE befand. Das Great-Basin-Besucherzentrum lag außerhalb des Parks, in einem Örtchen, das aus nicht viel mehr bestand als einer Handvoll Häuser: Baker, Nevada, Einwohnerzahl 68. (Selbst wenn die gesamte Bevölkerung von Baker zu einer meiner Partys käme, würde ich mich immer noch fragen, *warum niemand auf meiner Party ist.*) Im Inneren des schummrig beleuchteten Besucherzentrums befanden sich ein Infopunkt, ein Ständer mit Baumwoll-T-Shirts, ein sich drehendes Drahtgestell mit Postkarten und das war es auch schon. Es war das bei weitem trostloseste Besucherzentrum, das mir je untergekommen war. Der Ranger am Infopunkt, der tapfer seinen Lebenswillen aufrechterhielt, obwohl er den ganzen Tag dort arbeiten musste, gab mir ein Junior-Ranger-Heft und erklärte mir, für mein Abzeichen müsse ich eine Ranger-Veranstaltung besuchen. »Die einfachste Möglichkeit ist wahrscheinlich, an einer Höhlenbesichtigung teilzunehmen.«

Eine Höhle??? Ich hatte keine Ahnung, dass es im Great-Basin-Nationalpark eine Höhle gab. Ich hatte überhaupt keine Ahnung, was es im Great-Basin-Nationalpark gab, außer vielleicht … irgendein großes altes Becken?

Wie sich zeigte, bezieht sich das namensgebende Becken auf eine Wasserscheide. Während ein Großteil des Niederschlags in Nordamerika entweder in den Atlantik, den Pazifik oder den Arktischen Ozean fließt – Kanada, schon mal davon gehört? –, gibt es ein großes Gebiet im amerikanischen Westen, das von so vielen Bergen umgeben ist, dass das Wasser keinen Weg zu einem Meer findet. Nachdem es all seine Ambitionen aufgegeben hat, an eine der Küsten zu gelangen (so werde ich wohl in meinen Dreißigern), läuft das Wasser stattdessen in den Great Salt Lake oder versickert in der Wüste. Dieses Gebiet, das sich über Teile Nevadas, Utahs, Idahos, Wyomings,

Oregons, Kaliforniens und den mexikanischen Bundesstaat Baja California erstreckt, wird Great Basin – Großes Becken – genannt.

Aber, um wieder zum Thema zurückzukommen: Ja, in dieser Gegend des Great Basin gab es auch Höhlen, 40, um genau zu sein, wobei nur eine für Besichtigungstouren zugänglich war. Ursprünglich waren sie der Grund gewesen, warum das Land unter Schutz gestellt wurde. Ich stieg wieder in mein Auto und fuhr in den Park, zwar durch die Wüste, aber auf schneebedeckte Berge zu, an deren Fuß das 1963 erbaute Lehman-Cave-Besucherzentrum lag.

Im Inneren des Besucherzentrums überreichte mir ein Ranger – seinem Namensschild zufolge Ranger Green – mein Ticket für die Besichtigungstour. »Tragen Sie etwas, das sie vor Kurzem in einer anderen Höhle anhatten?«, fragte er, wie ich bereits wusste, aufgrund des White-Nose-Syndroms, einer tödlichen Krankheit, die Fledermäuse befällt und sich rund um den Globus immer weiter ausbreitet. (»Kann ich nichts mit anfangen« – ich, damals, 2019.)

»Oh …«, stammelte ich. Er erwartete eindeutig ein oberflächliches Nein. »Etwas anderes als mich selbst?«

Er sah mich an, als sei ich übergeschnappt. »Ja, es sei denn, Sie haben nicht geduscht.«

»Nein, nein, ich habe geduscht. Ähm. Auch mein Handy? Ist das okay?«

Es war nicht okay. Er gab mir ein Desinfektionstuch, um mein Handy abzuwischen.

»Und mein Hemd?«

»Sie … haben Ihre Kleidung nicht gewechselt, seit Sie zum letzten Mal in einer Höhle waren?«

»Doch, schon, aber ich hab sie noch nicht gewaschen.«

»Wir würden es begrüßen, wenn Sie ein anderes Hemd anziehen könnten, bevor Sie die Höhle betreten.«

Ich ging zum Prius hinaus und fischte ein anderes Hemd aus

meiner Duffelbag. Kurz überlegte ich, wie ich mich umziehen könnte, ohne dass jemand meinen perfekten Körper zu Gesicht bekam, doch dann fiel mir auf, dass der Great Basin, im Gegensatz zu dem völlig überfüllten Park, in dem ich morgens die Augen aufgeschlagen hatte, praktisch leer war.

Es spielt keine Rolle, wie viele Höhlen man im Urlaub sieht: Sie werden nie langweilig. Die Lehman Cave, benannt nach irgendeinem – Schock, Schreck – weißen Mann aus dem 19. Jahrhundert, ist über zwei Meilen lang, was sie zur längsten Höhle Nevadas macht. Unser äußerst ernster und äußerst 22-jähriger Ranger sowie Tour-Guide führte uns durch einen künstlichen Tunnel in die Höhle, der aussah wie ein Tunnel, der in einem Dan-Brown-Roman in eine geheime Krypta unter dem Vatikan führt. Wir betraten die Höhle durch ihren natürlichen Eingang und genossen einen Moment der Stille. Zum einen wollten wir so die Bedeutung der Höhle für die indigenen Kulturen würdigen, die für Tausende von Jahren in der Umgebung gelebt hatten, zum anderen verhindern, dass die Fledermäuse erwachten, die den natürlichen Eingang erst kürzlich wiedergefunden hatten, nachdem er über 100 Jahre zumindest teilweise versiegelt gewesen war. (Das war nur eines von vielen Beispielen, wie der Höhle durch den Tourismus massiv Schaden zugefügt worden war; ein Großteil der Arbeit des Park Service bestand inzwischen darin, die Schäden zu beheben, die frühere Tourist*innen hinterlassen hatten, und die einzudämmen, die wir, die gegenwärtigen Tourist*innen, unweigerlich anrichteten.)

Wieder über der Erde kurvte ich den Wheeler Peak Scenic Drive hinauf. Dass ich an jenem Morgen in einem derart heißen Park aufgewacht war, dass meine Besitztümer geschmolzen waren, und mich jetzt nur wenige Meilen von Schnee entfernt befand, machte mich glücklich. Als ich an Höhe gewann, wurden die

Salbeisträucher von Wacholderbüschen abgelöst, diese wiederum von Fichten und diese von Espen, die ich damals für Birken hielt, die sie in Wirklichkeit nicht waren: Vielleicht sollten Birken Espen wegen Copyright-Verletzung verklagen.

Zur Liste der Dinge, die ich bei meiner Ankunft nicht über den Great-Basin-Nationalpark wusste, zählt auch, dass dort Langlebige Kiefern wachsen. Die Bäume sind gedrungen und verdreht (»gedrungen und verdreht« steht auch in meinem Profil auf Hinge); sie wachsen so langsam, dass ihr Baumstamm in manchen Jahren noch nicht einmal einen Jahresring aufweist. Das bedeutet aber auch, dass das Holz der Langlebigen-Great-Basin-Kiefer außerordentlich dicht ist, was den Baum vor Pilzen, Insekten und Fäule schützt. Und so existieren die Langlebigen Kiefern auf ihre gedrungene und verdrehte Weise Tausende von Jahren und sind die älteste nicht klonale Baumart der Welt. In Kalifornien steht eine Langlebige Kiefer, die, während ich dies schreibe, 5075 Jahre alt ist. Dieser Baum ist in etwa so alt wie das Konzept des Schreibens selbst. Dieser Baum ist fast so alt, wie ich aussah, nachdem ich zwei Wochen lang der Sonne entgegengefahren war.

Ich fuhr den Prius so weit den Wheeler Peak hinauf wie möglich, bis die Straße aufgrund von Schnee abgesperrt war, stieg an diesem Junitag aus dem Auto, blickte über Nevada und sog die Winterluft ein.

Auf meinem Rückweg hielt ich ein letztes Mal am Lehman-Cave-Besucherzentrum, um mein Junior-Ranger-Abzeichen abzuholen. Der Ranger, der mir wenige Stunden zuvor aufgetragen hatte, mein kontaminiertes Shirt zu wechseln, blätterte jetzt durch mein Heft und machte sich über meine Strichfigürchen und meine unleserliche Handschrift lustig. Bei einer der Aufgaben musste man, zur Ehre der Langlebigen Kiefern, das Alter eines Baums bestimmen. Sie beinhaltete die Abbildung einer Holzscheibe und forderte dazu auf, den Ring des eigenen

Geburtsjahrs zu suchen. »Nein«, hatte ich dazugeschrieben, »ich bin uralt.«

»Wie alt sind Sie?«, fragte Ranger Green.

»28.«

»Aha. Das ist der Höhepunkt«, sagte er nüchtern. »Von jetzt an geht's bergab.«

»Ach was, das stimmt nicht.«

»Doch. Ich bin 30«, erwiderte er. »Ich muss es ja wohl wissen.«

In dieser Nacht schlief ich in Salt Lake City, um dann eine kleine Extraschleife zu drehen. SLC erreichte ich an einem Donnerstagabend; am Dienstag wurde ich in Denver erwartet, um meine Freundin Emmy abzuholen, die mich gut eine Woche begleiten würde. Anstatt mich in Richtung Norden zum Glacier-Nationalpark zu bewegen, der als Nächstes auf meiner Junior-Ranger-Liste stand, würde ich wieder nach Denver zurück und erneut durch Utah fahren. Doch zuerst machte ich einen Halt im Yellowstone, um Greg zu besuchen, einen Freund aus Kindertagen. Vor ein paar Jahren hatten wir den Park gemeinsam bereist, und es hatte ihm so gut gefallen, dass er seitdem jeden Sommer dort arbeitete. Ich verließ Salt Lake um 7 Uhr 30, damit Greg und ich unser Lager am Nachmittag in der Wildnis aufschlagen könnten, das Wildeste, was ich auf meiner Reise tun würde oder, wenn ich es mir recht überlege, in meinem ganzen bisherigen Leben getan hatte.

In West Yellowstone, Montana, kurz vor dem Eingang, traf ich auf andere Fahrzeuge, die ebenfalls in Richtung Park unterwegs waren. Ich kam an Motels und Souvenirshops vorbei und an einer Kombination aus Tankstelle und Subway, bevor ich schließlich in den Park hinein und durch einen Wald entlang des Madison River fuhr. »Wald?«, magst du jetzt vielleicht denken. »Ich dachte, im Yellowstone gibt es nur Geysire!« Das stimmt – im Yellowstone gibt es *jede Menge* Geysire. Um genau zu sein, verfügt der Yellowstone mit mehr als 500 Geysiren über die Hälfte des weltweiten Geysir-Vorkommens. Der Park umfasst mehr als 10 000 hydrothermale Phänomene wie Thermalquellen und Schlammtöpfe, die alle existieren, weil sich der Yellowstone auf einem aktiven Vulkan befindet, was ich auf den Seiten dieses Buches nicht mehr erwähnen werde, da mir allein der Gedanke Angstzustände beschert, die ich nicht sonderlich konstruktiv finde!

Aber der Yellowstone ist ein riesiger Park, größer als Rhode Island und Delaware zusammen. Meine etwa 40 Meilen lange Fahrt vom Eingang des Parks zum Canyon-Besucherzentrum führte mich größtenteils durch Wald, der 80 Prozent des Parks bedeckt und sich manchmal zu Steppenland hin öffnet. In der Ferne erblickte ich Berge. Bei dieser Landschaft und, noch einmal, bei mehr als der Hälfte des Geysir-Vorkommens auf unserem gesamten verdammten Planeten, konnte ich verstehen, warum der Yellowstone 1872 zum ersten Nationalpark ernannt wurde.

Da der Verkehr immer zäher voranging, hatte ich Zeit, mich umzusehen. Die Ankunftszeit auf meinem Navi hatte sich den ganzen Morgen über kontinuierlich nach hinten verschoben, und jetzt wurde sie eine geschlagene Stunde später angezeigt. Als die Autos vor mir ganz anhielten, schoss mein Puls in die Höhe. Ich schaltete den Wagen in die Parkposition. Ich steckte in einem sogenannten Buffalo Jam.

Wie du dir vielleicht denkst, handelt es sich bei einem Buffalo Jam *nicht* um einen Haufen Bisons, die ein paar Takte auf dem Saxofon jammen, sondern um einen durch Büffel verursachten Stau. Es gibt zwei Varianten: Erstens, die Büffel beschließen, wie das wildlebende Pferd im Theodore-Roosevelt-Nationalpark, auf die Straße zu laufen, als wären sie Autos. Auch wenn das für die Fahrer*innen nervig ist, die hinter ihnen feststecken, hat es auch etwas Lustiges und Charmantes und ist letztlich unvermeidbar, denn so wie Konzerne juristische Personen sind, sollten auch Büffel vor Gericht als Autos durchgehen. Die zweite Version eines Büffel-Staus kommt zustande, wenn ein Idiot beschließt, mitten auf der Straße anzuhalten, um einen Büffel zu fotografieren, und ich daraufhin – und ich wünschte, ich würde übertreiben – *drei Stunden* im Stau stehe.

Mir blieb nichts anderes übrig, als meine Beine auf dem Armaturenbrett auszustrecken, ein paar Tortilla-Chips in Hummus zu dippen, ein Porträt über Elizabeth Warren im *New Yorker* zu lesen und in der Sonne zu braten. All diese Menschen standen im Leerlauf auf der Straße und bliesen Abgase in die Luft, nur weil jemand unbedingt ein Foto von diesem einen Büffel schießen *musste*. Wie so oft (viel zu oft), wenn ich hinter dem Lenkrad eines 1000 Kilo schweren Fahrzeugs saß, war ich wütend. *So von der Natur entfremdet sind die Menschen also,* dachte ich: Sie reisen quer durch die Welt, sorgen für einen massiven Stau und all das nur, weil sie unbedingt das Foto eines bestimmten Tieres ergattern wollen, das, wie sie bald herausfinden werden, in großer Zahl im Park zu sehen ist.

Das Problem an der Natur in Amerika ist, dass oft so viel davon in einen Winkel gepresst ist, weshalb einem innerhalb einer Stunde alles von unglaublich selten und speziell bis zu völlig überfrachtet vorkommen kann. Sieht man zum ersten Mal einen Bison, findet man ihn majestätisch. Man macht zig Fotos und flüstert dabei: »Wer bist du nur …?« Dann, in den darauffolgenden 15 Minuten, sieht man circa 500 weitere Bisons. »Schon kapiert, ein Bison«, sagt man, wenn einem ein Bison auf den Kopf steigt, weil man für ein Selfie zu nahe an ihn herangekommen ist.

Dieser Stau stand sinnbildlich für den Widerspruch »dafür sorgen, dass man die Natur genießen kann« vs. »sie schützen«. Die Straße durch den Yellowstone hatte es uns allen ermöglicht, Bisons zu sehen, vielleicht sogar zum ersten Mal in unserem Leben; sie hatte uns auch ermöglicht, ein ursprüngliches Ökosystem zu durchdringen und im Leerlauf auf geteertem

Untergrund zu stehen und nicht viel mehr zu tun, als fossile Brennstoffe in Autoabgase umzuwandeln. Das reine Vorhandensein einer Straße fügt einem Ökosystem mehr Schaden zu, als man denken mag: Eine einspurige, unbefestigte Straße lenkt Niederschläge ab, was zu einer größeren Abflussmenge und stärkerer Bodenerosion führt. Straßen gefährden Tiere auf äußerst sichtbare Weise, wenn diese tot auf dem Seitenstreifen liegen, und auf weniger sichtbare Weise, da sie ihren Lebensraum fragmentieren. (Viele Tiere fürchten Straßen zu Recht und manche Arten überqueren sie nie. Anders meine Mom, die gerne von sich behauptet: »Ich bin schon als Kind bei Rot über die Straße gelaufen«). Das Tückischste jedoch ist, dass Straßen weitere Ausbaumaßnahmen nach sich ziehen: Sie sind der Fuß in der Tür, der dafür sorgt, dass eine Naturlandschaft nicht länger als »unberührt« gilt.

Die Bestrebungen des National Park Service, die Parks den Besucher*innen schmackhaft zu machen, haben dazu geführt, dass es im Yellowstone Souvenirshops gab, die billige Shirts und Mauspads und »Ratschläge von einem Geysir«-Schilder (LASS ES RAUS) und anderen künftigen Müll verkauften. Bis vor ein paar Jahren bedeutete das auch, dass Mitarbeiter*innen der Parks Raubtiere töteten, zugleich aber Müllhalden mit Zuschauerrängen unterhielten, um die übriggebliebenen Bären anzulocken, sodass Tourist*innen sie fotografieren konnten. Bären im wahrsten Sinne des Wortes Müll fressen lassen – Amerikas beste Idee.

Immerhin unterbindet der Park Service das absolute Worst-Case-Touristen-Szenario: die Niagarafälle, die kitschigsten Wasserfälle der Welt. Bereits lange bevor der Yellowstone als erster Nationalpark ausgewiesen wurde, waren die Niagarafälle eine bekannte Touristenattraktion, und Privatleute kauften das Land mit der besten Aussicht und den besten Zugangsmöglichkeiten. Anstatt die Wasserfälle als nationales Naturwunder zu wahren, wurden sie weitgehend privatisiert und an ihrem Rand Läden und Restaurants gebaut. All das weiß ich nur aus zweiter Hand, da ich, als meine Familie im Urlaub zu den Niagarafällen fuhr, sagte: »Ohne mich, Leute.« (Ich schob damals vor, mir von meinem BH-Verkäuferinnen-Job bei Victoria's Secret nicht freinehmen zu können, bin in Wirklichkeit aber ein unheilbarer Snob.) Im Yellowstone ist Gott sei Dank kein McDonald's-Schild im Weg, wenn man dem Old Faithful beim Wasserspeien zusieht; dafür befindet sich der McDonald's direkt vor den Toren zum Park. Und dennoch werden jährlich weiterhin zig Millionen Menschen dazu animiert, den Park zu besuchen. Und unter diesen Millionen, die zu einem Mehr an Abgasen, an Straßen, Parkplätzen und Mülleimern führten, befand sich auch meine Wenigkeit. War das, was ich da tat, indem ich mich dem Besuchermob anschloss, moralisch überhaupt vertretbar?

Die Parks sind auf den Massentourismus, den sie anlocken, im wahrsten Sinne des Wortes angewiesen. Die Einnahmen aus den Eintrittsgeldern, die Ortstaxen und die Gebühren, die von den Essens- und Souvenirverkäufer*innen abgeführt werden müssen, machen einen guten Teil des Haushalts der Parks aus. Und diese Haushalte sind bedauerlicherweise völlig unzureichend: Stand 2021 fehlen den Parks 18 Milliarden Dollar für Instandsetzungsmaßnahmen. Auch wenn mehr Tourismus zu mehr Eintrittsgeldern führt, führt er auch zu einem Mehr an Wartungskosten und Schäden an den Ökosystemen.

Es ist wichtig, sich vor Augen zu führen, dass der Yellowstone und die anderen Parks nicht einfach nur zum Erhalt der Natur unter Schutz gestellt wurden und der Tourismus erst später als Mittel zur Finanzierung der Schutzmaßnahmen hinzukam. Oft wurden diese Orte mit der erklärten Absicht geschützt, als Ausflugsziel zu dienen. Zur Gründung des 1872 geschaffenen Yellowstone-Nationalparks hat wesentlich beigetragen, dass in der zweiten Hälfte des 18. Jahrhunderts, als Amerika von der Industriellen Revolution ergriffen wurde, eine neue urbane Mittelklasse entstand, die Freizeit und Geld zur Verfügung hatte. Was ihr noch fehlte, war ein Ort, an dem sie beides verschwenden konnte. Doch bevor der Yellowstone als Touristenziel unter Schutz gestellt werden konnte, mussten seine Befürworter*innen nachweisen, dass er für keinen anderen wirtschaftlichen Zweck von Nutzen war. In einem Bericht, der im Verlauf des Genehmigungsverfahrens für den Yellowstone angefertigt wurde, wird hervorgehoben, dass sich der Ort nicht zur landwirtschaftlichen Nutzung eigne, zu kalt zur Viehzucht sei und höchstwahrscheinlich keine wertvollen Bodenschätze biete. Insofern würde der Schutz dieser herrlichen Naturkulisse das Land nichts kosten.

Dass die Einnahmen im Tourismus zahlreiche Debatten über den Naturschutz in Amerika derart dominieren, schmälert meine Naturerfahrung. Die Wildnis ist mehr als nur ein Erholungsort. Tiere und Pflanzen haben ein Recht auf Leben, unabhängig von ihrem wirtschaftlichen Nutzen für Menschen, ja, auch unabhängig von der Freude, die sie einem Menschen bereiten, der weite Strecken zurücklegt, um sie sich anzusehen. Ich bin davon überzeugt, dass sich ein Großteil der Menschen darüber einig ist, dass Bären, Bisons und Bäumen, ja, selbst Geysiren ein Wert zukommt, der außerhalb kapitalistischer Messgrößen zu verorten ist. Allerdings befürchte ich auch, dass sich viele Menschen nicht wohl dabei fühlen, so etwas zu äußern, aus Angst, wie eine sensible realitätsferne Snowflake zu klingen.

Aber selbst wenn »Kapitalismus« und »Realität« gegenwärtig synonym verwendet werden, folgt daraus nicht, dass der Kapitalismus das einzige System ist, das es je geben wird. Wir leben in diesem System, weil wir entschieden haben, ein paar wenigen zuzugestehen, unverhältnismäßig reich zu werden, auf Kosten fast aller anderer und auf Kosten der Tiere und der Natur. Wir können uns für ein anderes System entscheiden. Mit der Logik des Kapitalismus ließe sich argumentieren, dass manchmal schon kleine Zugeständnisse gegen die schlimmsten Auswüchse des Kapitalismus genügen, allerdings trennen uns Zugeständnisse an das System von den positiveren Anteilen unserer Seele. Tja, über so etwas denkt man eben nach, wenn man drei Stunden für nichts und wieder nichts im Stau feststeckt!!!

Als ich Greg vor dem Gemischtwarenladen im Canyon Village traf, hatte ich mich um mehrere Stunden verspätet. Jetzt konnten wir doch nicht mehr wild campen. Greg war verständnisvoll, aber ich war extrem deprimiert und noch genervter, weil ich den kapitalistischen Elementen des Yellowstone nicht entkam. »Alle hier im Park sollten festgenommen werden«, sagte ich zu Greg, der darauf erwiderte: »Lass uns wandern gehen.« Greg lieh mir einen Mantel und gab mir eine kurze Führung durch den Mitarbeiterbereich des Canyon Village.

Besucher*innen wissen nicht unbedingt, dass die Mehrzahl der Mitarbeiter*innen der Nationalparks, vor allem in einem so beliebten wie dem Yellowstone, nicht vom National Park Service beschäftigt werden, sondern von den Unternehmen, die die Restaurants und Souvenirläden betreiben. Als ich im Yellowstone war, beschäftigten diese 3200 Personen, beim National Park Service waren hingegen keine 400 angestellt. Xanterra, der größte Nationalpark-Konzessionär, wird von dem Milliardär Philip Anschutz geleitet, dessen Vater Öl-Tycoon war. Als wir so durch die Schlafquartiere der privatwirtschaftlich angestellten Mitarbeiter*innen schlenderten und mit Menschen sprachen, die hier aus juristischen Gründen namenlos bleiben sollen (Greg äußerte sich aus juristischen Gründen nicht), hörten wir Vorwürfe über die ausbeuterischen Arbeitsbedingungen und die schlechte Bezahlung bei Xanterra, weshalb die Mitarbeiter*innen das Unternehmen »Xanterrible« nannten oder von »Xanterrorists« sprachen. (Später dachte ich daran zurück, als ich erfuhr, dass ein Sechstel aller bekannten Selbstmorde im Yosemite-Nationalpark von Mitarbeiter*innen der Konzessionäre begangen werden. Es sind keine Selbstmorde von Mitarbeiter*innen des National Park Service verzeichnet.)

So beschissen Xanterrible auch war, so hatte die Arbeit im Yosemite auch ihre guten Seiten. Greg campte an seinen Wochenenden in freier Wildbahn und badete abends in einer heißen Quelle, die zufälligerweise die perfekte Temperatur hatte und als »Mitarbeiter-Whirlpool« bezeichnet wurde. »Einmal, als wir da drinnen saßen, Bud Light tranken und Lynyrd Skynyrd hörten, flog ein Weißkopfseeadler vorbei«, erzählte er mir. Das mag nicht der Vision von Amerika entsprechen, die dem Naturschützer John Muir vorschwebte, aber mir schien es eine Reise quer durchs Land und den Umgang mit Tourist*innen wert zu sein, die Greg bereits gefragt hatten: »Wo sperren Sie nachts die Bisons hin?«

Greg und ich fuhren zu einem Wanderweg, der uns an den Schluchten des Grand Canyon des Yellowstone entlangführte. Niemand spricht je vom Grand Canyon des Yellowstone! Wahrscheinlich, weil das Land bereits einen Grand Canyon hat, der, wie man fairerweise sagen muss, der Hammer ist, und weil man den Yellowstone – zurecht – mit Geysiren verbindet. Im Yellowstone fließt aber auch ein Fluss, der Yellowstone, der im Laufe der vergangenen 160 000 Jahre seinen eigenen Canyon in den Fels geschnitten hat, eben den Grand Canyon des Yellowstone, der wohl auch dann einen eigenen Nationalpark verdienen würde, wenn er nicht von superheißem, stinkendem Wasser umgeben wäre. In dem Canyon gibt es zwei große Wasserfälle, die, wie kreativ, auf die Namen Upper und Lower Falls getauft wurden, wobei letzterer knapp 100 Meter in die Tiefe hinabstürzt. Über den Wasserfällen kreisen Fischadler, deren Nistplätze sich in den Felswänden befinden. Ich folgte Gregs Beispiel und lief mit ihm am Abgrund entlang. Schließlich war das hier sein Zuhause.

9

HABT EIN BISSCHEN RESPEKT, FOR FUCK'S SAKE

Zum ersten Mal auf meiner Reise befand ich mich auf dem Beifahrersitz, und es war himmlisch. Ich konnte die zweite Hälfte eines gigantischen Frühstücks-Burrito essen und musste nicht zugleich schweres Gerät bedienen! Ich konnte einen Reisebericht von Simone de Beauvoir lesen und kam zugleich voran! Ich konnte meine schönen Beine auf dem Armaturenbrett ablegen und in der krebserregenden Sonne baden. Was für ein Leben. Ich hatte Emmy am Nachmittag zuvor für einen Urlaub im Urlaub am Flughafen von Denver abgeholt. Die kommenden Tage würden wir mit einer Handvoll Freund*innen an ein und demselben Ort verbringen: in Cisco, Utah, der Geisterstadt unseres/unserer Freund*in Eileen.

Ich kann nicht gerade behaupten, sonderlich großer Fan des Fernstraßennetzes zu sein – ich habe nicht vor, in absehbarer Zeit als Mittelstreifen verkleidet zur HighwayCon zu gehen –, aber es ist einfach eine Tatsache, dass die I-70 zwischen Denver und Utah zu den schönsten Straßen des Landes zählt. Zum ersten Mal war ich auf ihr 2016 in Richtung Westen über die Rockies gefahren, auf einem etwas ziellosen Roadtrip durch Colorado. Die Straße erklimmt Berge und windet sich am Grund steiler Täler am Ufer des Colorado River entlang. Ich fuhr allein mit 80 Meilen pro Stunde, und dass ich niemanden hatte, mit dem ich all die Schönheit genießen konnte, machte mich noch verrückter, als ich ohnehin bereits war, und gab mir das Gefühl, besonders einsam zu sein. 2018 waren Emmy und ich in die Gegenrichtung gefahren, und jetzt waren wir erneut hier. »Ist diese Straße nicht krass?«, fragte ich.

»Alter«, sagte Emmy. »Voll.«

Wir verließen den Highway in Fruita, Colorado, um Lebensmittel, Benzin und Wasser zu kaufen. Wir waren immer noch 45 Minuten von Cisco entfernt, allerdings: Fruita ist die nächstgelegene Stadt von Cisco und in Cisco gibt es kein fließendes Wasser. Selbstredend gibt es dort auch keinen Supermarkt. Es ist die Art von Ort, an dem man seinen Konsum wirklich reflektiert, über jeden verbrauchten Tropfen Wasser nachdenkt, weil mehr davon zu bekommen, extrem anstrengend ist. Emmy füllte unseren Einkaufswagen mit Essen, während ich palettenweise aromatisiertes Sprudelwasser von La Croix einlud, weil Eileen Gerüchten zufolge kein normales Wasser trinkt. Wir machten einen letzten Halt für einen Iced Coffee, das »schwarze Gold« der Millennials, und begaben uns dann in Richtung Geisterstadt. Fast eine Stunde fuhren wir durch die Wüste, an Hügeln und Ebenen und entfernt gelegenen Bergen vorbei, allesamt in einer Palette von Beigetönen, die der Nude-Ton-affinen Regisseurin Nancy Meyers Tränen der Überwältigung in die Augen treiben würden. Und dann waren wir in Cisco.

Als wir ankamen, waren alle damit beschäftigt, etwas zu bauen. Da waren J., Eileens damalige Freundin, und Z., ein Freund aus Milwaukee, die Holz sägten und Hämmer schwangen. Da war M., ein älterer Mann, der in der Wüste hinter Cisco lebte; er half bei den Bauarbeiten und erhielt im Gegenzug Zugang zu Eileens WLAN, um einen Roman über seine Jahre im Yellowstone zu schreiben, wo er in den 1980ern gearbeitet, sich betrunken und in den Old Faithful gepinkelt hatte. Und da war Bart, Emmys Partner, der Eileen half, einen liegengebliebenen Ford-Pick-up zu einem Camper umzubauen. Die Sonne von Utah hatte ihn braungebrannt, und er schwitzte in seine petrolblaue

Goodyear-Mütze; Emmy, die ihn eine Woche lang nicht gesehen hatte (in der sie angefangen hatte, eine Kette um die Hüfte zu tragen, die alle als ihren Keuschheitsgürtel bezeichneten), umarmte ihn eine geschlagene Minute. Und dann war da Eileen, Anlass all dessen, in einer farbbekleckſten Hose, einem T-Shirt, an dessen Kragen ein Edding klemmte, und mit einer lässigen Sonnenbrille, mit der they wie die coolste Person des Universums aussah.

Einige Jahre zuvor arbeitete Eileen für den Chicago Park District – they stammt ursprünglich aus Milwaukee, Wisconsin, und verwendet die Pronomen they/them – und fuhr kurz vor their 30. Geburtstag nach Utah, um die Holy-Ghost-Panels zu sehen, Felsenmalereien im Canyonlands-Nationalpark. Die Person, die neben Eileen im Flugzeug saß, begann erst zur Landung ein Gespräch, was Eileen zu schätzen wusste: »Vielleicht war sie queer?«, sagte Eileen über diese Sitznachbarin. »Aber im Flugzeug will ich eigentlich nicht einmal mit einer queeren Person reden.« Die Frau erzählte Eileen von einer Geisterstadt, die sie sich auf dem Weg zum Canyonlands unbedingt ansehen sollte. Im amerikanischen Westen gibt es zig Geisterstädte, aber Eileen hatte noch nicht einmal daran gedacht, sich eine anzusehen. Der einzige Grund, warum they sich an den Namen der Stadt erinnerte – oder um genauer zu sein, der einzige Grund, warum they tat, was they jetzt tat, anstatt in Chicago zu leben –, war der »Thong Song« des Sängers Sisqó. Als Eileen auf der I-70 an der Ausfahrt nach Cisco vorbeikam, bog they also ab, um sich die Geisterstadt anzusehen.

Die Stadt bestand nur aus ein paar Häuserblocks. Seit ihrer Gründung in den 1880er-Jahren war Cisco eine Haltestelle der Eisenbahn, eine Ranch-Stadt, eine Öl-Stadt und eine Uranerzabbau-Stadt gewesen – sie arbeitete sich an Industriezweigen ab wie ein*e Siebtklässler*in an verschiedenen Identitäten. Zu ihrer Hoch-Zeit lebten etwa 250 Menschen in Cisco. Es gab ein Hotel, einen Saloon, eine Tankstelle, Restaurants. Doch eines

Tages wurde die Bahnstation nicht länger gebraucht, und dann wurde die Interstate gebaut, die die Straße durch Cisco umging. Ohne den Verkehr begann die Stadt auszusterben. Der letzte Bewohner verließ die Stadt viele Jahre, bevor Eileen den Rat der Sitznachbarin befolgte und sie sich ansah.

Zu dieser Zeit war die einstige Boomtown kaum wiederzuerkennen. Die Häuschen waren bereits verfallen, gerade am Verfallen oder nicht länger existent. Nur eines wirkte gerade so bewohnbar. »Ich dachte, es wäre wie auf einem Filmset, mit Saloon-Türen und so«, erzählte mir Eileen, aber so elegant waren die Bauten nie gewesen. Dennoch: Es war eine Geisterstadt! Sie war mit Müll übersät oder, je nach Blickwinkel, mit »interessanten historischen Artefakten«. Eileen machte den Mann ausfindig, dem das Grundstück gehörte, auf dem das am stabilsten wirkende Haus stand, und rechnete nach: Wenn they das Land kaufte und their Apartment in Chicago im Winter untervermietete, würde they sogar Geld sparen. Und so tat Eileen es.

Als Emmy und Bart endlich damit fertig waren, sich im Arm zu halten, alle Elektrowerkzeuge ausgeschaltet waren und alles gesichert war, was klein genug war, um weggeweht werden zu können, führten Eileen und their superenthusiastischer Hund Rema Emmy und mich durch die Stadt. Seit Eileen das Apartment in Chicago zum ersten Mal untervermietet hatte, waren sechs Jahre vergangen, und they war inzwischen ganz nach Cisco gezogen. Im Laufe dieser sechs Jahre hatte Eileen die Stadt wieder aufgebaut und dabei größtenteils zusammengesammelte Materialien benutzt. Zuerst führte uns Eileen zu einer Hütte, dem stabil wirkenden Haus, das they überhaupt erst dazu veranlasst hatte, den Ort zu kaufen, damit Emmy und ich das Essen, das La Croix und eine kostbare Dose Cold Brew kühlstellen konnten. Seit dem Kauf der Hütte hatte Eileen sie von Abfall und Mäusekot befreit, die Fake-Holz- und Gipswände herausgerissen, die Holzbalken freigelegt und dann die Lücken verputzt.

Vor dem Kauf von Cisco hatte Eileen nie ein Haus gebaut, nie auf dem Bau gearbeitet. (They hatte ein Jahr an der Kunsthochschule studiert, was ähnlich ist, nur dass einem niemand erklärt, wie man einen Ort baut, an dem man leben kann, sondern wie man Dinge baut, die sehr *anspruchsvoll* sind und die niemand versteht.) Am meisten Vorwissen hatte sich Eileen für den »Wiederaufbau einer Geisterstadt aus einem Haufen Müll« angeeignet, als they mit Mitte 20 their Mutter dabei half, eine grässliche Küche abzureißen.

Eileens Mutter war davon überzeugt, dass sich unter dem Linoleum in ihrer Küche ein Hartholzboden befand, und so rissen sie den Belag gemeinsam heraus und schrubbten anschließend tagelang Teer. Schließlich wurde Eileen bewusst, dass am Ende der Reise keine sagenhaften Hartholzdielen standen, sondern lediglich ein teerverschmierter Sperrholzboden. Eileen wusste, dass their Mutter einen Nervenzusammenbruch erleiden würde, wenn they ihr davon erzählte, ohne eine Lösung parat zu haben. Doch Eileen erinnerte sich daran, dass their Mutter in ihrem Keller ein Wandbild aus Sperrholz hatte. They schlug vor, das Bild in breite Streifen zu schneiden und *diese* als Bodenbelag zu nutzen. Aus Mangel an Optionen und weil sie gerade grundlos ihre Küche zerstört hatte, stimmte Eileens Mom zu.

Später lernte Eileen, Trockenwände zu bauen, Wände zu isolieren und Installationsarbeiten zu verrichten, bis they eine ganze Geisterstadt vorzeigen konnte – eine Geisterstadt, in der viele Böden aus bemalten Sperrholzbrettern bestehen. »Alles begann mit dem Küchenboden«, sagte Eileen. »Und alles nur, weil es eine widerliche Küche war.«

Wir überquerten die Straße und liefen auf dem Holzbohlenweg entlang, den Eileen für die regnerischen Sommermonate angelegt hatte, wenn sich die unbefestigte Stadt in ein großes

Schlammloch verwandelt. Wir gingen an einem Hühnergehe-ge vorbei, das aus Altmetall und Türen gebaut war, die vor langer Zeit von ihren ursprünglichen Nutzungsorten abgefallen waren, und an Sonnenblumen, die aus trockenem Schmutz sprossen. Emmy ließ ihre Taschen in einem ausrangierten Bus fallen, den Eileen ausgeräumt und in ein Schlafzimmer umgewandelt hatte. Seit meinem letzten Besuch in der Stadt hatte Eileens Freund Nick zwei Wandbilder auf den Bus gemalt: auf einer Seite ein Mann, der Schafe durch die Wüste treibt, und auf der anderen ein Schusswechsel, bei dem Eileens Pistole zum Einsatz kommt. Schließlich kehrten wir wieder um, um den Camper anzusehen, den Bart, Eileen und die anderen gebaut hatten.

Seit Eileen Cisco gekauft hatte, war die Stadt der Kunst förderlich gewesen. Damals war they noch einmal nach Chicago zurückgegangen, um Geld zu verdienen, und Nick hatte so lange auf die Stadt aufgepasst (»Stadtsitten« könnte man dazu wohl sagen). Nick hatte ein paar Entwürfe für Wandmalereien, die er fertigstellen wollte, und fand, wie er Eileen wissen ließ, Cisco sei der perfekte Platz dafür, weil es hier buchstäblich nichts für ihn zu tun gab. Das brachte Eileen zum Nachdenken: Aus Sicherheitsgründen, aber auch, weil das Leben unter kreativen Menschen einfach schöner ist, wollte they nicht allein in Cisco bleiben. »Alte Gebäude nur um ihrer selbst willen zu restaurieren, macht für mich ohnehin keinen Sinn«, erzählte mir Eileen. Stattdessen wollte they Maler*innen, Schriftsteller*innen und Filmemacher*innen einladen, »um ihnen zu zeigen, wie sich ein Monat an einem Ort wie diesem auf sie auswirkt, denn auf mich hat sich das Leben hier definitiv ausgewirkt.« Mit der Unterstützung their Schwestern Renée und Margaret war Eileen 2019 dabei, eine Künstlerresidenz in Cisco zu schaffen. Das Problem war nur, dass es in der Geisterstadt nirgendwo einen Ort gab, an dem ein*e Künstler*in *residieren* konnte.

Und so war Bart quer durchs Land gefahren, um eine Residenz in Form eines hölzernen Campingbusaufsatzes auf die Ladefläche eines türkisfarbenen Pick-ups zu bauen, der auf Eileens Land vor sich hin rostete. Als Emmy und ich kamen, war er gerade mit dem Grundgerüst fertig geworden: einem hübschen hölzernen Schmuckkästchen mit einem Giebeldach und Fenstern, die aus einem verlassenen Wohnwagenanhänger am anderen Ende der Stadt herausgerissen worden waren. Nur ein paar Meter weiter hatte Eileen einen alten Winnebago entkernt und damit angefangen, ihn zu restaurieren; er sollte als Atelier dienen. Im Moment wurde er jedoch als Lager für Baumaterialien genutzt: allerlei Holz, Kisten mit Nägeln, WD-40-Dosen und eine zerfledderte Ausgabe der Gedichtsammlung *I Must Be Living Twice* von Eileen Myles.

Ich sah mich um, wollte helfen, fürchtete aber zugleich, versehentlich eine falsche Sache an eine andere falsche Sache zu nageln und die Entstehung eines Künstlerrefugiums tief in der Wüste Utahs unwiderruflich zu ruinieren. Ich blickte zu Bart und Eileen. »Also, äh … was kann ich tun?«

»Uff, es ist gerade zu heiß, um zu arbeiten«, antwortete Eileen, wofür ich they liebte.

Befindet man sich an einem Sommertag in der Wüste, wird es irgendwann zu heiß und zu windig, um zu arbeiten, und so tut man es den Schlangen gleich, die den Nachmittag unter einem Stein verbringen, und macht eine Pause. Der Tag, an dem Emmy und ich eintrafen, war Z.s letzter Tag in Cisco, und so beschlossen ein paar von uns, den Arches-Nationalpark zu besuchen. Eileen blieb zurück, riet uns jedoch, nicht die Interstate zu nehmen, sondern uns etwas Gutes zu tun und über den Highway 128 zu fahren.

Schon gut, schon gut: Ich weiß, ich habe bereits 40 Straßen in und um Utah als schönste Straße des Landes bezeichnet, aber auf den Highway 128 von Cisco nach Moab könnte es wirklich zutreffen. Man fährt meilenlang am Ufer des Colorado River entlang, zu beiden Seiten der Straße frei laufende Kühe, die so tun, als stellten rasende Metallhaufen keinerlei Gefahr für sie dar. Nach etwa 15 Minuten beginnt der Fluss, sich durch Schluchten aus dem roten Gestein zu schlängeln, für das Utah so bekannt ist. Weit in der Ferne ragen die schneebedeckten Berge der La Sal Mountains über den roten Hochplateaus auf. Viele Menschen fahren mit zwei Meilen pro Stunde auf dieser Straße, weil sie wahrscheinlich versuchen, die Aussicht zu genießen, und auch, weil die Straße gefährlich nahe und ganz ohne Leitplanken an der steilen Böschung des Flusses verläuft, sodass man direkt ins Wasser fahren könnte, wenn man zu sehr mit seiner besten Imitation von Owen Wilsons »Wow« beschäftigt ist. Um die Kosten für die Bergung alter VW-Busse aus dem Colorado River möglichst gering zu halten, gibt es auf der Strecke Haltebuchten, und wir hielten an einer an, um Fotos zu machen, Emmy auf Barts Schultern, im Hintergrund die Wüste, rote Felsen und Berge.

Der Arches-Nationalpark hält, was sein Name verspricht. Er ist nach den Natursteinbögen benannt, die überall im Park verstreut sind; allein im Arches gibt es 2000, das größte Vorkommen solcher Gesteinsformationen weltweit. Wir fuhren auf der Hauptstraße weit in den Park hinein, um ein Plätzchen zum Wandern abseits der bekannten Wege zu finden, das Emmy und ich auf unserer Reise durch den Südwesten im Jahr zuvor noch nicht gesehen hatten. Wir hatten die Fenster heruntergelassen, unser Haar wehte im warmen Sommerwind, die Wüste umgab uns, verlassen und endlos. »Ich fand immer, dass Park-Ranger die perfekten Serienmörder abgeben würden«, sagte Z. »Sie wissen ganz genau, wo man die Leichen verstecken könnte.« *Na, toll!*, dachte ich. *Eine ganze Personengruppe, von der ich bislang nicht befürchtet hatte, umgebracht zu werden!*
Am Ausgangspunkt zum Devil's-Garden-Trail cremten wir uns mit Sonnenschutz ein und liefen los. Auf dem Wanderweg

zu bleiben, ist ganz unabhängig vom Ort der Wanderung wichtig, aber im Arches ganz besonders geboten, weil ein Großteil des Bodens mit einer biologischen Bodenkruste überzogen ist (mit »cryptobiotic soil«, wie diese im Englischen heißt, das einzig gute Krypto). Diese Bodenkruste, die auch als »lebende Kruste« bekannt ist und meiner Meinung nach einfach »freaky Dreck« heißen könnte, ermöglicht das gesamte Pflanzenleben, das uns in der Wüste begegnet. Flechten, Moose und Cyanobakterien binden Stickstoff im Boden und bereichern ihn so. Die biologische Bodenkruste ermöglicht es der Wüste, Regenwasser zu absorbieren und nicht einfach fortgeweht zu werden. Wird sie zerstört, kann es mehr als 100 Jahre dauern, bis sie sich regeneriert hat – auch heute noch erkennt man Stellen, an denen die Planwagen der ersten Siedler*innen im 19. Jahrhundert darüber hinweggerollt sind. Eine Meute Wander*innen … oder noch wahrscheinlicher, eine trampelnde Herde Kühe … produziert also jede Menge lose Erde, die Gefahr läuft, weggeblasen zu werden. Vielleicht erinnerst du dich an die »Dust Bowl«, wie Teile Kanadas und der Great Plains genannt wurden, die in den 1930ern besonders von Dürren betroffen waren? An ihren durch katastrophale Staubstürme verursachten Ruhm? Und weißt du was? Daran waren Kühe schuld. Wie dem auch sei!

Wir machten einen Abstecher auf einen Seitenpfad, um den Pine Tree Arch zu bewundern. Der Steinbogen war gewaltig und thronte über dem Sand und den Büschen darunter. Dann drehten wir um und nahmen einen anderen Pfad in Richtung Tunnel Arch, der ein wenig abseits des Weges in eine hellbraune Felswand mit Wüstenpatina eingelassen ist. »Die sollten nicht *Bögen* heißen«, sagte Bart. »Sondern *verrückte Löcher.*«

»Ja«, sagte ich. »Der Verrückte-Löcher-Nationalpark.«

Mein zweiter Tag in Cisco begann im Postamt, in dem ich übernachtete und meine beiden Leidenschaften, a) Briefe bekommen und b) nicht wach sein, vereinte. Neben dem Postamt befand sich das Plumpsklo: Kein fließendes Wasser bedeutet keine Toilette mit Spülung. Mit der Hilfe von ein paar Mormonen-Jungs, die auf ihrer Mission durch die Stadt gezogen waren, hatte Eileen ein großes Loch in den Boden gegraben und darüber zwei Toilettensitze angebracht. (Es ist zugleich »Ort der Notdurft« und »Kunst«.)

In Cisco sprang einen der Müll förmlich an. Solange Eileen die Holzbehausungen oder ein Stück Land nicht persönlich sauber gemacht und wieder hergerichtet hatte, war alles mit Müll übersät. Da waren Rohre, Dachpappe, alte Autos. Seit they hier lebte, hatte Eileen eine blonde Perücke, Pornoheftchen und Schießpulver gefunden. Ich fand zwischen zerbrochenen Flaschen und dem überall herumliegenden korrodierten Metall eine Diskette. Falls du zu jung bist, um zu wissen, was das ist, lege ich dir hiermit den ersten *Mission Impossible* ans Herz, in dem Tom Cruise den gesamten Film lang nur wegen einer Diskette Stunts vollführt.

Eileen hatte aus diesem Niemandsland einen funktionalen, ästhetisch durchdachten Ort geschaffen. Nur: Erschaffe etwas Schönes und Menschen mit Handys werden es finden. Cisco hatte so etwas wie ein Touristenproblem.

Tourist*innen, die nach Cisco kommen, haben den Ort meist entweder auf einer Liste cooler Orte im Internet gefunden oder eines der nicht autorisierten YouTube-Videos gesehen, die immer wieder online kursieren. Sie parken ihr Auto irgendwo in Cisco, steigen aus, spazieren über Eileens Grund und Boden und die Grundstücke der abwesenden Nachbar*innen von Eileen, fassen Dinge an und machen Fotos. Sie klettern dafür unter Zäunen hindurch. Sie tun es trotz der handgemalten Schilder, die Eileen in der Stadt verteilt hat und auf denen steht: TOURIST*INNEN, BITTE FOTOGRAFIERT VON DER STRASSE AUS! und KEINE DROHNEN, KEIN UNBEFUGTES BETRETEN! und, um deutlicher zu werden: FUCK

OFF! Die Tourist*innen glauben, es sei in Ordnung, wenn sie sich benehmen, wie sie wollen, weil sie glauben, außer ihnen würden nur ein paar wenige diesen verlassenen Ort durchqueren, wenn in Wirklichkeit nur 45 Minuten vor ihnen ein genau gleich aussehendes Paar genau das Gleiche getan hat und es in 45 Minuten erneut passieren wird, mit einem anderen Paar, das genau gleich aussieht, aber aus Schweden kommt.

Eine Zeitlang versuchte Eileen, dieses Interesse zu Geld zu machen. They realisierte, dass they eine Einnahmequelle brauchte, um das Projekt »Wiederaufbau der Stadt« sowie das Projekt »Eileen muss etwas essen, um am Leben zu bleiben« zu finanzieren. Daher renovierte they zwei zerfallene Häuschen – ein ehemaliges Wohnhaus und das alte Postamt – und stellte sie auf Airbnb. Die Airbnbs kamen bei Tourist*innen, die durch die nahegelegene, äußerst beliebte Stadt Moab reisten, sehr gut an, vor allem bei denen, die Geld sparen wollten und auf der Suche nach einem Abenteuer waren. Das County hatte Eileen wegen der Airbnbs in letzter Zeit jedoch Ärger gemacht, weil man eine Erlaubnis braucht, und um eine Erlaubnis zu bekommen, müssen die Unterkünfte den aktuellen Bauvorschriften entsprechen, und wenn es sich bei deiner Toilette um ein Zweisitzer-Plumpsklo handelt, wird sie »den aktuellen Bauvorschriften« nie und nimmer entsprechen.

An dieser Stelle muss ich etwas gestehen: Emmy und ich kannten Eileen nicht aus Milwaukee. Uns erreichte keine Einladung nach Cisco durch eine*n gemeinsame*n Freund*in. Als Emmy und ich zum ersten Mal nach Cisco kamen, waren wir nichts anderes als lästige Touristinnen. Emmy hatte von dem Ort durch Hörensagen in Milwaukee erfahren, und so besuchten wir ihn auf unserem Roadtrip im Vorjahr. Wir sahen den verlassenen Wohnwagenanhänger, auf den Eileen mit Farbe gesprüht hatte: FOTOS OKAY, BITTE NICHTS MITNEHMEN. HABT EIN BISSCHEN RESPEKT, FOR FUCK'S SAKE, und fotografierten ihn. Wir schnüffelten in der Stadt herum und sahen uns an, was Eileen gebaut hatte, als plötzlich die coolste Person auftauchte, die ich je gesehen hatte: mit kurzrasierten Haaren, einer riesigen Sonnenbrille und einer Pistole im Holster. »Seid ihr meine Airbnb-Gäste?«, fragte Eileen. Wir verneinten, und Emmy erwähnte Milwaukee und wie sie von Eileen erfahren hatte, und anstatt uns zum Teufel zu jagen, was their gutes Recht gewesen wäre, sagte Eileen, »Es ist zu windig, um heute zu arbeiten, wollt ihr ein bisschen bleiben? Ich hab Eis am Stiel.«

Ich war so dankbar, dass Emmy und ich Eileen kennengelernt hatten, doch je mehr ich über they erfuhr, desto peinlicher war mir im Nachhinein unser Verhalten. Viel zu oft meinen Leute, die herkommen, sie hätten einen Anspruch auf Cisco, und übertreten die Grenze von lästig zu bedrohlich. Wildfremde Männer schicken Eileen immer wieder gruselige Nachrichten. Einmal arbeitete Eileen draußen, als zwei Männer in einem Truck anhielten und in their Richtung schossen. Insofern ergibt es Sinn, dass Eileen eine Waffe trägt. Es ist eine Notwendigkeit, kein Lifestyle-Statement, es sei denn, die Aussage lautet: »Mich könnt ihr nicht so leicht umbringen.« Irgendwann war Eileen herumgegangen und hatte SORRY, PRIVATHAUS auf leerstehende Unterkünfte gesprayt und die Zugänge verrammelt. Zu mir sagte they: »Ich möchte nur wissen, wo all die Versteckmöglichkeiten sind.«

Tagsüber arbeiteten wir am Camper. Bart und Eileen sägten Holz zurecht und machten ernst anmutende Dinge. Emmy schliff das Metallblech ab, das als Dach des Campers dienen sollte. Ich bat Bart um eine idiotensichere Aufgabe. »Kannst du das Innere des Campers ausmessen, damit wir die Isolierung zurechtschneiden können?«, fragte er mich.

»Wird gemacht!« Ich verbrachte 45 Minuten damit, das Innere des Campers zu vermessen, und schaffte es dennoch, es irgendwie zu vermasseln. Danach fokussierte ich mich darauf,

Emmy Schleifteller zu reichen, damit sie nicht von ihrer Leiter heruntersteigen musste.

Abends machte Emmy ein Dinner für alle, einschließlich R., einen Programmierer, der etwa eine Stunde entfernt lebte, und einen Freund der Stadt. Wir saßen zusammen, redeten und lachten, unterhielten uns darüber, was wir tagsüber alles gemacht hatten und was als Nächstes anstand. Als ich aus der einzigen Schüssel in Cisco aß, erzählte ich allen von Professor Josh, den ich im Bryce getroffen hatte, und seinem Dokumentarfilmprojekt, und dass er dachte, mit einer Freundin wäre es besser.

»Vielleicht ist er einfach nur einsam, weil er allein reist und es nicht so poetisch ist, wie er dachte«, sagte Emmy.

»Was er da tut, klingt nach Van Life«, sagte jemand anderes und dann hatte *jede*r* eine Meinung.

Van Life oder, um genauer zu sein, #VanLife steht für Menschen, die ihr »normales Leben« und die Arbeitswelt hinter sich lassen, um in ihren Autos zu leben, häufig ausgebaute Vans, und die herumreisen und darüber in den sozialen Medien posten. Oft sind süße Hunde involviert. Oft Textilien, die mit vage indigen anmutenden Mustern bedruckt sind. Oft sind da Hängematten, Lichterketten und konventionell attraktive Frauen in Birkenstocks.

Die Van-Lifer haben es fertiggebracht, etwas, das jede*r gerne tun würde – reisen, an schönen Orten leben –, in etwas extrem Nerviges zu verwandeln. Es ist die Luxusversion eines Lebens ohne festen Wohnsitz, das andere Menschen aus finanzieller Not auf sich nehmen müssen (darunter viele, die in dem Städtchen Moab leben und arbeiten, in dem große Wohnungsnot herrscht. Da die Van-Lifer die Stellplätze rund um die Stadt belegen, sind Servicekräfte, die sich keine Mietwohnung leisten können, dazu gezwungen, in immer größerer Entfernung in ihren Fahrzeugen zu schlafen.)

In mancher Hinsicht erinnert es an das, was Eileen tut. Beides setzt voraus, dass man das Leben in der Großstadt mit einem Nine-to-Five-Job hinter sich lässt. Van-Lifer machen ästhetisch ansprechende Fotos und Videos für ihre Blogs, You-Tube-Kanäle und Instagram-Accounts; Eileen erschuf eine ästhetisch ansprechende Stadt. Der große Unterschied lag jedoch darin, dass die Van-Lifer diesen alternativen Lebensstil pflegten, um ihr eigenes Leben zu finanzieren. Sie mögen keine traditionellen Jobs haben, aber Van-Lifer zu sein, ist auf seine eigene Weise eine Plackerei und zutiefst kapitalistisch. Und gerade wegen dieses Selbstbetrugs machen wir uns über sie lustig, wenn herauskommt, dass auf jedem Foto die gleichen Wolken zu sehen sind oder ein Porträt über sie ausführlich darüber berichtet, wie mühsam es ist, dafür zu sorgen, dass in jeder Aufnahme eine Tüte der Marke Popchips zu sehen ist. Man ist versucht zu sagen: *Ihr möchtet uns neidisch machen, dabei geht's euch genauso dreckig wie allen anderen in dieser verfluchten Welt! Gebt es zu!* Und da sie immer auf dem Sprung waren, schien es mir, als könnten die Van-Lifer, die mir bekannt waren, nicht so leicht die Art von Gemeinschaft aufbauen, die Eileen hatte, indem sie einfach an einem Ort blieb.

Ich hielt mich nicht wirklich für etwas Besseres als die Van-Lifer. Ich fuhr quer durchs Land und hoffte, dafür bezahlt zu werden, ein Buch darüber zu schreiben. Sicher, ich versuchte nicht, Travel-Influencerin zu werden, aber wie sehr verdankte sich das wohl dem Umstand, dass ich meine Reise aufgrund meiner angeborenen Unfähigkeit, mit Formen und Farben umzugehen, nie und nimmer ästhetisch hätte in Szene setzen können? Wenn ich wüsste, wie man auf einem Foto in einem Nationalpark attraktiv aussieht und nicht so, als wäre man völlig verdreckt und hätte sechs Tage lang nicht geduscht, würde ich es tun. Wir alle brauchen Geld! Würde mich ein Iced-Coffee-Unternehmen sponsern, um quer durchs Land zu fahren, würde ich Ja sagen. Und auch wenn ich meine Reise (noch) nicht für mein Wohl zu Geld machte, machte ich sie zu Mark

Zuckerbergs Wohl zu Geld, indem ich darüber auf Instagram postete.

Eileen hingegen verdiente nichts an den Tourist*innen, die Cisco tagtäglich heimsuchten. Auch wenn they eine Spendenbüchse aufstellte und eine Patreon-Seite anlegte, musste they weiterhin als Gärtner*in und in einer Sägemühle arbeiten, um their Lebensunterhalt zu finanzieren. Eileen wurde nicht von Snack-Marken oder Abführtee-Firmen gesponsert, auch wenn für mich auf der Hand lag, dass La Croix sie sponsern sollte, weil, noch einmal, ich nicht glaube, dass Eileen jemals normales Wasser trinkt. Im Gegensatz zu den allgegenwärtigen #Van-Life-Accounts, auf denen die immer gleichen Orte und Fotos zu sehen waren, fühlte sich das, was Eileen tat, besonders an und so weit außerhalb der kapitalistischen Ordnung wie ein*e Künstler*in stehen und zugleich in den Vereinigten Staaten leben kann. Niemand bezahlte Eileen für diese Kunst; they machte sie, weil they ein*e Künstler*in ist. Und das ist keineswegs romantisch! Künstler*innen haben genauso gerne Geld, um sich Essen zu kaufen, wie jede*r andere auch.

Am Abend saßen wir auf Stühlen neben dem Camper und sahen Bart dabei zu, wie er im hellen Licht eines Scheinwerfers eine Zikade auf das Camper-Dach sprühte. »Zu Ehren einer Zikade, die an einem der ersten Tage auf dem Camper landete«, sagte er und schnappte sich eine andere Sprühdose. Schließlich wurden Emmy und ich müde. Als wir zu unserem Nachtquartier gingen, packte sie mich plötzlich am Arm und deutete in Richtung Bart. »Schau doch mal.« Über dem Camper schossen Fledermäuse durch die Luft und fraßen die Insekten, die von Barts Scheinwerferlicht angezogen wurden. Einen Moment lang blieben wir stehen und beobachteten sie dabei. Dann drehten wir uns um und betrachteten die Sterne.

Die Sterne in Cisco, das 45 Minuten von der nächstgelegenen Stadt entfernt ist und dessen Stromnetz nur aus ein paar

Verlängerungskabeln besteht, waren unbeschreiblich. Ich glaube, Sterne gehören zu den Dingen, die man zuerst für gegeben hinnehmen und zu denen man dann völlig den Zugang verlieren muss, um sie dann wertzuschätzen. Ich wuchs in einer Kleinstadt mit etwa 6000 Einwohner*innen auf. Erst als ich nach New York zog, wurde mir bewusst, dass es möglich ist, nachts keine Sterne zu sehen. Die Milchstraße in Utah zu bestaunen, während man Urlaub von New York macht, ist in etwa so, als würde man ein Glas Wasser trinken, nachdem man acht Stunden lang in einem trockenen Raum geschlafen hat – oder, in Worten, die auch New Yorker*innen verstehen: Es ist in etwa so, als würde man an einem über 40 Grad Celsius heißen Tag in einen klimatisierten GAP-Store laufen, wenn die Stadt entsprechend stinkt, nämlich wie warme Abfälle. Es genügt, um die Frage aufzuwerfen, ob man sein Leben nicht komplett neu ausrichten sollte, um die Sterne öfter zu sehen.

Van-Lifer zu werden, kam für mich nicht infrage, weil ich kein Talent dafür habe, eine alte Knutschkugel aufzustöbern und herzurichten, mit einer 35mm-Kamera kreative Fotos zu schießen, diese einzuscannen und hochzuladen oder so zu tun, als sei ich meine eigene sexy Freundin, die für ein paar Likes auf einem Felsen am Meer Yoga macht. Aber vielleicht könnte ich näher an die Natur ziehen. Schließlich hatte ich Freund*innen in Denver, oder etwa nicht? Und Eileen war sogar aus der drittgrößten Stadt des Landes in eine Geisterstadt in Utah gezogen.

Auch wenn ich nicht explizit nach einem neuen Zuhause suchte, war mir der Gedanke, New York zu verlassen, nicht neu. Ich träumte davon, an einem Ort zu leben, an dem ich wandern, den ich erkunden und an dem ich die Sterne betrachten könnte, aber auch von Freund*innen und guten Restaurants umgeben wäre. Ich klickte mich durch Wohnungsinserate in Moab und Missoula und Seattle und jeder Stadt in Vermont und, hauptsächlich aufgrund des Klimawandels, in

Duluth. Allerdings machte mich misstrauisch, wie viele meiner Altersgenoss*innen denselben Gedanken hatten und en masse in den Westen und Südwesten zogen, alte Trucks und Yeti-Kühlboxen kauften und dann, wenn sie komplett den Verstand verloren hatten, Baseballkappen trugen, auf denen ebenfalls »Yeti« stand. Selbst die Freund*innen, die in New York blieben, nahmen offenbar alle die Metro North und fuhren in dieselben schnuckeligen Upstate-Städtchen, wanderten auf denselben Wanderwegen und posierten an denselben Aussichtspunkten mit den gleichen Parks-Project-Fleecepullis. Was auf mich wie das Verlangen meiner Generation wirkt, die Natur zu erleben, die uns noch bleibt, und dem kapitalistischen System zu entkommen, das uns mit aller Kraft unterdrückt, wird in Wirklichkeit aufgehübscht und postwendend an uns zurückverkauft. Der Schriftsteller und Essayist Jess Row schrieb über diese Erfahrung bereits in den 1990er-Jahren: »Mein Vorstellungsvermögen, das ich bis dato als etwas gänzlich Idealistisches, Ökologisches und Ästhetisches begriff, wurde unmittelbar zu Geld gemacht.«

Inzwischen war ich seit drei Wochen unterwegs. Ich hatte atemberaubende Orte gesehen, die ich immer sehen wollte; ich hatte Berge erklommen und war durch Wüstenflüsse gewatet. Und als ich auf einem hohen Berg in South Dakota stand, hatte sich ganz Amerika unter mir erstreckt. Ich fühlte mich so frei wie noch nie. Doch je mehr ich darüber nachdachte, desto mehr traf ich Menschen, die die gleichen Dinge getan hatten oder gerade dabei waren, Park für Park. Mir wurde bewusst, dass ich Bahnen folgte, die kulturell vorbestimmt waren. Auch wenn ich darüber nachdachte, New York zu verlassen, bewegte ich mich in solchen Bahnen. War ich wirklich frei oder spielte ich nur nach, was unsere Gesellschaft uns als Freiheit präsentiert? War etwas von dem, was ich da tat, auch nur im Geringsten von Bedeutung?

Andererseits: Musste ich Urlaub wirklich neu erfinden?

Mein vierter Tag in Cisco war zugleich mein letzter. Nachdem wir einen Tag damit verbracht hatten, einen Graben auszuheben, um ein Verlängerungskabel von der Künstlerresidenz zu verlegen (M. fand währenddessen den ersten Skorpion, den ich je sah), machten wir uns so gut sauber, wie das in einer Stadt ohne Duschen möglich ist, und quetschten uns für eine Fahrt nach Moab in mehrere Autos. In dem Restaurant, in dem J. arbeitete, drängten wir uns in eine Nische, schlenderten dann die Hauptstraße entlang, kauften Eis und versuchten, den Abend in die Länge zu ziehen. Ich war traurig darüber weiterzuziehen, doch Barts Camper war so gut wie fertig und für mich war es an der Zeit, wieder Junior-Ranger-Abzeichen zu sammeln.

Das war bisher bei Weitem der beste Teil meiner Reise gewesen. Ich war mit Freund*innen zusammen, wir lachten und erzählten uns Geschichten und erlebten etwas gemeinsam. Ich blieb an einem Ort und half auf meine eigene, nicht sonderlich begnadete Art, etwas zu bauen, anstatt einfach irgendwo aufzukreuzen, ein Abzeichen einzuheimsen und weiterzuziehen – als würde ich einen Einführungskurs in amerikanischer Landeskunde absolvieren. Am schönsten war jedoch, Eileens Fortschritte mitzubekommen und mich wie ein kleiner Teil der Cisco-Truppe zu fühlen.

Eileen hatte Cisco immer für andere geplant, für Freund*innen und Familie. »Niemand wollte Zeit mit mir verbringen. Das änderte sich erst, als ich mit dem Ganzen hier anfing«, erzählte they einmal scherzhaft. »[In Chicago] war ich von Menschen umgeben und hatte nicht sonderlich viele Freund*innen … aber kaum ziehe ich in eine Geisterstadt …« Auch Cisco selbst zog Menschen an, nicht aufgrund seiner spektakulären Aussicht oder des Komforts, nein, ganz im Gegenteil: Der Ort war von diversen Industriezweigen geschunden und seinem Niedergang überlassen worden, doch jetzt wurde er wiedergeboren. Es sei ein Wettlauf gegen die Zeit, sagte Eileen. »Ich sehe dem Südwesten dabei zu, wie er austrocknet, niederbrennt und weggeblasen wird.« Doch so großartig die Behausungen, Camper und Komposttoiletten auch sind, ist die Gemeinschaft in Cisco das Beste, was Eileen aufgebaut hat. In meinen Augen war Cisco die beste Lösung, die ich bislang gesehen hatte, um so frei wie möglich zu sein, um an einem Ort zu leben, an dem jede Aussicht schön war, es aber auch das gab, was jeder Mensch rein biologisch betrachtet braucht: die Gesellschaft von Freund*innen.

Und nun war ich kurz davor aufzubrechen, um meine Freund*innen für die Jagd auf Plastikabzeichen zu verlassen.

III
DIE WESTKÜSTE

10
HEROISCHER
NATURABENTEURER

*V*on der Geisterstadt mäanderte ich über die Mystic Hot Springs, das Naturkunstwerk Spiral Jetty und das Craters of the Moon National Monument in den Glacier-Nationalpark hinauf. Ich brauchte zwei volle Tage, um zum Glacier zu gelangen, und verbrachte dann insgesamt vielleicht fünf Stunden dort. Ich hatte vor einer Woche zum letzten Mal geduscht, und so gönnte ich mir eine Nacht in einem Hotel in Spokane, Washington. Nachdem ich eine Woche Fett, Wüstenstaub und ein paar Äste aus meinen Haaren gewaschen und etwas beim Chinesen bestellt hatte, streckte ich mich auf dem Doppelbett in meinem Zimmer aus und versuchte, eine äußerst wichtige Entscheidung zu treffen. Eine Reise wie meine rückt die Dinge, die einem wichtig sind, ins richtige Licht, und tief in meinem Inneren spürte ich, was mir wirklich wichtig war: das goldene Zeitalter des Fernsehens. Seit ich das letzte Mal ausgiebig ferngesehen hatte, war ein Monat vergangen, und ich war bereit, dafür zu morden. Ein bestimmter Typ Mensch klingt gerne ganz besonders erleuchtet, indem er sagt: »Ich besitze noch nicht einmal einen Fernseher!« Was für Idiot* innen. Auch ich bin eine Idiotin, aber ich liebe das Fernsehen, und das ist, denke ich, wahre Erleuchtung.

Ich wägte meine Optionen ab und schaute dann die erste Folge der zweiten Staffel von *Fleabag*. Natürlich schaute ich direkt im Anschluss die zweite Folge, dann die dritte, bis ich mit der gesamten Staffel auf einmal durch war. Mit einem Monat Verspätung war auch ich endlich auf der Höhe der Zeit und ungemein scharf auf den Hot Priest. Ich weiß nicht, ob mein untervögeltes Ich tapfer genug gewesen wäre, alle Folgen anzusehen, hätte ich gewusst, *wie* heiß die Staffel ist, bevor ich Play drückte. Nach einer Nacht schmerzlich vermisster Junk-Food-Schlemmerei begab ich mich mit neuer Energie zurück in die Wildnis.

Der North Cascades ist noch so ein Nationalpark, den kaum jemand kennt. Im Jahr vor meiner Reise besuchten ihn gerade einmal 30 085 Menschen. Zum Vergleich: 2018 wurde das Metropolitan Museum of Art in New York von 20 000 Menschen besucht, und zwar an einem durchschnittlichen Tag. Wer nun glaubt, der Grund dafür sei, dass es einfacher ist, zum Met zu gelangen, musste noch nie die 15 Minuten von der U-Bahn-Linie 6 zum Museum laufen.

Die Landschaft um Spokane war praktisch eigenschaftslos. Langweilig. Vielleicht sogar scheußlich? Mehrere Stunden lang fuhr ich zwischen den Cascades im Westen und den Rockies im Osten durch eine karge, halbtrockene Umgebung und passierte dabei hin und wieder eine Kleinstadt. Doch dann, langsam, veränderte sich die Welt, durch die ich fuhr. Als ich mich dem North Cascades näherte, durchschnitt die Straße die höchsten Berge, denen ich bislang auf meiner Reise begegnet war. Du weißt doch bestimmt, wie Kinder Berge malen, als umgedrehtes V mit Schnee auf der Spitze? Genauso sahen diese Berge aus. Nachdem ich wochenlang in brütender Hitze geschwitzt hatte und hilflos dabei zusehen musste, wie meine Oreos schmolzen, war ich froh, in kühleren Gefilden angekommen zu sein. Ich fuhr durch Pinienwälder und an eisblauen Seen vorbei. Irgendwann gelangte ich von der Ostseite der Berge zu deren westlicher Seite, an der ich in einen mild temperierten Regenwald drang. Der Wald war uralt und üppig und bezaubernd, aber ich raste durch ihn hindurch, um das Besucherzentrum zu erreichen, bevor es schloss.

Etwa eine Stunde später – nachdem ich mein Junior-Ranger-Heft in einem Besucherzentrum ausgehändigt bekommen hatte, in dem sich mehr ausgestopfte Bären befanden, als ich je zuvor gesehen hatte, nachdem ich das WLAN benutzt hatte, um alle Apps auf meinem Handy aufzurufen, und nachdem ich meinen Zeltplatz gesucht hatte, der derart weit ab vom Schuss lag, dass der Picknicktisch morsch war und man ihn einfach dort hatte stehen lassen –, begab ich mich auf meine Wanderung. Aus einem einzigen Grund entschied ich mich für eine Route namens »Thunder Knob«: Genauso nenn ich meinen Schwanz.

Der Ausgangspunkt war unauffällig, einfach nur ein braunes Schild auf einem dünnen Holzpfosten, auf dem THUNDER KNOB TRAIL stand, mit einem Pfeil, der die Richtung wies. *Aber hallo,* dachte ich und machte ein Foto für Instagram. Herauszufinden, wo der Weg genau verlief, war weniger leicht. Der Pfeil zeigte auf einen Bereich mit ein paar Felsbrocken und Pfützen und Wasserrinnsalen und herumliegendem Holz – das war der Colonial Creek. Alle Bachbetten, die gerade ausgetrocknet waren, hatten nur wenige Tage zuvor offenbar Wasser geführt. Ich durchquerte das Wasser, um ans andere Ufer zu gelangen, an dem der Weg deutlicher zum Vorschein kam, und wanderte durch Hemlocktannen, Zedern und Douglasien, die Luft feucht und ein wenig kühl. Immer wieder stieß ich auf etwas, das nach meiner Aufmerksamkeit verlangte, wie umgefallene Bäume, die den Weg blockierten, oder ein Blick auf die Berge durch den Wald. Größtenteils versperrten die Bäume jedoch die Sicht auf alles außer den Weg direkt vor mir, und es gab keine Aussicht, kein Hindernis, worauf ich mich hätte fokussieren können. Meine gesamte Aufmerksamkeit richtete sich darauf, einen Fuß vor den anderen zu setzen.

Das gefällt mir am Wandern. Es gibt nur sehr wenig, zumindest nach meiner Erfahrung, das einen derart komplett zwingt, im Moment zu leben. Was soll man sonst tun? Schließlich ist es wohl die langsamste Fortbewegungsweise. Es geht einzig darum, der Welt, die einen umgibt, seine Aufmerksamkeit zu schenken. In einem Zeitalter, in dem ich um die Welt fliegen, in dem ich den Prius meines Stiefvaters ausleihen und so schnell quer durchs Land fahren kann, dass mich das Gefühl beschleicht, ich hätte in Wirklichkeit gar nichts davon gesehen, zwingt mich das Wandern dazu, langsam zu machen. Es erlaubt mir, die Welt um ich herum wirklich wahrzunehmen, die Entfernung, die ich zurücklege, auf einer körperlichen Ebene nachzuvollziehen, die Luft meiner Umgebung zu spüren – und wenn ich Glück habe und mich beim Manifestieren wirklich anstrenge, sehe ich sogar Schlangen, die dort leben, wo ich gerade bin.

Der Weg führte immer weiter hinauf, bis sich der Wald lichtete und ich den Gipfel des Thunder Knob erreichte. Hier oben befand sich eine Bank mit Ausblick. Unten ins Tal war der Diablo Lake gebettet, der türkisfarben glitzerte, da die Gletscher die Berge schier unmerklich abschleifen und die Gletscherschmelze feingemahlenes Gestein mit sich führt. Vor mir lagen steile, von smaragdgrünen Pinien bedeckte Pisten, deren Spitzen von den Wolken verdeckt waren. Ich wünschte, ich könnte irgendwie dort im North-Cascades-Nationalpark leben und zugleich meinen Traum vom Schreiben vorantreiben und bei Filmen über jeden Schwarm, den ich je hatte, Regie führen.

Als ich am nächsten Morgen erwachte, fühlte ich mich zum ersten Mal in meinem Poser-Leben legit. Ich war zu dem Geräusch von Regen eingeschlafen, und mein billo Walmart-Zelt hatte die Nacht über durchgehalten: Ich war trocken geblieben. Ich brach mein Lager ab, lief mehrmals die kurze Strecke zwischen Zeltplatz und Prius hin und her und schlüpfte dann in das Badezimmer des Campingplatzes, um meine Zähne zu putzen. An der Wand hing ein kleiner rechteckiger Spiegel: Mein Haar war zerzaust, voller Knoten und Fett von zwei Tagen. Ich starrte mein Spiegelbild an: Ja, ich war ein richtiges Pacific-Northwest-Babe.

Gut gelaunt schlenderte ich ins Besucherzentrum des Parks, um mein Junior-Ranger-Abzeichen abzuholen. Die diensthabende Rangerin Gwen lachte, als sie die Antworten in meinem Heft las. »Wenn du dir während deines Aufenthalts ein im North-Cascades-Nationalpark lebendes Tier aussuchen könntest, welches würdest du dann gerne sehen?« *Wolverine.* »Warum hast du dich für dieses Tier entschieden?« *Ich lebe für Drama.* Bei einer anderen Aufgabe wurde ich gefragt, inwiefern ich einer Bergziege ähnelte. Nach kurzem Überlegen hatte ich geschrieben: »Ich bin Pflanzenfresserin.«

»Heck yeah!«, sagte Rangerin Gwen. »High Five!«

Gwen gab mir mein Abzeichen, und ich trat wieder ins Freie, in einen herrlichen Morgen. Ich war hot, ich war eine Pflanzenfresserin, ich befand mich auf der Reise meines Lebens, ich hatte vielleicht das schönste Fleckchen Amerikas gefunden, ich hatte einen großartigen Tag, und das konnte mir niemand nehmen. Ich setzte mich auf eine Bank und zog mein Handy aus der Tasche, um meine North-Cascades-Fotos auf Instagram zu posten. Ich bearbeitete meine Bilder, schrieb meine »Thunder Knob – so nenn ich meinen Schwanz«-Caption und sah dabei zu, wie sich der Uploadbalken den 100 Prozent näherte. Bei etwa 70 Prozent kam er ins Stocken. Ich stierte eine volle Minute meines Lebens, die unwiederbringlich verloren ist, auf meinen Bildschirm: eine Tätigkeit, die man durchaus als mein Lieblingshobby beschreiben könnte. *Muss wohl am WLAN liegen,* beschloss ich und stieg in den Prius, um nach Seattle zu fahren.

Ich fuhr in Richtung Westen, bis ich die Interstate 5 erreichte. Südlich von mir lag Seattle; nördlich Vancouver, Kanada, und Bellingham, Washington, wo mein Urugroßvater möglicherweise eine zweite Familie gründete, nachdem meine Ururgroßmutter postnatale Depressionen bekam und er sie in eine

Psychiatrie sperren ließ, ihre Kinder zurück nach Irland verschiffte und in den »Evergreen State« zog. (Das jedoch ist eine Geschichte für ein anderes Buch. Eines, in dem ich seine zweite Familie ausfindig mache und sie als Ausrede benutze, um Zeit im Pazifischen Nordwesten zu verbringen.) Das war's, es gab kein Zurück mehr: Der Rest meiner Reise führte mich gen Süden. Mein Herz schmerzte, doch ich bog links ab. Und dann, fast unmittelbar danach, fuhr ich von der Interstate ab, um mir einen Kaffee zu besorgen und immer und immer wieder THUNDER KNOB – SO NENN ICH MEINEN SCHWANZ in mein Handy zu hacken, da das Uploaden immer noch nicht funktionierte. Ich schlürfte meinen Starbucks und betrachtete, wie die Fotos wieder und wieder nicht gepostet wurden. Erst nach etwa 1000 Versuchen dämmerte mir, dass es vielleicht nicht an meinem Mobilfunkanbieter lag. Vielleicht hatte Instagram gerade eine Störung? Warum nur ließ ich mich von dieser App in den Wahnsinn treiben?

Irgendjemand sagte einmal, in einer Reise würden in Wirklichkeit drei Reisen stecken: die Reise, die man plant, die Reise selbst und die Reise, an die man sich erinnert. Der Trick dabei ist, jede Reise zu erleben, während sie gerade geschieht, was schwierig ist, wie jede*r weiß, der* die je versucht hat, »im Moment zu leben«. Wenn wir Fotos schießen, leben wir vielleicht in allen dreien zugleich: Vielleicht fotografieren wir etwas auf eine bestimmte Weise, weil wir ein Foto gesehen haben, das jemand auf ähnliche Weise gemacht hat, und vielleicht hat uns dieses Foto überhaupt erst hergeführt. Und wir machen das Foto auch zur Erinnerung. Während unsere Erinnerungen immer stärker verblassen, machen unsere Fotos mehr und mehr die Reise aus, an die wir uns erinnern.

Außerdem ermöglicht uns das Fotografieren auch, eine Reise im Moment zu erleben, vor allem, wenn man nicht genau weiß, wie man überhaupt etwas *erlebt*. Fotos zu machen, zwingt einen dazu, innezuhalten und sich umzusehen. Wie meine

Junior-Ranger-Abzeichen ist es eine Art Ferienhausaufgabe, eine Aufgabe, um die Aufmerksamkeit zu fokussieren. Zu fotografieren verleiht uns das Gefühl, eine Aussicht, einen Ort, eine bestimmte Stelle gebührend gewürdigt zu haben, alles in sich aufgesogen zu haben. Wenn ich auf dem Gipfel eines Berges stand oder einen über die Ufer tretenden Bach betrachtete oder mein Weg von einem interessanten Baumstamm blockiert wurde und ich anhielt, um ein Foto zu machen, fühlte ich mich, als hätte ich mir extra einen Moment Zeit genommen, um die Situation wirklich zu schätzen.

In jedem Nationalpark tat ich drei Dinge, die mir, wie ich hoffte, das Gefühl geben würden, der Park hätte sich mir offenbart: Ich besorgte mir ein Junior-Ranger-Abzeichen, machte eine Wanderung und postete ein paar Fotos auf Instagram. Bilder zu posten, hieß, dass ich ständig sehr aufmerksam nach Aussichten und kleinen fotogenen Details Ausschau hielt – ein Gänseblümchen, das in einer Pfütze am Wegesrand trieb –, dann aber die Krise bekam, als mir klar wurde, dass ich die Aussichten durch die Linse meines Handys sah anstatt mit eigenen Augen. Ich begann zu entwickeln, was Susan Sontag in *Über Fotografie* als Mentalität bezeichnet, »die die Welt als ein Sortiment potentieller fotografischer Aufnahmen begreift«.[11]

Der Drang, gute Fotos zu schießen, erweist sich nicht nur als fragwürdig, sondern geradezu als zerstörerisch, nämlich dann, wenn wir alle versuchen, Fotos der genau gleichen Naturgebiete zu machen. Es ist nicht gerade optimal, wenn eine Horde attraktiver junger Menschen für Content zu den gleichen Aussichtspunkten stapft, denn wie das Getrampel der Elche auf der Isle Royale kann auch dieses katastrophale Auswirkungen auf die Umwelt nach sich ziehen. So wie in dem Jahr, als es in der Wüste vor Los Angeles eine Superblüte gab und alle Influencer*innen ausschwärmten, um Fotos zu machen, und die Blumen niedermähten. In so einem Fall ist es der Regierung nicht erlaubt, Wölfe auszuwildern, um die Influencer*innen-Population zu dezimieren (jk jk jk).

Also, wozu das Ganze? Warum so viel Energie darauf verschwenden, an diese Fotos zu kommen? Auf Insta performen wir füreinander, klar. Der Versuch, Fremden und Freund*innen zu beweisen, wie toll unser Leben ist, ist einer der drei wichtigsten Gründe für die Nutzung von Instagram. (Die anderen sind »Fotos von Freund*innen ansehen, die Spaß haben« und »BHs verkaufen«.) Allerdings glaube ich, dass wir auch für uns selbst performen. Bestimmt bin ich nicht die Einzige, die manchmal in ihrem Instagram-Feed nachsieht, ob sie glücklich ist.

Vielleicht kommen all der Unmut, all die Wut über Instagram und Reisefotos von unserem wachsenden Bewusstsein darüber, wie sehr unser Selbst mit der Version unseres Lebens verwoben ist, die wir in den sozialen Medien präsentieren. Wir erkennen unsere eigene Unsicherheit und verurteilen andere, denen es allzu offensichtlich genauso ergeht. Ich legte mein Handy weg und versuchte, mich aufgrund meines obsessiven Instagram-Verhaltens nicht zu sehr zu schämen, wollte zugleich aber unbedingt damit aufhören, die Eindrücke herabzumindern, die ich im North Cascades gesammelt hatte. In einer guten Stunde würde ich zum Mittagessen Halt in Seattle machen, vielleicht würde es mir dort gelingen, einmal in meinem Leben vollkommen präsent zu sein.

Ich parkte mein Auto vor einer von *Bon Appétit* empfohlenen Eisdiele in Capitol Hill, flanierte durch das Viertel und malte mir aus, wie es wäre, in Seattle zu leben. Würde mein Leben dann Wochenendausflüge in die North Cascades beinhalten und von Zeitschriften empfohlenes Essen bei jeder Mahlzeit und Gehwege voller Menschen, die aussahen, als gehörten sie zur Tour-Band der Fleet Foxes?

Bevor ich auf Zillow Häuser recherchieren konnte, die zur

Besichtigung standen, oder Am*zon-Stellenausschreibungen, war es auch schon an der Zeit, in Miss Prius zu steigen, mein geliebtes Metallgefängnis. Ich gab »Cougar Rock Campground« im zwei Stunden entfernt gelegenen Mount-Ranier-Nationalpark in mein Navi ein. Und dann, einmal mehr darauf gefasst, erneut von einer App im Stich gelassen zu werden, die zu benutzen mich in Wirklichkeit niemand gebeten hatte, öffnete ich Instagram. Ich wählte meine Fotos aus und klickte in die Caption-Box. »Weil Instagram eine Störung hatte, musste ich das schon 500 Mal schreiben. Aber ich stehe dazu«, tippte ich. »Thunder Knob – so nenn ich meinen Schwanz.« Der Uploadbalken raste über den Bildschirm und verschwand. Endlich war mein bescheuerter Post hochgeladen. Die Likes trudelten ein, dann ein Kommentar: »Hätte zu 100 % fast kommentiert: ›thunder knob? So nenn ich MEINEN SCHWANZ‹, bis ich deine caption gelesen habe.«

Es war spät, als ich am Nisqually Entrance zum Mount Rainier ankam, einem gigantischen Torbogen, der die Frage beantwortet: »Was wäre, wenn eine Chuppa aus Urwaldholz gebaut würde?« Da an der Kasse niemand zu sehen war, schnappte ich mir eine Karte des Parks und eine Zeitung und fuhr das letzte Stück zu meinem Zeltplatz in aller Ruhe auf der sich durch dichte, grüne Pinien schlängelnden Parkstraße. Ich stellte mein Zelt im letzten Sonnenlicht auf und las die Parkliteratur, bis mir die Augen zufielen. Als ich aufwachte, war der 4. Juli. Ich war seit genau einem Monat unterwegs.

Den indigenen Völkern, die an den Hängen des Mount Rainier lebten – darunter die Cowlitz, Muckleshoot, Nisqually, Puyallup, Squaxin, Yakama und Küsten-Salish – ist der Vulkan seit jeher heilig, und sie weigern sich, seine Gletscher zu erklimmen. Als jemand, der ungern friert und dem der Gedanke nicht sonderlich behagt, in einer Gletscherspalte zu Tode zu stürzen, kann ich das voll und ganz verstehen. Dann aber kamen weiße Menschen und machten sich auf, den Gipfel des Rainier zu erobern.

Im Jahr 1870 beschlossen der Bergsteiger P. B. Van Trump (ein Name, der besser zu einem überteuerten, ekelhaften Sandwich in einem dieser neumodischen Sandwichläden passt) und sein Freund General Hazard Stevens (bestimmt irgendwo der Name einer Swamp-Rock-Band), den Gipfel zu stürmen. Van Trump und Hazzy Steves, wie ich ihn gerne nenne, heuerten einen Bergführer der Klickitat namens Sluiskin an, der ihnen helfen sollte, den riesigen weißen Kegel zu besteigen. Sluiskin begleitete sie einen Großteil des Weges, weigerte sich jedoch, den Gipfel zu erklimmen. Er versuchte, auch Hazzy und Van Trump zu überreden, nicht bis zum Gipfel weiterzugehen, und erzählte ihnen, der Vulkankrater werde von einem bösen Geist bewacht, der einen See aus Feuer besitze. Was für eine treffende Beschreibung. Da viele Männer scheinbar jedoch dem gleichen Hobby frönen (»nicht zuhören«), wanderten Hazzy und Van Trump dennoch weiter zum Gipfel. Sie gingen als Erstbesteiger des Berges in die Geschichte ein.

Heutzutage machen sich jährlich etwa 5000 Kletter*innen zum Gipfel des Mount Rainier auf. Doch ihre Ankunft ist ohne Gewähr: Etwa die Hälfte schafft es nicht, und seit Hazzys und Van Trumps Aufstieg sind um die 125 Menschen beim Versuch gestorben.

Die Rangerin, die an diesem Morgen am Infopunkt des Besucherzentrums arbeitete, war eine blasse rothaarige Frau Ende 20. Sie erklärte, was ich zu tun hätte, um mein Junior-Ranger-Abzeichen zu bekommen, und fragte: »Ich gehe jetzt mal davon aus, dass du älter als zwölf bist?«

»Ja, aber nur ein bisschen.«

Sie lachte, und in dem Moment vermisste ich es so, mit meinen Freund*innen rumzublödeln, dass ich ihr fast einen Antrag gemacht hätte.

Ich ließ mich in einen Sessel in der Nähe plumpsen und begann, mich durch das Heft zu arbeiten. Es gab ein Kreuzworträtsel mit einer Frage nach dem Namen des »indianischen Bergführers von General Hazard Stevens und P. B. Van Trump, die den Mount Rainier 1870 als erste erfolgreich bezwangen.« *Wie kommt es, dass sie die ersten waren?*, fragte ich mich. *Hat der Antrieb, völlig grundlos hohe, gefährliche Berge zu erklimmen, etwas mit dem kapitalistisch und kolonialistisch geprägten Patriarchat zu tun, in dem wir leben?* Die Gefahr und Hybris, die damit einhergehen, stießen mich derart ab, dass mir über das Bergsteigen nachzudenken geradezu lästig war.

Es gibt eine Art, mit der Natur zu interagieren, die die Künstlerin Mierle Laderman Ukeles als »Todestrieb« bezeichnet. Diesen definiert sie als »Vereinzelung, Individualität, Avantgarde par excellence; dem eigenen Weg bis in den Tod folgen – sein eigenes Ding durchziehen, dynamischer Wandel«. Diese Dinge sind nicht an und für sich schlecht! Vereinzelung, Individualität und dynamischer Wandel klangen für mich sehr danach, sich allein auf einen Roadtrip quer durchs Land zu begeben. (Es klang außerdem sehr amerikanisch, und da es der 4. Juli war, dachte ich ganz bestimmt darüber nach, was das nun wieder bedeutete.)

Der »dem eigenen Weg bis in den Tod folgen«-Teil interessiert mich.

Der Genuss der Natur geht für so viele Menschen mit einem Element der Gefahr einher. Vieles dessen, was mir Spaß macht, was ich auf meiner Reise machte, macht mir genau deswegen Spaß, weil es gefährlich ist. Sich nahe an einen Bison heranwagen. Beim Autofahren in Denver die Spur wechseln. Auf den Angels Landing wandern. Man kann so selten »Ja« antworten, wenn man das »Wäre ich tot, wenn ich da runterfalle«-Spiel spielt. Menschen haben schon immer gerne die Grenzen ihrer Existenz ausgelotet, höchstwahrscheinlich seit der Erfindung unseres existenziellen Unbehagens, das damit anfing, dass Eva mit einer seltsamen Schlange sprach und etwas Verdächtiges verspeiste, das noch nie jemand vor ihr gegessen und überlebt hatte. Deswegen sind Menschen seit der Erfindung der Kamera beim Versuch gestorben, ein bestimmtes Motiv einzufangen, weil Fotos am Abgrund einfach besser sind. Eines meiner Wie-Menschen-in-Nationalparks-zu-Tode-Kommen-Bücher tadelt die Lesenden: »Es spielt keine Rolle, wie viele ›Likes‹ Sie für Ihr Video bekommen, wenn Sie nicht lange genug leben, um es zu posten.« Meine ehrliche Antwort auf solcherlei Frömmelei lautet: Sollte ich beim Selfie-Schießen auf einer Klippe sterben, müsst ihr den Content unbedingt auf meinem Account posten. Denkt doch mal an die Engagement-Raten!

Und dennoch finde ich einen großen Teil des heroischen Naturabenteurer-Krams, an dem sich Menschen versuchen – den Mount Rainier bezwingen, El Capitan Free Solo erklimmen etc. –, irritierend. Manchmal wirkt es geradezu so, als müssten sich Männer ihrer Herrschaft über die Natur versichern, um ihrem Leben Bedeutung zu verleihen. Reiche weiße Männer ohne Probleme klettern auf Berge, um zu erfahren, wie es sich anfühlt, Probleme zu haben. Das erscheint mir so sinnbefreit. Uns steht die technische Möglichkeit, um an den höchsten Punkt von etwas zu gelangen, bereits zur Verfügung: Diese Möglichkeit heißt Helikopter. Was könnte mehr »dem eigenen Weg bis in den Tod folgen« entsprechen, als einen Berg zu besteigen, bei dessen Besteigung regelmäßig Menschen ums Leben kommen? So wie jede*r Milliardär*in ein Politikversagen markiert, betrachte ich jede Person jedwedes Geschlechts auf der Spitze eines gefährlichen Bergs als ein Versagen infolge toxischer Maskulinität. Oder, wie es die Schriftstellerin Terry Tempest Williams formulierte: »Es gibt eine Liebe zur Natur, die auf Arroganz beruht, und eine, die auf Demut beruht.« Angesichts der Zeit, in der wir leben und in der nun klar wird, dass jegliche Kontrolle über die Natur vollkommen illusorisch ist, die wir Menschen uns jemals zu haben wähnten, scheint der Versuch besonders dumm, sich seiner Männlichkeit durch die Beherrschung der Natur zu vergewissern. Die Natur schlägt mit aller Kraft zurück und tritt uns in den Arsch.

Doch in unserer Gesellschaft werden weiterhin Geschichten von weißen Jungs und Männern erzählt, die sich mit der Natur messen: Huck Finn, die Werke Jack Londons, *Der Schneeleopard* und jedes Buch, jeder Film und jede Fernsehdokumentation, die mein Dad sich über Menschen ansieht, die den Everest bezwingen – der Nachschub dieser Everest-Filme ist derart konstant, dass ich mich fast schon frage, ob sie in Wirklichkeit nicht bereits existieren und mein Dad sie kraft seines Geistes irgendwie manifestiert. Es ergibt Sinn, dass Männer in den Wald gehen wollen, um es all den Bergen zu zeigen: Das ist es, was sie zu Männern macht, wird ihnen beigebracht. Doch die Wälder, Aussichten und Wildblumen, die ich bereits im Park gesehen hatte, waren so schön, dass es mich frustrierte, über Menschen nachzudenken, die Rainier nur als Hindernis betrachteten, das es zu überwinden gilt.

Ich möchte betonen, dass ich verstehe, warum Menschen versuchen, Berge zu erklimmen. Gipfel zu besteigen, ist ebenfalls eine Methode, seine Naturerlebnisse zu organisieren – es handelt sich dabei einfach nur um ein unangenehmeres, sehr viel teureres Junior-Ranger-Abzeichen. Außerdem misstraue ich mir und meinem Instinkt, andere Menschen dafür zu verurteilen, dass sie sich in eine Situation begeben, in der sie zu Tode stürzen oder an Erfrierungen sterben könnten. Geht es mir selbst nicht auch genau darum, nicht auf andere zu hören, die einem sagen, dass man sterben wird, wenn man dies oder jenes tut?

Aber auch das soll gesagt sein: Jede*r erzählte mir, ich würde auf meiner Reise sterben. Die meisten meinten damit wohl, dass ich ermordet würde, dabei ist die Wahrscheinlichkeit für Männer in Wirklichkeit höher, sowohl Opfer im öffentlichen

Raum als auch durch die Hand Fremder zu werden. Wenn ich nicht ermordet würde, so die Annahme der anderen, würde ich am ehesten durch eine unfallbedingte Verletzung oder in einem Park zu Tode kommen – während ich am Rand einer Klippe entlangwanderte oder versuchte, ein krasses Foto zu ergattern, für das ich mich vom oberen Ende eines Wasserfalls baumeln ließ, oder einen Bären zu streicheln, weil ich mich »von seiner Energie angezogen« fühlte. Aber, wie sich zeigt, zählt all das auch zur Kategorie »äußerst männlich geprägte Dummheit«. Folgt man dem eingehend recherchierten Buch *Off the Wall: Death in Yosemite* »machen Männer 88 Prozent der Unfallopfer aus«. 94 Prozent derer, die bei Klettertouren im Yosemite starben, waren Männer. Zu ähnlichen Ergebnissen kommen die Statistiken hinsichtlich von Wander*innen, die in schwierigem Gelände zu Tode kommen. 78 Prozent aller Menschen, die beim Sturz von Wasserfällen in Nationalparks sterben, und 82 Prozent aller Toten durch Ertrinken sind männlich. Das trifft auf alle Parks zu, die ich recherchiert habe. Die Autoren von *Off the Wall* – der eine Leiter eines Rettungsdienstes, der andere ein ehemaliger Park-Ranger – sprechen diesbezüglich von einer »durch halbhohes Gelände ausgelösten Testosteron-Vergiftung«.

Ich beschloss, zu ein paar der Wasserfälle im Mount-Rainier-Nationalpark zu wandern, um herauszufinden, von wie vielen ich nicht herabstürzen würde. Der erste war der Narada Falls, ein paar 100 Meter von einem Parkplatz am Straßenrand entfernt: Im Grunde überquerte man eine Steinbrücke, lief ein paar schmutzige Holztreppen hinunter, machte seine Fotos und ging die Treppen wieder hinauf. Auf dem Weg nach oben lief ich an einer Frau vorbei, die ihren Gang die Treppe hinab mit einem Wanderrucksack mit Brustgurt und einem Wanderstock in jeder Hand absolvierte: Sie mag keine heroische Naturabenteuerin gewesen sein, aber wenigstens hatte sie Freude an ihrem Outfit. Meine zweite Tour, diesmal zum Comet Falls, war um einiges länger und führte die meiste Zeit bergauf, weswegen sie wahrscheinlich den Wedgie-Test bestand. Als ich unterwegs immer wieder stehen blieb, um mir etwas zu notieren, das ich für mein Junior-Ranger-Heft beobachten musste, fiel mir auf, dass mein Junior-Ranger-Tick ein bisschen so war, wie wenn man einmal erwähnt, dass man Frösche mag, und dann die nächsten 30 Weihnachten ausschließlich Frosch-Geschenke von seiner Familie bekommt – nur tat ich mir das selbst an. Ich bescherte mir die Frösche selbst.

Als ich mich dem Comet Falls näherte, holte ich eine Familie ein, die zusammen wanderte. Unter ihnen befand sich eine junge Frau, die das exakt gleiche grüne American-Eagle-Flanellhemd trug wie ich. Wir hatten beide schwarze T-Shirts und schwarze Leggings an, trugen einen orangenfarbenen Rucksack und hatten unser braunes Haar zu einem Zopf geflochten. Es war wie in einem Horrorfilm, in dem du von einem Außerirdischen getötet wirst, der sich anschließend deines Lebens bemächtigt: Wir waren absolut identisch, nur dass sie hübscher war. Meine Schüchternheit und mein in New York antrainierter Impuls, Fremde in Ruhe zu lassen, hielten mich so lange zurück, bis mein menschliches Bedürfnis, mit anderen zu reden, und mein Staunen über den Zufall all dessen die Oberhand gewannen.

»Wir tragen das gleiche Hemd!«, sagte ich, und sie war entzückt. Ihre Stiefgroßmutter machte ein Foto von uns vor dem Wasserfall.

»Bist du von Sternzeichen zufälligerweise Zwillinge?«, fragte mich mein Zwilling – selbst Zwillinge. Bin ich nicht – Zwillinge sind normalerweise meine Feinde –, aber wäre es nicht cool gewesen, wenn doch?

Ich unterhielt mich angeregt mit meinem Zwilling und ihrer Familie am Ufer des Flusses und dann denn Großteil unseres Abstiegs zurück zum Ausgangspunkt des Wanderwegs. Unsere

Outfits waren eine Ausrede gewesen, um Hallo zu sagen, aber jetzt lernte ich Menschen kennen, die ich wahrscheinlich niemals wieder treffen würde. Eine viertel Stunde lang wurde Bizarro-Blythes Familie auch zu meiner Bizarro-Familie.

Die meisten Menschen, die versuchen, den Mount Rainier zu erklimmen, kommen dabei nicht ums Leben. Sie bringen so viel wie möglich über den Berg in Erfahrung, sie bereiten sich körperlich und mental darauf vor, sie wissen, wie sehr man sich vor den Launen des Wetters in Acht nehmen muss, sie üben die Spaltenbergung. Doch wenn es für Kletter*innen bei ihrem Streben nach individuellem Ruhm extrem schiefläuft, sind es die Ranger*innen, die Bergwacht und freiwilligen Hilfskräfte, die sie retten. Selbst wenn sich ein paar Wenige in offenkundig gefährliche Situationen begeben, haben sie die Unterstützung ihrer Mitmenschen. Wenn die Dinge aus dem Ruder laufen, betrachten wir die Natur nicht einfach als Racheengel, der diesen Kletternden oder Wandernden gibt, was sie verdienen. Nein, wir ziehen los und versuchen unser Bestes, sie sicher nach Hause zu bringen. Und dafür liebe ich Menschen.

Am 4. Juli schlief ich auf dem Beifahrersitz des Prius ein, während andere Hunderte von Metern über mir dem Gipfel entgegenkletterten.

11
DAS LEBEN EINES NORMALEN MENSCHEN FÜHREN

*I*ch hab gehört, dass ihr Experten im Wildcampen seid«, sagte ich zu zwei Männern, die in der Schlange im Olympic-Nationalpark-Besucherzentrum anstanden. Ich setzte mein breitestes Lächeln auf und aktivierte alle Flirtkräfte, die mir nach einem Monat unterwegs noch geblieben waren. »Oder zumindest demnächst.«

Als ich im Besucherzentrum in Port Angeles eintraf, war es gerappelt voll, und die Rangerin, eine Frau um die 60, die am Infopunkt arbeitete, wollte meine Fragen nicht beantworten; sie wollte ganz eindeutig in die Mittagspause. Das weiß ich, weil sie, als ich den Anfang der Schlange erreichte, sagte: »Ich bin für Sie da, habe jetzt aber eigentlich Mittagspause.« Ihrer Einschätzung nach waren alle Zeltplätze im Park bereits vergeben, aber diese beiden Männer dort hatten sie gerade gefragt, ob auch Wildcampen erlaubt sei. Sie wollte die Information nicht wiederholen, und so zeigte sie mir die beiden und schlug mir vor, mit ihnen zu reden.

Die Männer waren weniger gut informiert als behauptet. »Oh, äh, wir fragen beim Backcountry-Ranger nach, ob es Plätze zum Wildcampen gibt, die er uns empfehlen kann«, sagte der eine. Ich betrachtete die Schlange, in der sie anstanden, und fragte mich, ob ich mich ebenfalls anstellen oder besser einfach die Postkarten des Besucherzentrums anschauen sollte, bis die Jungs ihre Antwort hätten und sie mir diese mitteilten.

»Aber westlich vom Park liegt ein Nationalforst«, fügte der andere hinzu.

Problem gelöst! Wenn das stimmte, was ich gehört hatte, konnte ich in einem Nationalforst überall übernachten, also gab es keine Notwendigkeit mehr, in der Schlange darauf zu warten, ob die Ranger einen Tipp für mich hätten. »Dann schlaf ich einfach irgendwo dort«, sagte ich zu den beiden. »Ich bin so klein, wie sollen sie mich schon finden?« Die Männer fanden das nicht sonderlich charmant, vielleicht, weil ich nicht »süß und quirlig« rüberkam, sondern einfach nur »planlos und mit einem dreieinhalb Tage alten Schweißfilm überzogen«.

Mir blieben noch ein paar Stunden bis Sonnenuntergang, und so beschloss ich, ein paar kürzere Routen abzulaufen, bevor ich mich in den Olympic National Forest wagte. Aber anscheinend hatten alle anderen Menschen im Pazifischen Nordwesten die gleiche Idee. Ich kochte innerlich, als ich mich damit abmühte, einen Wanderweg mit freien Parkplätzen zu finden, und kochte erneut, als ich in der langen Schlange am Plumpsklo wartete. Ich kochte beim Laufen, vor oder hinter mir immer jemand in Sichtweite. Meine Familie hatte den Olympic 2004 besucht, und ich konnte mich nicht daran erinnern, dass die Wege in meiner Kindheit derart überlaufen gewesen waren. Aber vielleicht haben mich andere Menschen damals auch weniger gestört. Die Bandbreite derer, die beschlossen hatten, in eine abgelegene Ecke im Bundesstaat Washington zu fahren und diesen einen Wanderweg zu nehmen, erstaunte mich: Ich lief an einer älteren Frau vorbei, die sich mit einer Freundin über das neue Gesetz zur Einschränkung von Abtreibungen unterhielt und darüber, wie beunruhigend sie diese konservativen Entwicklungen empfand. Eine Minute darauf lief ich an einem weißen Teenager vorbei, der gerade verkündete, dass er und all seine Freunde die gleiche Pistole besaßen. Als ich für ein Foto innehielt, holte mich eine Gruppe ein, eine Familie bestehend aus Mutter, Vater und kleinem Sohn. Der Junge sagte zu seiner Mom: »Weißt du, warum ich dich mehr brauche als Daddy? Daddy kann nicht richtig kochen, aber du kannst mit Daddys Auto fahren.«

Mir wurde klar, dass ich nicht wirklich von den anderen Menschen auf dem Weg genervt war. Nach einem Monat des Wartens in langen Schlangen in Besucherzentren, stundenlangen Fahrten zwischen den Parks, in denen ich nur für eine Nacht blieb, des Gefühls, fast so viel Zeit mit der Parkplatzsuche zu verbringen wie mit Wandern, hatte ich ein Burnout. Ein Burnout von zu viel Urlaub. Ist das denn die Möglichkeit?! Aber so war es. Ich war frustriert darüber, wie überlaufen alles war, davon, wie wenig Zeit ich wirklich hatte, auch nur einen dieser traumhaften Orte zu erkunden, die ich besuchte. Wie oft hat man die Gelegenheit zu so einer Reise? Und hier war ich nun und vermasselte sie, verplemperte meinen Großen Amerikanischen Roadtrip, gönnte mir keine Zeit, mich der Schönheit hinzugeben, verbrachte all meine Zeit im Auto oder manchmal, als kleine Belohnung, beim Tanken. Ich vermisste meine Freund*innen und »mein Leben«, obwohl ich wusste, insofern ich weiterhin atmete, dass ich mein Leben, mein unvergleichliches Leben, genau jetzt, in diesem Moment, lebte.

Und ich vermisste zu duschen, wann immer ich wollte! Auf dem Wanderweg im Olympic war meine letzte Dusche noch gar nicht so lange her, nur vier Tage, und die längste Zeit auf meiner ganzen Reise war ein bisschen mehr als eine Woche. Wahrscheinlich hatte ich in Brooklyn schon mit Männern rumgemacht, die trotz Wohnung mit Badezimmer einem ähnlichen Duschrhythmus folgten. Aber es gab mir das Gefühl, unattraktiv zu sein, entfremdet von dem Ich, mit dem ich mich identifizierte. Wenn ich mich dem Unterwegssein ganz hingeben würde, könnte ich dann nicht besser damit umgehen, dreckig zu sein? Und dann rasierte ich mir auch noch bei jeder Dusche meine Beine. War ich eine schlechte Feministin? Für wen tat ich das? Warum hatte ich meinen Job gekündigt? Was war bloß los mit mir?

Mein Gedankenkarussell wurde jäh unterbrochen, als ich die Sol Duc Falls erreichte. Sie waren atemberaubend, magisch und riefen mir in Erinnerung, dass alles gut werden würde, dass ich ein Staubkorn war in diesem herrlichen Mysterium namens Universum. Spaß: Sie waren völlig überlaufen. Menschen saßen auf Bänken, Menschen standen herum, um Fotos zu machen, Menschen kraxelten zum Spielen auf die Wasserfälle hinauf. Dennoch waren die Wasserfälle wunderschön.

Inzwischen befand ich mich auf der Olympic-Halbinsel, dem feuchtesten Teil von Washington und sogar der gesamten, nicht durch Ozeane oder internationale Grenzen voneinander getrennten 48 Bundesstaaten des Landes, wie du vielleicht dank der *Twilight*-Romane weißt. Die Luft war so feucht, dass sie quasi ebenfalls Wasser war. Der Sol Duc River windet sich durch einen Urwald, alles ist üppig und grün, voller Farne, die Bäume sind riesig und mit Moos und irre großen Pilzen überzogen. Hier an den Wasserfällen stürzte der Fluss über eine Kante und ergoss sich in drei Kaskaden. Wären nicht so viele Leute da gewesen oder ich wieder 13, hätte ich vielleicht auch in den Wasserfällen gespielt.

Es gab noch einen Ort, den ich vor dem Sonnenuntergang sehen wollte. Ich stellte mein Auto am Rialto-Beach-Parkplatz auf der anderen Seite der Mündung des Quillayute River bei La Push ab, der Strand, zu dem Edward Cullen bekanntlich keinen Zutritt hat. Ich lief über den steinigen Strand, an angetriebenen Baumstämmen vorbei und hielt an, um meine Leggings hochzukrempeln. Der 4. Juli hatte einen Monat unterwegs markiert, am 5. Juli erreichte ich den Pazifik. Ich war so weit gefahren, wie ich konnte, ohne den Kontinent zu verlassen. Ich lief direkt ins Meer; etwas in meinem Inneren fühlte sich wie neugeboren an.

Vielleicht bin ich eine klischeehafte Idiotin. Vielleicht bin ich zu sehr von einer Kultur geprägt, die Wasser mit Wiedergeburt gleichsetzt. Vielleicht wurde ich einer christlichen Hirnwäsche unterzogen und kann in diesem Akt nichts anderes erkennen als eine Taufe. Aber ich weiß, dass ich gestresst und deprimiert war, als ich am Strand vorfuhr, genug hatte von der Sisyphusarbeit, immer wieder einen Parkplatz für mein Auto zu finden, genug von all den anderen Menschen, genug davon, so furchtbar horny zu sein. Erst nachdem ich meine Füße in das Salzwasser getaucht, die salzige Luft eingeatmet, gemächlich um ein paar Brandungspfeiler spaziert war, Seeigel in Gezeitentümpeln erspäht hatte (Seesterne gab es keine – ein Mann am Strand erzählte mir, sie seien von einer rätselhaften Seuche, der »Sea Star Wasting Disease«, dahingerafft worden) und mein ganzer Hintern mehrfach von einer Welle getroffen wurde, fühlte ich mich glücklich. Als ich aufs Meer hinausschaute, wurde das ungeheure Ausmaß meiner Reise greifbar: Ich hatte wirklich das ganze Land durchquert.

Als ich zu meinem Auto zurücklief, dröhnte aus meinem Handy eine blecherne Version des Lieds »No Control« von One Direction – offenbar hatte ich Empfang, denn das war mein Klingelton. Laut Rufnummernanzeige war Buddy Young Catholics am Apparat. Ein Mann namens Buddy (nicht sein echter Name), der in einer Band namens Young Catholics spielte (nicht der echte Name seiner Band, aber auch kein schlechter Name für eine Band).

Falls es so etwas wie die klinisch depressive Version eines »Meet Cute« gibt, dann war es das Kennenlernen von Buddy und mir. Wir trafen uns in einer [zum Schutz seiner Privatsphäre zensiert]; ich hatte etwa eine Woche zuvor eine Spirale eingesetzt bekommen, hatte vor 24 Stunden meine erste echte Trennung erlebt und obendrein trug ich auch noch Socken, auf denen stand ICH LIEBE FLEISCH UND KÄSE, auch wenn ich weder das eine noch das andere esse.

»Hallo«, sagte er (flirtend).

»Hallo«, erwiderte ich. »Ich habe heute Morgen drei Stunden lang in einem Schrank geweint.«

Das schreckte ihn nicht ab, und kurz darauf fragte er mich, ob ich mit ihm ausgehen wolle. Wir tranken etwas, er erklärte mir, warum er es für wichtig hielt, Kunst und Künstler im Fall von Woody Allen voneinander zu trennen, er fuhr mich nach Hause, wir küssten uns in seinem Auto und dann in meinem Apartment, aber wir hatten keinen Sex. Ich meldete mich danach nicht bei ihm; ich durchlebte eine schwere Zeit mit all meinen neuen Hormonen und meinen Fleischsocken und meiner Entscheidung, meinen Job zu kündigen. Auch er meldete sich nicht bei mir. Bis ich am Pazifik stand.

»Buddy Young Catholics, hallo!«, meldete ich mich zuckersüß. Ich kannte seinen richtigen Nachnamen oder erfuhr ihn zumindest, als ich ihn der Liste mit Menschen hinzufügte, die ich geküsst hatte; die Liste führe ich übrigens nicht, weil ich Abermillionen Menschen geküsst habe oder irgendwie eklig bin, sondern ein schreckliches Gedächtnis habe. Dennoch weigerte ich mich aus Prinzip, seinen Namen in meinen Kontakten zu ändern.

»Was?«, sagte Buddy. »Ich kann dich nicht hören. Kann es sein, dass du schlechten Empfang hast?«

Ich entfernte mich ein paar Schritte vom Wasser und hockte mich auf einen angetriebenen Baumstamm. Vielleicht würde das ein wenig helfen. »BUDDY, HALLO!«, sagte ich. »Kannst du mich hören?« Seit einem Monat war ich nun von meinem Leben in New York getrennt gewesen und würde mich nicht einmal von schlechtem Empfang davon abhalten lassen, mit dem bedeutungslosesten Teil dieses Lebens in Verbindung zu treten.

Er konnte mich hören. Er hatte meine Instagram-Storys aus dem Olympic gesehen und war an diesem Abend in Port Angeles, um ein Konzert zu geben. Ob ich ihn treffen wolle? Port Angeles war der Ort, in dem sich das Besucherzentrum befand, am anderen Ende der Olympic-Halbinsel, auf der ich saß und über das Meer blickte; dort hinzukommen, würde anderthalb Stunden Fahrt bedeuten.

Ich sagte Buddy, heute würde es nicht passen, aber dass ich ein paar Tage darauf in Portland sei, wo er aufgewachsen war. Wir verabredeten uns.

Kurz vor Sonnenuntergang stieg ich wieder in den Prius und nahm Kurs auf einen primitiven Zeltplatz im Olympic National Forest. Fast unmittelbar, nachdem ich in den Wald gefahren war, wurde die Straße zum Kiesweg, dann zum ausgewaschenen Kiesweg, dann zu einem ausgewaschenen Kiesweg, der steil auf einen Berg hinaufführte. Ich wollte nicht im Dunkeln auf schlechten Straßen nach einem Campingplatz suchen, der womöglich ohnehin bereits voll wäre, und als ich eine Parkbucht sah, stellte ich den Prius dort ab. Die Moskitos, die durch die mit 99 Prozent Luftfeuchtigkeit gesättigte Luft schwirrten, waren so groß und zahlreich, dass ich es noch nicht einmal in Erwägung zog, zum Pinkeln auszusteigen; ich machte es mir einfach auf dem Beifahrersitz bequem, las ein bisschen in Simone de Beauvoirs *Amerika Tag und Nacht* und schlief ein.

Am nächsten Morgen erwachte ich früh und fuhr zur Kalaloch Ranger Station, um mein Junior-Ranger-Abzeichen abzuholen. Ich hielt am »Willkommen in Forks«-Schild an, um ein Selfie zu machen, mit dem ich beweisen konnte, dass ich den Schauplatz der *Twilight*-Romane besucht hatte, prägende Texte für mich und Thema mehrerer Essays, die ich im College schrieb. Ich hatte gehofft, auf der Toilette des Besucherzentrums pinkeln zu können. Nachdem ich herausgefunden hatte, dass es geschlossen war, beschloss ich, mir einfach auf dem Parkplatz die Zähne zu putzen. Als ich meine Zahnbürste zückte, fuhr ein wuchtiger Pick-up auf den leeren Platz und hielt eine Parklücke von mir entfernt an.

Ein Mann in Tarnanzug und mit Sportsonnenbrille stieg aus dem Truck und stellte wie ich fest, dass das Besucherzentrum nicht geöffnet hatte. Ich hatte Angst, weil er so nah bei mir stand und alle Insignien eines amerikanischen Vollblutmännchens trug, nicht dass damit unbedingt etwas nicht stimmte (LOL jk), es war alles nur einfach so derart offensichtlich. Ich behielt ihn im Auge, als ich meine Zähne, jetzt mit erhöhter Geschwindigkeit, putzte. *Hä*, dachte ich, *werde ich jetzt etwa um acht Uhr morgens umgebracht? Noch bevor ich mir einen BH anziehen konnte?* Der Mann kam auf mich zu; ich vermied es, Blickkontakt herzustellen, als er in sein Auto stieg.

Und dann. Sagte er: »Hey.«

Oh Gott. Ich drehte mich um und sah, dass er sich aus dem Fenster seines Trucks lehnte, sein Gesichtsausdruck undurchdringlich unter seiner Oakley verborgen.

Das wird kein gutes Ende nehmen.

»Dein Reifen ist ziemlich platt.«

Ich brauchte einen Moment, um zu begreifen, dass ich nicht bedroht wurde. Und als ich mich zum Prius umdrehte, sah ich, dass er recht hatte: Mein rechter Hinterreifen war ziemlich platt. »Danke!«, sagte ich dafür, dass er mich darauf aufmerksam gemacht, insgeheim aber auch, weil er mich nicht abgestochen hatte.

Das Hochgefühl, nicht ermordet worden zu sein, hielt genauso lang an, bis der Mann vom Parkplatz gefahren war. In diesem Moment wurde mir klar: Scheiße, ich habe einen ziemlich platten Reifen und keine Ahnung, was zu tun ist, frühmorgens an einem Samstag, in einer Kleinstadt. Auf meinem Weg durch Forks war ich zwar an einem Pappaufsteller von Edward Cullen vorbeigekommen, nicht aber an einem Reifenservice. Ich schickte TB ein Foto des Reifens, der sagte, am besten wäre, ich würde zurück nach Forks fahren, an einer Tankstelle Luft nachfüllen und dann, falls die Luft weiterhin entwich, den Reifen in der nächstgrößeren Stadt wechseln lassen. »Allerdings wirst du einen Reifendruckmesser brauchen«, sagte er. »An der Tankstelle sollten sie die verkaufen.«

»Ich weiß noch nicht einmal, wie ein Reifendruckmesser *aussieht!*«, jammerte ich.

»Viel Erfolg!«, antwortete TB vergnügt.

Ich fuhr zurück nach Forks und bog an der Shell-Tankstelle ab, eine der beiden miteinander konkurrierenden Tankstellen, die sich auf gegenüberliegenden Straßenseiten befanden. An der Kasse arbeitete ein junger Mann. Lächelnd ging ich auf ihn zu. »Verkauft ihr Reifendruckmesser?«

»Äh … nein.«

Ich atmete tief durch, stieg wieder in den Prius und überquerte die Straße. In der Mobil-Tankstelle arbeitete eine Frau mittleren Alters an der Kasse. »Guten Morgen«, sagte ich. »Sie verkaufen nicht zufälligerweise Reifendruckmesser, oder?«

»Früher schon«, sagte sie. »Aber dann haben wir aufgehört.«

Ich lachte sarkastisch in mich hinein.

Wieder im Prius malte ich mir meine Zukunft aus, in Forks, Washington, gestrandet, außerstande, meinen Reifen zu reparieren, und daher außerstande fortzukommen, gezwungen herzuziehen, zu werden, was immer aus Bella geworden wäre, hätte sie keinen gruseligen Vampir getroffen, der, da er unsterblich war, über Generationen hinweg ein Vermögen angehäuft hatte.

Dann fiel mir ein, dass ich zwei Blocks zuvor an einer True-Value-Tankstelle vorbeigefahren war. Ich recherchierte ihre Telefonnummer auf Google-Maps. Am Telefon grüßte mich die Stimme eines Manns.

»Hi«, sagte ich. »Ich wollte nur sichergehen, dass Sie offen haben, und fragen, ob Sie Reifendruckmesser verkaufen?«

»Haben wir, tun wir!«, versicherte er mir.

Erleichtert fuhr ich hinüber, in der Sorge, mein Reifen würde gleich explodieren oder meine Felgen brechen oder eine fürchterliche dritte Option würde sich einstellen (ich verstehe nichts von Autos). Als ich in den Tankstellenshop kam, sah ich einen älteren Herrn, der gerade dabei war, Produkte in die Regale einzuräumen. »Ich habe eben wegen der Reifendruckmesser angerufen«, sagte ich.

»Oh, hallo!« Er führte mich in den richtigen Gang und fragte, was für einen Reifendruckmesser ich genau suchte.

»Mal angenommen, ich wäre dumm«, sagte ich. »Welchen würden Sie mir dann empfehlen?«

Er würde niemals annehmen, ich sei dumm, sagte er, und suchte mir das einfachste Messgerät für drei Dollar aus. Als er mich zurück zur Kasse begleitete, erkundigte er sich nach meiner Reise. Ich erzählte ihm, dass mir das Duschen und meine Freund*innen in New York fehlten, und er wiederum erzählte, dass er den größten Teil seines Lebens in Upstate New York verbracht hatte. Irgendwie gab mir dieser kurze Moment des Verbundenseins ein bisschen mehr das Gefühl, mit meinem massiven Notfall (minimal platter Reifen) klarzukommen.

Wieder an der Mobil-Tankstelle parkte ich neben der Luftpumpe und ging hinein, um Münzen zu wechseln. TB half mir aus der Ferne, indem er den Aufkleber am Inneren der Fahrertür checkte, auf dem der optimale Reifendruck aufgeführt war, und ich schraubte den Deckel am Luftventil des platten Reifens auf und warf ein paar Münzen in die Luftpumpe. Ich verband den Luftschlauch mit dem Reifen und sah dabei zu, wie der Reifen … langsam an Luft verlor. *Soll das wirklich so?*, fragte ich mich. Der Reifen verlor immer mehr Luft. Das sollte nicht so sein. Als die Luft, für die ich bezahlt hatte, aufgebraucht war, bemerkte ich einen Griff am Luftschlauch, den ich wahrscheinlich hätte nach unten drücken sollen. Nur dass ich jetzt keine Münzen mehr hatte und einen völlig platten Reifen.

Es gibt Menschen, deren gesamte Persönlichkeit darauf beruht, »sich mit Autos auszukennen«. Vor allem, wenn Frauen sich mit Autos auskennen, gilt das als sexy. Aber rate mal! Ich hab keine Ahnung von Autos und will auch nichts davon wissen. Ich mach mir nicht sonderlich viel aus ihnen. Zu wissen, wie man Autos repariert, hat für mich keinerlei moralischen oder kulturellen Wert; aus diesem Grund erschuf Gott die Möglichkeit, andere dafür zu bezahlen, etwas für einen zu tun.

Aber hör nicht auf mich: Aufgrund dieser Einstellung wäre ich auf dem Parkplatz der Mobil-Tankstelle in Forks, Washington, fast in Tränen ausgebrochen.

Ich holte mir neue Münzen, warf sie in die Luftpumpe und versuchte es erneut. Diesmal funktionierte es. Ich überprüfte den Reifendruck mit meinem funkelnagelneuen Messgerät und dann, von all meinem neuen Wissen ganz high, überprüfte ich den Druck der übrigen Reifen. Nicht mehr den Tränen nahe, ging ich ein letztes Mal in die Tankstelle und kaufte mir zur Feier einen 54-Cent-Becher mit Eis, in den ich meinen Cold Brew schütten konnte.

Diese Reise zwang mich dazu, mehr über Autos in Erfahrung zu bringen, als ich je wissen wollte – heißt: nichts –, doch an jenem Morgen war ich dazu gezwungen, für mich selbst zu sorgen. Ich besaß jetzt einen Reifendruckmesser und wusste, wie man ihn benutzt. Ich rettete mich auf der Olympic-Halbinsel selbst – ich war mein eigener Edward Cullen. (Oder vielmehr ein Edward Cullen, der bei jedem einzelnen Arbeitsschritt einen Nervenzusammenbruch erleidet und dann auch noch seinen Stiefvater am Telefon um Hilfe bittet.) Ich war empört über diese neue Fähigkeit, aber hey: Immerhin hatte ich eine neue Fähigkeit. Es war wohl die konkreteste persönliche Weiterentwicklung, die mir meine Reise bisher beschert hatte. Ich goss meinen Kaffee über das Eis und machte, dass ich aus Forks davonkam.

Der Ranger, der mir an jenem Abend meinen Zeltplatz im Nehalem Bay State Park, Oregon, zuwies, war extrem gutaussehend. Er war gebräunt und sportlich, mit perfektem Haar, als wäre er überhaupt kein Ranger, sondern ein Schauspieler, der als Ranger für einen Film gecastet wurde, in dem alle attraktiv sein müssen.

»Wie lange möchtest du bleiben?«, fragte der Ranger.

»Nur heute Nacht«, sagte ich.

»Nur eine Nacht?! Gefällt dir der Park etwa nicht?«, sagte er lächelnd.

»Genau, ich hasse euren Park.« Wir lachten. Auf meiner Reise hatte ich mich der Art Leben, wie ich es zu Hause führte, nicht völlig entfremdet: Es hatte Tage gegeben, an denen ich mit Freund*innen Zeit verbrachte, und an ein paar Abenden hatte ich mich mit meinem Computer verkrochen, um zu schreiben. Doch nicht ein einziges Mal hatte ich die Möglichkeit gehabt, der Seite meiner Persönlichkeit Ausdruck zu verleihen, die am besten mit den Worten »Menschenweibchen, das gerne Menschenmännchen küsst« beschrieben werden kann, und je länger dieser Zustand anhielt, desto deutlicher spürte ich den Mangel. Ich war derart horny, es war geradezu kriminell.

Hinter mir bildete sich allmählich eine Schlange. »Als Nächstes würde ich dir den Olympic-Nationalpark empfehlen«, ließ mich der Ranger wissen.

»Da war ich erst heute Morgen!«

»Oh ja, jetzt sehe ich dein …«, er fasste mit seiner Hand an das Junior-Ranger-Abzeichen, das ich mir auf dem Weg aus Forks geholt und auf Brusthöhe an mein Flanellhemd gesteckt hatte.

An diesem Punkt klimperte ich quasi mit den Augen. Ich lachte.

»Mm-hmm, ich arbeite dort.«

Ich musste ihn seine Arbeit tun lassen, und so nahm ich das Anmeldeformular für den Campingplatz und ging. Der State Park lag direkt am Pazifik, aber wichtiger noch: Es gab Duschen. Ich bürstete die Knoten aus meinem Haar, ließ heißes Wasser auf mich rieseln und dachte besorgt an den Prius und daran, dass ich bald schon in Portland sein würde.

Im Städtchen Nehalem stöberte ich in ein paar Antiquitätengeschäften und rief dann TB an, um mich mit ihm über den Prius zu unterhalten. Wenn ich die Kiste lange genug am Laufen halten wollte, um die ganze Westküste entlangzufahren, von dort entlang der Südgrenze in Richtung Osten und von dort Gott weiß wohin, musste ich wirklich lernen, mich um sie zu kümmern. TB erklärte mir am Telefon, wie man die Kühlerhaube öffnet und den Ölstand kontrolliert, und blieb am Telefon, während ich den Reifendruck fachgerecht mit meinem Messgerät prüfte. Dann erwähnte ich ein neues Autoproblem, das mich seit dem Vorabend beschäftigte. »Also, mir sind ein paar kleine Käfer aufgefallen, die vorn im Auto herumkrabbeln«, sagte ich. »Erinnerst du dich noch an die Episode von *Car Talk*, in der im Armaturenbrett Babyspinnen leben?«

»Im Armaturenbrett leben keine Käfer«, erwiderte er.

Schließlich dankte ich TB für seine Hilfe, legte auf und plante meine nächsten Schritte. Vor Portland, beschloss ich, wollte ich die Küste hinunterfahren und mir die Twin Rocks ansehen. Wie angepriesen, handelte es sich dabei um ein Paar 30 Meter hohe Felsen, direkt vor der Küste. Die Küste Oregons ist für Brandungspfeiler wie diese berühmt: Tags zuvor hatte ich am Haystack Rock Halt gemacht, einem 72 Meter hohen Monolithen, der in einer Szene des Abenteuerfilms *Die Goonies* vorkommt und der, trotz all seiner Reize, dennoch aus 50 Prozent weniger Fels besteht als die Twin Rocks. Meine Google-Maps-Route zu den Twin Rocks schickte mich auf eine unbefestigte Straße. *Ich fahr besser langsam, damit der Unterboden des Autos keinen Schaden nimmt,* dachte ich.

Ich drosselte das Tempo auf sechs Meilen pro Stunde. Der Unterboden meines Autos nahm sofort Schaden.

In der Nähe der Twin Rocks bog ich auf eine kleine Parkfläche mit drei Stellplätzen und rief TB an, während ich mich neben den Prius kauerte und versuchte, mit meinem Kopf darunter zu kommen, um den angerichteten Schaden begutachten zu können.

»TOM!«, rief ich panisch. »DAS AUTO LECKT!«

»Ist wahrscheinlich nur die Klimaanlage«, beruhigte er mich. »An der Unterseite eines Prius befindet sich nichts Wichtiges.«

»*Wahrscheinlich* nur die Klimaanlage?!?« Ich befand mich am anderen Ende des Landes und meine einzige Möglichkeit, nach Hause zu kommen, war ein Auto, das vor meinen Augen auseinanderbrach (aber wahrscheinlich war es nur die Klimaanlage). Doch ich konnte nichts ausrichten, hier, am Meer. Ich drückte den Stress tief in meinen Körper, wo er sich irgendwann entweder in Form eines Lippenherpes oder einem brennenden Gefühl in meinen Händen äußern würde, stieg in das Auto und fuhr weiter.

Als ich in Portland ankam, war ich am Verhungern. Ich ging die Restaurants und Sehenswürdigkeiten auf Google Maps durch, die ich mir dank einer E-Mail einer Freundin voller Empfehlungen markiert hatte. Dann eilte ich zum Lan Su Chinese Garden, derart hungrig, dass ich im Begriff war, mich in Luft aufzulösen. Ich fütterte die Parkuhr und dann, als ich um die Ecke zum Eingang bog, sah ich am Kassenhäuschen, unter einem Schild mit den Eintrittspreisen (12 Dollar für Erwachsene), eine Schlange stehen. *12 Dollar für ein Restaurant? Zur Mittagszeit??* Ich blickte erneut auf das Gebäude, das den gesamten Block einzunehmen schien, und mir dämmerte: *Oh mein Gott. Das ist kein Restaurant. Es ist wirklich ein chinesischer Garten.* Auch wenn mir vor Hunger schon ganz schlecht war, reihte ich mich ein und kaufte mir eine Eintrittskarte. Schließlich hatte ich bereits für den Parkplatz bezahlt und war nun schon einmal hier, und ich wollte nicht umkehren und irgendwo ein Sandwich essen, nur weil ich zu dämlich war, um zu begreifen, dass der Lan Su Chinese Garden wirklich ein botanischer Garten war.

Durch das Eingangstor betrat ich eine völlig andere Stadt, ein anderes Jahrhundert, geriet in eine völlig andere Stimmungslage. Es gab Innenhöfe mit Magnolien und Bambus, so angelegt, dass sie fast wild aussahen, auf dem Boden bildeten Steine Mosaikmuster. Es gab einen Teich mit Koi-Karpfen und Seerosen, über den mehrere Brücken mit kunstvollen Holz-schmuckarbeiten führten. Als ich herumspazierte und meine Besucherbroschüre las, erfuhr ich, dass der Lan Su dem gängigen Innenhof einer wohlhabenden Familie im China des 16. Jahrhunderts nachempfunden war. Ich schlüpfte in einen Raum, den mit Ginko-Schnitzereien verzierte Holzpaneele schmückten. Auf einer waren meinem Pamphlet zufolge die Zeilen des Dichters Wen Zhengming eingraviert: »Am kost-barsten in dieser irdischen Welt ist ein Ort ohne Verkehr; wahrlich, inmitten der Stadt kann es Berg und Wald geben.« Sollte das für meine Reise irgendwie von Bedeutung gewesen sein, ist mir diese entgangen. Ich war zu sehr darauf fokussiert, wie dringend ich etwas zu essen haben wollte.

Hatte vor meinem Roadtrip eine Version meiner selbst exis-tiert, die Kultur zugetan war? Die den Intellekt schätzte? Ein Buch, was war das? Ein Museum: nie davon gehört. In meinem Leben zu Hause war ich durch meinen Geist definiert, doch im vergangenen Monat wurde ich, wandernd in der Natur, durch meinen Körper definiert. Ein Körper zu sein, machte alles dringlicher, gab mir aber auch das Gefühl, weniger kultiviert zu sein, als hätte jemand eine Käsereibe genommen und diesen Teil von mir wie Hornhaut vom Fuß abgehobelt.

Zum Beispiel: Als ich in Portland ankam, hatte ich angefan-gen, mir täglich darüber Sorgen zu machen, ob ich aufgrund der Sonne Falten bekam und ob ich zu- oder abnahm, oder keines von beiden. Wen juckt's?! Mir war völlig bewusst, dass es für mich eigentlich keine Rolle spielte. Ich sah aus, wie ich eben aussah, und fühlte mich stark und, wenn meine Haare frischgewaschen waren, sexy. (Nach meiner Reise erzählten mir andere immer wieder, wie erfrischt ich wirkte, wie glück-lich, als ob ich eine »gesündere Beziehung zur Welt pflegte«. Wenn einer Frau gesagt wird, sie sehe »müde« aus, steht das bekanntermaßen für »du siehst scheiße aus«. Als andere mit einem Ausdruck des Erstaunens das Gegenteil zu mir sagten, wusste ich also, dass es in etwa für »Sabber, sabber« stand.)

Dennoch war es die längste Zeit, die ich mich, seit ich 15 war, nicht gewogen hatte, und ich fiel in die mir seit meiner Teenagerzeit vertrauten Muster zurück und haderte ständig mit dem Aussehen und dem Gewicht meines Körpers. Im Laufe meiner Zwanziger hatte ich gelernt, mich gesund zu ernähren – solange ich in einer Großstadt war. Unterwegs auf der Straße hatte ich keine Ahnung davon. Ich aß die für die Region typischen scharfen Tostitos, die ich in Hummus dippte, nicht weil Hummus so viel besser schmeckte als Guacamole oder Salsa, sondern weil ich zum Schluss gekommen war, dass sich Hummus auch in einem 38 Grad Celsius heißen Auto hielt – was, wie ich aus juristischen Gründen hinzufügen sollte, wahrscheinlich nicht der Wahrheit entspricht. Ich aß Äpfel und Klementinen, deren Kerne und Schalen ich aus dem Fenster warf – *die sind doch bio,* dachte ich, bis ich erfuhr, dass man das definitiv nicht tun sollte. Ich aß eine große Bandbreite an Starbucks-Snacks, weil mir meine Familie gerne Starbucks-Gutscheine zu Weihnachten schenkt, obwohl ich seit vielen Jahren nicht mehr regelmäßig hingehe, weswegen sich ein geradezu wahnwitziges Guthaben auf meiner Starbucks-App angesammelt hat (einmal sogar mehr als auf dem Konto meiner privaten Altersversicherung). Jedes Mal, wenn ich zum Pinkeln an einem Starbucks anhielt, benahm ich mich also so, als wäre ich in einem Supermarkt. Wie du bemerkt haben wirst, entspricht keines der erwähnten Lebensmittel einer richtigen Mahlzeit. Ich wusste, dass mich meine snackbasierte Ernährung am Leben halten würde, aber ich konnte nicht genau einschätzen, wie sie sich auf meinen Körper auswirkte.

Ein Monat auf Reisen hatte mich in ein reines Körperwesen verwandelt, mit dem Prius als Hilfswerkzeug, und nun fielen wir beide auseinander. Wenn ich eine größere Stadt besuchte, sehnte ich mich nicht mehr nach einem Ausflug ins Kunstmuseum oder nach Eintrittskarten für ein Theaterstück wie früher; ich wollte einfach nur eine Mahlzeit, die nicht aus halbgaren, durchweichten Bagels bestand.

Ich blickte auf die Karte in meiner Broschüre, um herauszufinden, welchen Teil des Gartens ich als nächsten aufsuchen sollte, und sah – Gott ist gütig –, dass es ein Teehaus gab. Das Teehaus servierte Snacks. Ich eilte hin und bestellte Gemüse-Dumplings und gedämpfte Buns und Reisnudeln, eigentlich alles auf der Speisekarte, was vegan aussah, und wurde wieder zu einem festen Körper.

Ein paar Stunden später, nachdem ich mich in ein paar Buchhandlungen und Hexerei-Läden herumgetrieben hatte, fuhr Buddy im SUV seiner Eltern an dem Donut-Shop vor, in dem ich es mir gemütlich gemacht hatte. Er parkte in der Nähe, und ich beobachtete, wie er auf mich zuging, um Hallo zu sagen: Er war groß, hatte dunkles Haar und ein Gesicht, das Frauen dazu veranlasste herumzufragen, ob er noch Single sei. Wie so viele Menschen in ihren Zwanzigern, denen nichts Besseres einfällt, beschlossen wir, etwas trinken zu gehen.

Das Pub, in das er mich führte, war ebenso charmant wie alles andere, was mir in Portland begegnete. Das Licht war schummrig, alles aus dunklem Holz und an der Wand hing ein gerahmtes Foto von Princess Di neben dem gerahmten Bild eines altmodischen Mannes mit einem riesigen Hut, der eine Gans erwürgte. In den letzten Wochen hatte ich nicht sonderlich viel mit anderen Menschen zu tun gehabt, aber unsere Unterhaltung floss dahin. Buddy und ich brachten uns gegenseitig auf den neusten Stand, redeten über Musik und Kunst und die Stadt und über alle, die wir beide gleichermaßen kannten (wenn's hochkommt: zwei), und dann machten wir uns auf den langen Weg zurück zu unseren Autos.

Es war mehr als ein Monat vergangen, seit ich das letzte Mal

Sex gehabt hatte. Trotz allem, was man bei der Autorin eines Buches mit dem Titel *How to Date Men When You Hate Men* annehmen könnte, war es die längste Trockenperiode seit Jahren. Zwischen Buddy und mir mag kein romantischer Funke übergesprungen sein, und vielleicht verbrachten wir nur Zeit miteinander, weil wir gerade zufällig beide in Portland waren, allerdings war ich inzwischen ein reines Körperwesen, und dieser physische Körper hatte sich in das Rote-Kopf-Emoji mit Schweißtropfen an der Stirn verwandelt: hoffnungslos horny. Als wir an meinem Auto ankamen, küsste mich Buddy, und ich erwiderte seinen Kuss. Es fühlte sich so gut an, geküsst zu werden; ich fühlte mich wieder wie eine Frau mit einem erfüllten Leben.

Nach kurzer Zeit stellte sich Buddy aufrecht hin (er war über einen Kopf größer als ich – große Männer dazu zu zwingen, sich für einen Kuss unbequem herunterzubeugen, ist meine feministische Praxis) und versuchte, in mein Auto zu gelangen, um mich in etwas mehr Privatsphäre zu küssen.

»Nein«, brüllte ich fast. »Es riecht *schrecklich*.«

»Ach wo, es riecht bestimmt gut.«

»Nein«, sagte ich ernst.

»Hm, kannst du mich wenigstens zu meinem Auto fahren, damit wir uns dort küssen können?«, fragte er.

Ich erschauderte beim Gedanken an den stechenden Geruch nach »Everything-Bagel, der gerade ein HIIT-Workout hinter sich hat«.

»Muss ich?« Buddy stand einfach nur da und sah mich unverwandt an. »Okay! Na gut!« Ich räumte alles vom Beifahrersitz, ließ die Fenster herunter und bat ihn hinein. »Halt die Luft an!«

Das SUV seiner Eltern stand nicht weit weg, und ich parkte auf der gegenüberliegenden Straßenseite parallel ein (ich weiß, ich weiß). »Ich wohne gerade bei meinen Eltern«, sagte er. »Also …«

Ich nickte. »Wie groß ist deine Rückbank?« Ich war doch nicht quer über einen Kontinent gefahren, um *nicht* mit jemandem im Auto seiner Eltern rumzumachen! Da ich meine Jungfräulichkeit erst im Alter von 50 verloren und erst am letzten Wochenende im College jemanden geküsst hatte, war Fummeln im Auto Neuland für mich. Aber worum ging es bei meiner Reise, wenn nicht darum, neue Dinge auszuprobieren?

Wir befanden uns in einer Seitenstraße, und außer einer Person, die von ihrem Auto in ihr nahegelegenes Haus ging, sah es ganz danach aus, als wäre sie vor den Blicken vorüberkommender Passanten relativ gut geschützt. Wir gingen zu dem SUV, und Buddy öffnete die Heckklappe. Die Rückbank war umgeklappt, und wir kletterten in den Kofferraum. Für mich, eine 1,58 Meter große Frau, die in regelmäßigen Abständen auf dem Beifahrersitz eines Prius übernachtet hatte, der reinste Luxus. Für ihn, einen großen Mann, der das Leben eines normalen Menschen führte, beengend. Aus dem nahegelegenen Haus kam eine Person und ging auf ihr Auto zu. Wir gingen in Deckung und fingen wieder an, uns zu küssen.

Ich weiß nicht, wie lange wir da hinten rumgemacht haben – vielleicht eine halbe, vielleicht eine dreiviertel Stunde? Jemand berührte mich mit seinen Händen. Ich strich mit meinen Fingern durch jemandes Haar. Die Zeit verflüssigte sich. Nur einmal, als eine zweite Person aus dem nahegelegenen Haus kam oder hineinging, fühlte ich mich ein wenig aus meinem Körper gerissen, zurück in die Welt außerhalb des Autos. Und dann lehnte sich Buddy zurück und sah mich an. Es war Nacht, und wir waren auf einer Seitenstraße, aber im Glanz der Straßenlaternen und dem Licht der Häuser konnte ich ihn deutlich erkennen. Er sprach leise: »Möchtest du …«

Ob ich wollte? Ich dachte kurz darüber nach, eine weitere Person schien in das etwa zehn Meter entfernte Haus hineinzugehen. »Äh, wie's aussieht, findet nebenan eine Dinnerparty statt.« Trotz all der sündigen Dinge, die Buddy und ich inzwischen getan hatten, war es uns bislang gelungen, größtenteils bekleidet zu bleiben. »Ich möchte nicht erwischt werden.«

»Okay«, sagte er. Er bewegte seinen Körper, sodass er jetzt diagonal im Kofferraum lag und sich maximal ausstrecken konnte. »Aber ich weiß nicht, wie lange ich so durchhalte, mein Nacken tut weh.« Ich flüsterte mitfühlend – *klingt ganz nach deinem Problem* – und fing wieder an, ihn zu küssen. Und dann dachte ich: Ich mache diesen Roadtrip jetzt seit fast sechs Jahren und bleibe vielleicht für den Rest meiner natürlichen Lebensdauer dabei. Ich habe seit Utah mit jedem geflirtet, der nicht bei drei auf dem Baum war, und meine sexuelle Energie ist so stark, dass mir seitdem 80 Prozent jener Menschen in den sozialen Medien folgen. Vielleicht ergibt sich diese Gelegenheit nie wieder. What the hell?

»Weißt du, was? Ja! Lass mich nur noch schnell Kondome aus dem Prius holen. Aber du musst mich an eine etwas abgelegenere Stelle fahren.«

Er fuhr uns herum und zeigte auf mögliche Orte, die alle entweder direkt neben einem Haus lagen oder in einer Straße, in der mindestens eine Person unterwegs war. *Wollte* er etwa, dass andere seinen Hintern sahen? »Nein«, sagte ich. »Wirklich abgeschieden.« Er war hier aufgewachsen. Kannte er denn keine geeigneten Stellen? Ein paar Minuten später fuhr er an einem großen, von Bäumen gesäumten Hof vor, in dem, abseits der Straße, ein verziertes Gebäude lag, irgendeine Art Campus.

»Wie wär's hier?«

Es war niemand zu sehen. Das war der Ort. Ich blickte auf das Schild vor dem Gebäude und machte meinen Frieden mit Gott. Und dann hatte ich Sex in einem Auto, das vor einem Priesterseminar parkte.

12
NICHTS FÜR UNGUT,
IHR WOLKEN

Angesichts all dem, was uns über das männliche Geschlecht bekannt ist, und im Wissen darum, wie viele Serien existieren, die stattdessen angesehen werden könnten, *warum* hatten Menschen 2019 überhaupt noch Sex? Bestimmt nicht, um Kinder zu zeugen – vielleicht hatten ein oder zwei Paare irgendwo deswegen Sex, aber auch wenn ich niemandem den Spaß verderben möchte, war ich an dieser speziellen Vorliebe nun wirklich nicht interessiert. Wahrscheinlich hatten manche Menschen miteinander Sex, um ihre Liebe zueinander auszudrücken: klingt toll, herzlichen Glückwunsch. Mir ging es in jener Nacht nur darum, mich gut zu fühlen. Ich wollte mich fühlen, als wäre mein Körper attraktiv und in der Lage, Lust zu empfinden statt »auf molekularer Ebene zu 70 Prozent menschlich und zu 30 Prozent Tostitos mit einem Hauch Limette« und fähig »zur schlimmsten Bauarbeiterbräune meines Lebens, aber nur auf den Beinen«. Und es funktionierte: Als mich Buddy zu meinem Auto zurückbrachte, fühlte ich mich ein bisschen wie mein New Yorker Ich. Ich hatte Spaß gehabt; ich war froh darüber, es getan zu haben.

Und dann bat mich Buddy, online nicht darüber zu posten, dass ich endlich Sex gehabt hatte, weil andere daraus schließen könnten, dass es mit ihm gewesen sei.

Ach ja!, fiel mir da wieder ein. *Männer können durchaus dafür sorgen, dass ich mich schlecht fühle!* Bisher hatte ich auf meiner Reise nur mit vollkommen fremden Menschen zu tun gehabt oder mit den mir liebsten Menschen der Welt, Freund*innen und Familie, für die ich extra durchs ganze Land gereist war. An jenem Abend wurde ich erneut an die Existenz der Kategorie Mensch erinnert, die »ihre Zunge zwar in deinen Mund gesteckt hat, es aber als Verletzung ihrer Grundrechte empfindet, wenn du sie bittest, auf deine Gefühle Rücksicht zu nehmen«. Nach einem Monat ohne die kleinen Demütigungen, die mit dem Leben als Hetero-Frau einhergehen, war es ein Leichtes gewesen, von sexueller Begierde erfüllt zu sein. So harmlos er auch war, nahm mir Buddys Kommentar doch den Wind aus den Segeln, und außerdem war ich müde und musste pinkeln und hatte noch eine Stunde Fahrt zum Mount Hood National Forest vor mir und nur eine vage Idee, wo ich ein Plätzchen zum Schlafen finden würde. Ich versicherte Buddy, nichts dergleichen zu posten, verabschiedete mich, stieg in mein Auto und fuhr los.

Am darauffolgenden Tag führte mich meine Etappe mehrere 100 Meilen in Richtung Süden zum Crater-Lake-Nationalpark. Unterwegs machte ich für einen Kaffee Halt und bemerkte, dass das gesamte Eis in meiner Kühlbox geschmolzen war und all meine Vorräte bis zur Ungenießbarkeit durchweicht waren. Im Park angelangt, raste ich zum Campingplatz und, nachdem ich angestanden hatte, um einen Zeltplatz zu reservieren, hieß es, das Paar vor mir habe den letzten ergattert. Dann stellte ich fest, dass der Tank des Prius fast leer war. Also reihte ich mich in eine lange Schlange ein, um überteuertes Benzin zu kaufen, und während die anderen ihren Tank füllten, dachte ich über alles Schlechte nach, was mir bisher in meinem Leben widerfahren war.

Der Parkplatz am Besucherzentrum war komplett belegt, was ich inzwischen bestens kannte. Daraufhin parkte ich vor dem Backcountry-Permit-Büro in der Nähe, auch wenn es ganz danach aussah, als wäre das nicht erlaubt, was mir zu diesem Zeitpunkt allerdings völlig egal war. Ich musste mein Oberteil

wechseln; ich öffnete die Fahrertür und bemühte mich halb-
herzig, meinen Oberkörper von den Fenstern des Büros abzu-
schirmen. Was aber, wenn ein Mitarbeiter des Innenministeri-
ums meine Brüste zu sehen bekäme? Schön für ihn! Ask not
what your country can do for you …

Ich besorgte mir ein Junior-Ranger-Heft, und als ich mich
hinsetzte, um es auszufüllen, wurde mir klar, dass ich es komplett durcharbeiten könnte, ohne überhaupt auf eine Wanderung zu gehen. Bei einer Aufgabe wurde ich aufgefordert, einen
anderen Nationalpark zu nennen und was diesen besonders
auszeichnet; ich dachte an meine vorherigen Hausaufgaben
und schrieb »Capitol Reef« und »Waterpocket Fold«. Dann
kam ich zu einer Seite, auf der erwähnt wurde, dass es erlaubt
war, im Crater Lake zu schwimmen. *Hm,* dachte ich. *Echt jetzt?*

Ich konnte mein Heft schlecht in dem Besucherzentrum abgeben, in dem ich eine halbe Stunde zuvor darum gebeten hatte, also fuhr ich zunächst zum Rim-Village-Besucherzentrum.
Dort angekommen, fand ich mich an einem Aussichtspunkt,
an dem sich endlich mein Schicksal erfüllte: Ich erblickte einen
großen See. Der Crater Lake sieht aus, als stamme er direkt von
einer Postkarte aus den 1970er-Jahren. Ich war dreieinhalb
Stunden durchs Nirgendwo gefahren, um hierher zu gelangen;
alles schien so surreal, nicht wie etwas, das 2019 existierte, sondern wie aus einem Musical, in dem eine Gruppe Ranger*innen alle 100 Jahre Tourist*innen über die wahre Bedeutung
von Vulkankratern unterrichtet.

Der See hat einen Durchmesser von fünf bis sechs Meilen,
in seiner Mitte befindet sich eine Insel, sein Wasser glänzt in
einem satten Kobaltblau. Das intensive Blau rührt von der Tiefe des Sees – er ist der tiefste See der Vereinigten Staaten – und
seiner Reinheit. Er gehört zu den reinsten Seen der Welt, und
es ist möglich, mehr als 30 Meter in die Tiefe zu sehen. Das
liegt daran, dass der See nur durch Regen- und Schmelzwasser
gespeist wird; er befindet sich in einem riesigen Krater, der bei

einem Vulkanausbruch vor 7700 Jahren entstand. Er war anders als alle Seen, die ich bisher gesehen hatte, und ich konnte kaum glauben, dass es mir erlaubt war, meinen Körper einzutauchen.

Der einzige sichere Weg vom Kraterrand bis zum Ufer war der Cleetwood Cover Trail: eine Meile lang, mit einer herrlichen Sicht auf den See. Vor einer halben Stunde hatte ich noch nicht einmal gewusst, dass Schwimmen eine Option war, und hatte daher keine Ahnung, was mich am See erwarten würde. Wie sich herausstellte, schwamm etwa ein Dutzend Menschen vor der steinigen Küste. Und ein paar sprangen von einer sechs Meter hohen Klippe ins Wasser.

Na, schön. Ich legte meinen Rucksack ab und stellte mich an, um einen Sprung zu wagen.

Als ich an der Reihe war, spähte ich vom Rand herab. Von hier oben sahen sechs Meter sehr viel höher aus. Ich konnte den Grund nicht wirklich sehen – wie ich später erfahren sollte, befindet sich knapp 30 Meter unter der Wasseroberfläche ein Felsvorsprung, dann fällt der Boden rasch auf 365 Meter ab. (An seinem tiefsten Punkt reicht der See mehr als 600 Meter in die Tiefe.) Da niemand hinter mir wartete, verharrte ich ängstlich am Rand.

»Spring einfach!«, ermutigte mich ein kleiner Junge in der Nähe. »Ich hab's schon dreimal gemacht.«

Das war ein Argument. Ich nahm einen tiefen Atemzug und sprang.

Der Crater Lake war *kalt.* Von der Klippe zu springen, war purer Nervenkitzel, aber in das Wasser einzutauchen, war nochmal ein ganz anderes Level. Ich sprang in den eiskalten See – ein Park-Ranger sollte mir später erzählen, das Wasser habe eine Temperatur von fünf Grad Celsius – und spürte mit einem Mal jede Faser meines Körpers, aus dem die Wärme entwich. Es war völlig anders, als ich erwartet hatte; ich fühlte mich ungemein lebendig. Ich tauchte wieder an der Oberfläche auf und versuchte, »Ach du Scheiße« zu sagen, bemerkte aber, dass mein Blut zu Eis gefroren war und mein Mund keine Worte formen konnte.

Ich war euphorisch. Wahrscheinlich hatte ich auch einen Schock. Ich war kaum fähig zu sprechen, zu schwimmen, mich über Wasser zu halten und, am wichtigsten, mich aus dem Weg zu schaffen, sodass der oder die Nächste springen konnte. (Wir alle müssen irgendwann sterben, aber Gott bewahre, dass ich dabei unfreundlich bin.) Zitternd und so breit grinsend, wie mir angesichts meiner verengten Blutgefäße möglich war, schleppte ich mich zu der Felsklippe, klammerte mich daran fest und sah zu, dass ich zurück zum Strand kam. Schließlich erreichte ich das Ufer, wo mir Leute, die meinen Sprung beobachtet hatten, gratulierten.

Mit rotzverschmiertem Gesicht gelang es mir gerade so, ein schwaches »Heilige Scheiße!« hervorzupressen. Die durchnässten Nahrungsmittel, der verpasste Zeltplatz, das überteuerte Benzin, der undichte Reifen, der Mann, der Sex mit mir hatte und mich dann bat, Stillschweigen darüber zu wahren – nichts davon war für mich jetzt noch von Bedeutung. Ich fühlte mich gut, mein Leben ergab Sinn, ich war dort, wo ich sein sollte, und tat, was ich tun sollte.

Amerikaner*innen gehen in die Natur, um sich lebendig zu fühlen, seit im Zuge der Industriellen Revolution eine Mittelschicht entstand, die sich Reisen leisten konnte, und zugleich die Welt weniger persönlich und komplexer wurde. Arbeiter*innen wurden zu Zahnrädchen in einem größeren Getriebe; sie stellten nichts mehr von Anfang bis Ende her, und als sich die Menschen von ihrer Arbeit entfremdeten, entfremdeten sie sich auch von ihrem Gefühl der Sinnhaftigkeit und ihrem Menschsein. Anders ausgedrückt: Die Industrielle Revolution weckte das Verlangen danach, »Gras zu berühren«, sich in die reale, die natürliche Welt zu begeben. Der Yosemite,

Yellowstone und andere erhabene Natursehenswürdigkeiten boten der neuen Mittelschicht die erwünschte Kulisse und Möglichkeit, ihr Leben mit einer Intensität zu spüren, wie es ihnen in ihrem Alltag wohl nicht mehr möglich war.

Die Wildnis als Kirche, diese Idee stammt von den Transzendentalisten, die über eine gottgleiche, fehlerlose Natur schrieben, in die man sich zurückziehen, in der man lernen kann. Wie kaum ein anderer in der amerikanischen Kultur hat John Muir das Göttliche mit der Natur gleichgesetzt. So schrieb er beispielsweise von »unserem heiligen Yosemite«, über Berge als Altare, und über die Sierra Nevada sagte er: »Keine Beschreibung des Himmels, von der ich je gehört oder gelesen habe, ist auch nur halb so prächtig.« Da hat er irgendwie recht: Wenn ich mich entscheiden müsste zwischen einem Himmel, in dem sich auf ein paar Wolken alle tummeln, die je gelebt haben, und in wallenden Gewändern Smalltalk führen, und einem Himmel, in dem man für alle Ewigkeit in den Bergen wandert, würde ich mich für die Sierra Nevada entscheiden (nichts für ungut, ihr Wolken).

Heutzutage ist die Idee, Gott sei in der Natur zu finden, so in unserer Kultur verankert, dass man noch nicht einmal mehr an Gott glauben muss, um zu fühlen, dass sie wahr ist. Es ist über die Hälfte meines Lebens her, dass ich regelmäßig zur Kirche gegangen bin, doch Frieden und ein Gefühl geistiger Gesundheit, das tief in meine Seele dringt, finde ich, wenn ich mit meiner natürlichen Umgebung in Kontakt trete. Die Wildnis hilft mir, mich mit dem zu verbinden, was größer ist als ich selbst, und das sind für mich die zarten Beziehungsgeflechte zwischen den Lebewesen der Erde. Ich glaube nicht an den Himmel, aber wenn wir Glück haben und sich unsere Familie nach unserem Tod an unseren Wunsch erinnert, nicht einbalsamiert oder verbrannt, sondern in ein flaches Grab geworfen zu werden *(wie bereits erwähnt)* (bitte denkt daran, CC: meine Angehörigen), bleibt unser Körper weiterhin Teil dieser Beziehungsgeflechte, die einen Wurm oder einen Pilz nähren oder einen Baum oder, wenn man tough genug ist, einen Geier. Das ist für mich der Himmel.

Genauso fühlte es sich an, in den Crater Lake zu springen.

Danach war alles wie Schweben. Ich fuhr zu einem Wasserfall, wanderte auf einem Weg, der im Juli schneebedeckt war, schlief kostenlos an einem rauschenden Fluss. Am Morgen entschied ich, dass es an der Zeit sei, meinen Reifen reparieren zu lassen, und nachdem ich Lebensmittel gekauft und mir auf einem Starbucks-Parkplatz eine Clearasil-Reinigungstücher-Dusche verpasst hatte, schritt ich zur Tat. Mit voll funktionsfähigen Reifen setzte ich auf etwas Kurs, das ich schon immer sehen wollte: die Redwoods. Bald darauf hatte ich die Grenze nach Nordkalifornien passiert und erreichte den Jedediah Smith Campground im Jedediah Smith Redwoods State Park, Teil des Redwood-Nationalparks. Falls der Name des Parks umständlich klingt, lass mich erklären:

Die Abholzung der Redwood-Urwälder ging extrem schnell vonstatten. Vor dem Goldrausch Mitte des 19. Jahrhunderts gab es in Kalifornien über 800 000 Hektar mit Küstenmammutbäumen. Doch bis zum Jahr 1918 waren die Altbestände so stark dezimiert, dass die Save the Redwoods League gegründet wurde, um ein paar der Bäume zu retten, bevor es zu spät war. Die Organisation hatte Erfolg, und in den 1920er-Jahren wurden in Kalifornien drei Nationalparks geschaffen, um große Redwood-Waldflächen zu schützen. Außerhalb der Parks nahm die Abholzung der Mammutbäume mit der Erfindung von Kettensägen und Bulldozern aber nur noch mehr an Geschwindigkeit auf, da es diese erleichterten, die gigantischen Bäume zu fällen, und da der infolge des Zweiten Weltkriegs entstandene Bau-Boom die Nachfrage nach Holz in die Höhe schießen ließ. Indes tat die Bundesregierung nichts, um die Redwoods zu schützen – und so begannen Privatpersonen,

Waldflächen zu kaufen wie Holzfirmen und das Land so lange zu erhalten, bis die Regierung Schritte zu dessen Schutz einleitete. Zu diesen Bürger*innen gehörte auch Laurence Rockefeller.

Und in der Tat hatten die Rockefellers ihre Finger bei der Schaffung und Erweiterung zahlreicher Nationalparks im Spiel: beim Acadia, Great Smoky Mountains, Shenandoah, Grand Canyon, Yellowstone, Grand Teton, Yosemite und auch beim Crater Lake. Als ich davon erfuhr, dachte ich: *Wow, wie großzügig!* Doch dann ging mir auf, wie verkorkst es ist, dass so viel Land gestohlen und dann privatisiert wurde und ein paar wenige derart viel Kapital anhäuften, dass sie es sich leisten konnten, Land zu kaufen und es »zurückzugeben«. Milliardär*innen existieren ohnehin nur aufgrund der Ausbeutung von Land, wie wäre es also, wenn … sie einfach damit aufhörten? Was wäre, wenn die 100 reichsten Landbesitzer*innen Amerikas *keine* Gebiete vom Ausmaß Floridas besäßen? Was wäre … wenn niemand … Land besitzen dürfte? Bis ins England des 16. Jahrhunderts war Privateigentum nichts derart Heiliges wie heute, doch dann begann der Adel, Gemeindeland einzuzäunen, auf das die Landbevölkerung als Weideland für ihre Tiere, für Wasser, Brennmaterial und Nahrung angewiesen war. Die Aneignung dieser Flächen trieb die Landbevölkerung in derart große Not, dass sie gezwungen war, in Nordamerika neue Perspektiven zu suchen; dort eingetroffen, besetzten sie das Land der indigenen Bevölkerung, bis sie zum Entschluss kamen, es gehöre jetzt ihnen.

Soll heißen: Das Wohl der Natur sollte nicht von Milliardär*innen abhängen, die mit dem richtigen Fuß aufgestanden sind. Aber, was weiß ich schon! Ich werde nie reich genug sein, um Land zu besitzen.

Im Jahr 1962 veröffentlichte Rachel Carson *Der stumme Frühling,* und die Gesellschaft begann, sich intensiver mit Umweltschutz zu befassen; im Jahr 1968 wurde der Redwood-

Nationalpark ausgewiesen. Seit 1994 verwalten der National Park Service und das California State Parks System die Redwood-Parks. Dennoch haben nach alldem, was bis dahin geschehen war, nur vier bis fünf Prozent der alten Baumbestände überlebt. Wie klein und zergliedert die geschützten Flächen unseres Landes sind, wurde mir unterwegs, zwischen den Parks, noch bewusster, als ich an Ladenketten und Baustellen vorbeifuhr.

Die Rangerin im Hiouchi-Besucherzentrum war in meinem Alter, aber sehr adrett, wohingegen ich die Art von schmutzig war, die vom Wandern, in einen See springen, Sex in einem Auto haben, in einem noch chaotischeren Auto schlafen und zur Körperpflege ausschließlich Gesichtsreinigungstücher benutzen kommt. Was sie wohl von einer Gleichaltrigen denken mochte, die um ein Junior-Ranger-Heft bittet?

Wie sich zeigte, war es ihr egal. Ihre Antworten auf meine Frage nach Wanderrouten waren wohldurchdacht, und als ich sie fragte, wie es sie in den National Park Service verschlagen hätte, erzählte sie mir von ihrer Zeit in der Navy, bevor sie Rangerin wurde. Als sich jemand hinter mir anstellte, verabschiedete ich mich und begann, mein Heft auszufüllen, um die Zeit totzuschlagen, bis der Campingplatz öffnete. Eine der Aufgaben drehte sich um Gezeitentümpel. *Ist das euer Ernst?*, dachte ich. *In diesem Park gibt es riesige Bäume UND Gezeitentümpel?!* Was will man mehr?

Ich ging zurück zu meiner Navy-Freundin und fragte sie verlegen, ob sie ein paar Gezeitentümpel-Tipps für mich hätte. »Ja«, sage sie. »Sogar einen Geheimtipp. An dem Strand hab ich noch nie jemanden gesehen.« Sie nahm einen Stift und Papier und notierte in sorgfältiger Handschrift eine Wegbeschreibung. »Und die brauchst du auch«, sagte sie und reichte mir eine Gezeitenkarte. »Geh bei Ebbe los, dann kannst du alles sehen.«

Mit dem Gefühl, eine Meeresbiologin oder Geheimagentin oder beides zu sein, zog ich los, zu den größten Bäumen der Welt.

Ich überquerte den Smith River auf einem kleinen Steg, kreuzte seinen Nebenfluss, den Mill Creek, und befand mich innerhalb weniger Minuten im Stout Grove. Das Land wurde 1929 von der Witwe eines Holzfällers gespendet und niemals angerührt. Ich betrat 18 Hektar voll uralter Redwoods und war überwältigt. Viele der Bäume im Stout Grove sind über 90 Meter hoch, größer als ich rein körperlich fassen kann. Umgestürzte Redwoods, die von Farnen, Moos und Salal überwuchert waren, hatten Baumstämme, die ohne Weiteres drei- oder viermal so groß waren wie ich.

Küstenmammutbäume können bis zu 115 Meter hochwachsen, so hoch wie ein Gebäude mit 35 Stockwerken, zweieinhalbmal so hoch wie das Bürogebäude in Midtown New York, in dem ich in den letzten Jahren einen Großteil meiner Lebenszeit verbracht hatte. Was verrückt ist, denn – wie ich gar nicht oft genug wiederholen kann – wir reden hier von *Bäumen*. Und weil das Klima so günstig und ihre Rinde gegenüber Insekten und Feuer so unempfindlich ist, können Küstenmammutbäume bis zu 2000 Jahre alt werden, fast so alt also wie ich selbst. Ich irrte durch den Nieselregen, nicht allein, auch wenn es sich fast so anfühlte, da alle Geräusche von einem Teppich aus Redwood-Nadeln und Sauerklee verschluckt wurden. Als ich so zwischen den Bäumen umherstreifte, stiegen mir Tränen in die Augen. Was blieb mir anderes, als ein wenig zu weinen? Diese Bäume waren einfach riesig!

In den darauffolgenden Stunden wanderte ich auf einem Weg, der am klaren Wasser des Mill Creek durch den Wald führte. Die Navy-Rangerin hatte mir erzählt, der Weg sei nicht allzu stark frequentiert, und hatte recht: Sobald ich den Stout Grove hinter mir ließ, traf ich auf keine Menschenseele. Auch hier bewegte ich mich durch alte Baumbestände, aber der Wald war dichter, mit Ahornbäumen und anderen normalgroßen, deren Namen ich nicht kannte. Eine Bananenschnecke kreuzte meinen Pfad, und ich beugte mich hinunter, um sie mir genauer anzusehen, auch wenn ich da noch nicht wusste, dass man sie küssen kann und einem danach die Lippen kribbeln. (Noch später fand ich heraus, dass es dem NPS am liebsten ist, wenn man weder sie noch andere leicht toxische Tiere küsst. Etwas, das ich aus einem Artikel in der *New York Times* erfuhr mit dem Titel »National Park Service bittet Besucher, damit aufzuhören, Kröten abzulecken«.) Egal, wie er zustande gekommen war, war ich für den Schutz dieses Waldes sehr dankbar. Er war Teil eines intakten Ökosystems, und allein meine Anwesenheit gab auch mir das Gefühl, intakt zu sein. Auf meinem Weg zum Campingplatz tätschelte ich einen riesigen Redwood und sagte: »Gut gemacht, Kumpel.«

Am nächsten Morgen fuhr ich nach Crescent City, um die Zeit bis zur Ebbe in einem Starbucks totzuschlagen. Ich war jemand geworden, der »die Zeit bis zur Ebbe totschlägt«! Was für eine tiefgreifende Entwicklung. Was würde ich als Nächstes tun? Mein Navi rauswerfen und den Weg anhand der Ausrichtung der Äste und des Sonnenstands bestimmen? Nur noch selbstgepflückte Beeren essen? Mit Possums reden?

Ich wartete, solange ich konnte, und fuhr dann zum Geheimtipp der Rangerin. Wie eine Spionin stellte ich den Wagen an einem unscheinbaren Picknickplatz ab und, ihre Weganweisungen fest umklammert, machte mich auf den Weg zum Pazifik. Bald schon befand ich mich inmitten der üppigen Pflanzenwelt eines Küstenpfads: Unter meinen Füßen grüne Gräser, gleich neben dem Pfad Farne und Büsche und die größten Pilze, die ich je gesehen hatte. Nach einer streng geheimen Zeitspanne folgte ich einem kleinen Pfad, der zur Küste hinabführte und am steinigen Strand einer kleinen Bucht endete. Der Ort war perfekt, wobei, da bin ich wohl voreingenommen: Auf Menschen wie mich, die inmitten von Maisfeldern aufgewachsen sind, wirkt der Ozean immer ganz besonders magisch.

Mit dem ersten Blick in einen Gezeitentümpel verlor ich jegliches Zeitgefühl. Die Gezeitentümpel wimmelten nur so vor Leben. Fast unmittelbar sah ich einen Seestern und japste vor Freude. Während die Seesternpopulation in Washington durch die Sea Star Wasting Disease stark dezimiert worden war, hatten die in Kalifornien weit weniger gelitten. Allein an jenem Morgen sah ich mindestens ein Dutzend, in Purpurrot und Braun und hellem Orange. Sie teilten sich die Gezeitentümpel mit leuchtend grünen Seeanemonen oder klammerten sich an von Wellen umbrandeten Felsen neben Muschelkolonien fest, die die Küsten bald eingenommen hätten, wären da nicht die Seesterne, die sich von ihnen ernähren. Ich bahnte mir meinen Weg über Felsen und an der Küstenlinie entlang und versuchte, alles in meiner eigenen Gezeitenkathedrale in mich aufzusaugen oder doch zumindest, so viel ich konnte, ohne von einer Sneaker Wave, einer unscheinbaren, aber umso stärkeren Welle aufs Meer hinausgezogen zu werden. Ich fühlte mich komplett losgelöst von der Welt, in der ich nicht einmal eine Stunde zuvor gewesen war. Die kleine Bucht war ein Stück unberührte Natur, ein Rückzugsort.

Die Natur als herrlichen, unberührten Garten Eden zu betrachten, ist jedoch nicht unbedingt im Sinne der Natur. Wenn uns nur die erhabensten Naturwunder – Wasserfälle, Berge, Schluchten, raue Küsten – Anlass zu einem grundlegenden Geisteswandel geben, warum sollte dann die Prärie geschützt werden? Ein Sumpf? Deswegen gab es dort, wo ich aufwuchs, keine Nationalparks: Die ersten 18 Jahre meines Lebens verbrachte ich inmitten von Prärieland und Sümpfen (und, wenn man die drei Meilen ins Stadtzentrum radelte, von CVS-Drogerien). Dabei sind diese Orte genauso natürlich, wie es dieser

Küstenregenwald war. Wichtiger noch: Wenn wir nur völlig unberührte Natur als Paradies begreifen, folgt daraus, dass wie auch immer verändertes Land nicht als schützenswert gilt. Etwas, das Unternehmen und Viehzüchter*innen gezielt ausnutzen, indem sie Rinder weiden oder eine Straße bauen lassen, um Forderungen nach mehr Umweltschutz zu unterwandern. Und wir, sollen wir jetzt die Hände ringen und klein beigeben? Sollen wir uns eingestehen, dass sich der Klimawandel ohnehin auf jeden Ort auf Erden ausgewirkt hat und wir daher ebenso gut einfach alles mit Eigentumswohnungen vollpflastern und der Welt von dort bei ihrem Untergang zusehen können?

Das Argument – dass nur die unberührte, Garten Eden gleiche Wildnis Schutz verdient hat – verliert weiter an Schlagkraft, wenn man in Betrachtung zieht, was Mark David Spence in *Dispossessing the Wilderness* schreibt: »[B]evor sie geschützt werden konnte, musste die ungezähmte Wildnis erst erschaffen werden.« Mit anderen Worten: Die riesigen Nationalparks, in denen niemand jagt, Nahrung sammelt oder lebt, haben wir nur, weil die amerikanische Regierung die indigene Bevölkerung gewaltsam vertrieb, die dieses Land zum Jagen, zur Nahrungssuche und zum Leben nutzte. Ohne die Fürsorge der indigenen Völker veränderten sich bald darauf ganze Ökosysteme.

Die zwanghafte Suche nach Ursprünglichkeit ist mir ohnehin suspekt. Bei dieser Suche geht es um ein Gefühl der Kontrolle in einer Welt, in der man nie wirklich volle Kontrolle hat. Die Parks, die ich sah, waren nicht ursprünglich – es gab Souvenirläden und Straßen voll riesiger Wohnmobile, sie waren von Hotels, Tankstellen und Restaurantketten gesäumt. Das mag ich zwar kitschig gefunden haben, aber es hat mich nicht davon abgehalten, irgendwo da draußen nach einer noch unberührteren Wildnis zu suchen. Erst als ich quer durch das ganze Land gefahren war, wurde mir klar, dass es auf dem Festland der Vereinigten Staaten keine große, ursprüngliche Wildnis gibt. Andernfalls wäre ich ihr längst begegnet.

Wenn wir spirituelle Sinnhaftigkeit in der Natur nur an Orten wie dem geheimen Gezeitentümpel finden – ein Ort, der völlig anders war als alle Orte, an denen ich je gelebt hatte –, heißt das dann, dass uns vergleichbare Sinnhaftigkeit in unserem Alltagsleben verschlossen bleibt? Ich möchte hier nicht behaupten, dass es Seeigeln, Napfschnecken und Seesternen in einem Gezeitentümpel das Wasser reichen kann, wenn ich Tauben auf meiner Feuerleiter beobachte, wie sie sich gegenseitig umzubringen oder zu begatten versuchen (oder vielleicht beides?). Dabei wohne ich nur ein paar U-Bahn-Fahrten vom Meer entfernt, wenige Gehminuten von zwei Parks und von Alleebäumen umgeben, denen ich jahrelang keine Beachtung geschenkt habe. Wir alle sind von Natur umgeben, selbst wenn uns beigebracht wurde, sie nicht als solche zu betrachten. Wenn wir nicht damit beginnen, die Natur vor unserer Haustür wertzuschätzen, wird sie niemand schützen.

Für mich war es an der Zeit weiterzuziehen. Andernfalls würde ich den nächsten Nationalpark niemals vor Schließung des Besucherzentrums erreichen. Inzwischen hatte die Ebbe beinahe eingesetzt, und als ich wieder zu dem Küstenpfad stieg, lief ich an einer Familie auf ihrem Weg zum Strand vorbei. So geheim war meine Kathedrale also wohl doch nicht.

13

GEGEN DIE AUSBEUTUNG DES YOSEMITE

*D*er nächste Park auf meiner Reise verdankte seine Existenz zu einem kleinen Teil einem Amateurfotografen. 1914 lebte Benjamin Franklin »Frank« Loomis Holzfäller/Unternehmer/Widder ganz in der Nähe des erst kürzlich ausgewiesenen Lassen Peak National Monument. Der Lassen Peak ist der am weitesten südlich gelegene, aktive Vulkan in den Cascades, doch als Theodore Roosevelt ihm 1907 den Status eines National Monument verlieh, dachte man, er sei inaktiv. Immerhin war er 27 000 Jahre ruhig gewesen.

Am 30. Mai 1914 begann er auszubrechen. Ein paar Tage darauf schoss Frank Loomis sechs dramatische Fotos des Lassen Peak, der eine riesige Aschewolke ausspie. Die Fotos wurden von Nachrichtenagenturen übernommen und weckten nationales Interesse. Der Vulkan gab keine Ruhe, und Loomis schoss weiterhin Fotos, führte Würdenträger und Wissenschaftler herum und bald schon sagten die Amerikaner*innen: »Krasser Scheiß, daraus sollten wir einen Nationalpark machen.« Im Jahr 1916, der Vulkan war nun seit zwei Jahren konstant aktiv – das tun Vulkane wohl, nehme ich an –, ernannten sie ihn zum Nationalpark.

Loomis blieb dem Park bis zu seinem Lebensende verbunden; wahrscheinlich wäre es mir ähnlich ergangen, hätte ich zehn Meilen von einem Vulkan entfernt gelebt, der hin und wieder ausbricht, und wären meine Fotos dann viral gegangen. Frank und seine Frau Estella kauften 16 Hektar Land in der Nähe des Parks und errichteten darauf ein Museum, in dem

Franks Fotos des Ausbruchs ausgestellt werden sollten. Ich möchte an dieser Stelle betonen, dass es sich um ein Privatmuseum handelte, das zwei Menschen erbauten, um ein paar Fotos zu würdigen, die einer von ihnen 13 Jahre zuvor gemacht hatte. Und doch war dies den Fotos angemessen, und als die Loomis ihr Land dem Nationalpark vermachten, wurde das Museum weitergeführt.

Der Lassen-Volcanic-Nationalpark war einer der Parks, von denen ich vor meiner Reise nie etwas gehört hatte. Es fiel mir schwer, mich von meinen Seesternbabys loszueisen, um zu ihm zu fahren. Einerseits sind der Lassen und der Mount Saint Helens zwar die zwei einzigen Vulkane auf dem amerikanischen Festland, die im 20. Jahrhundert ausgebrochen sind. In einem Bundesstaat, der vor Nationalparks bereits nur so strotzte, wirkte der Lassen auf mich andererseits ein bisschen so, als hätte man ihn ins Leben gerufen, um etwas zu feiern, das sich vor 100 Jahren ereignete und wahrscheinlich erst wieder in 26 900 Jahren geschehen würde.

Ich hatte einen straffen Zeitplan. Vor mir lagen knapp vier Stunden Fahrt, um vor 17 Uhr zum Loomis Museum zu gelangen und mir ein Junior-Ranger-Heft zu holen. Als ich nach meinem Besuch bei den Gezeitentümpeln losfuhr, war es halb zwölf. Die Zeit war knapp. Und mein Reiseplan danach wurde auch nicht besser. Heute war Mittwoch, und am kommenden Dienstag musste ich in Los Angeles sein. Dazwischen musste ich den Lassen quetschen, einen Besuch bei meinem besten Freund Todd in San Francisco; den Yosemite, Sequoia und Kings Canyon; Pinnacles; Big Sur und eine Nacht in San Luis Obispo. Mir blieb keine Zeit durchzuatmen. Hier also war ich und trug meinen Teil dazu bei, die kanonischen Reisenarrative zu unterminieren, indem ich dafür sorgte, dass meine Reise *nicht* entspannend, sondern *unglaublich anstrengend* war. Es fühlte sich an, als hätte ich all meine Deadlines überschritten, aber in diesem Fall waren meine Deadlines »Spaß haben« und »die Natur erleben«.

Als ich auf einer Serpentinenstraße an eine Baustelle kam, wusste ich, dass es für mich vorbei war; ich sah dabei zu, wie sich meine Ankunftszeit im Loomis Museum immer weiter nach hinten verschob, bis sie 17 Uhr überschritt. Erst als klar war, dass ich es nicht mehr schaffen würde, konnte ich die Fahrt genießen. Ich regte mich nicht mehr über alle auf, die offenbar noch schlechter fuhren als ich selbst (also alle). Als ich den Lassen-Volcanic-Nationalpark erreichte, stellte ich mein kleines Zelt auf einem Campingplatz auf und machte einen entspannten, eineinhalb Meilen langen Spaziergang zum nahegelegenen Manzanita Lake. Vom gegenüberliegenden Ufer sah ich auf den Lassen Peak, der über einer Reihe von Kiefern thronte und sich im Wasser spiegelte. *Er sieht wirklich nur wie ein mittelprächtiger Berg aus,* dachte ich. *Überhaupt nicht wie ein Vulkan.* Aber das ist die Sache mit Vulkanen. So kriegen sie dich.

Am darauffolgenden Morgen war ich im Loomis Museum und bekam mein Junior-Ranger-Heft. Ich sah mich um. Inzwischen beherbergte es sehr viel mehr als nur die Fotos: Es gab geologische Exponate, Weidenkörbe, eine riesige topografische Reliefkarte. Dann begab ich mich auf die 30 Meilen lange Rundfahrt durch den Park.

Als ich durch den Park fuhr – hie und da anhielt, um die Aussicht zu genießen, die Schneemassen zu berühren, die selbst Mitte Juli viereinhalb Meter in die Höhe ragten, am Schwefel der Schlammtöpfe und anderer hydrothermaler Phänomene zu schnuppern –, ahnte ich nicht, dass die Hälfte des Parks zwei Jahre später dem Dixie Fire zum Opfer fallen würde. Ein Großteil dessen, was ich von der Straße aus sehen konnte, sollte unversehrt bleiben, dennoch war das Feuer das größte, das den Park je verheert hatte; knapp 30 000 Hektar des

43 000 Hektar umfassenden Parks waren betroffen. Das zweitgrößte Feuer, das Reading Fire von 2012, verbrannte knapp 7000 Hektar des Parkgeländes. Davor hatten nur einige wenige Feuer etwa 400 Hektar verwüstet.

Doch all das lag in der Zukunft. Als ich ein letztes Mal in das Besucherzentrum des Parks ging, wirkte der Lassen auf mich wie ein schöner, wenn auch nicht sonderlich bekannter Park, in dem vor langer Zeit etwas Bedrohliches vorgefallen war, das sich wahrscheinlich nicht so bald wiederholen würde. Und dann, viel zu schnell, ließ ich den Park hinter mir.

Nach ein paar Stunden auf der Interstate erreichte ich einen Vorort von San Francisco. Hier wohnte mein bester Freund Todd für ein paar Monate bei seinen Eltern, solange er sich auf sein Juraexamen vorbereitete. Wir hatten uns eine Weile nicht gesehen, aber Todd war einer der Menschen, mit denen man direkt anknüpfen kann, auch wenn man sich ein Jahr nicht getroffen und selbst wenn man in seinem Buch geschrieben hat, dass Todd nie auf SMS antwortet. Genau in dem Moment, in dem ich die Treppen der Burlingame Library hinaufging, trat Todd heraus, um mich zu begrüßen. Todd zu sehen, war so viel besser, als einen alten Vulkan zu sehen.

Wir verkrochen uns in der Bibliothek, wo ich Mails beantwortete und er Trust-Recht lernte. Dann, beim Abendessen und nachdem er zu Hause noch etwas mehr gelernt hatte, erzählte ich Todd von meiner Reise, von den Höhepunkten wie Cisco und den Redwoods und den Tiefpunkten, dem Gefühl, gehetzt zu sein, dass mir mein Leben fehlte. »Irgendwie hab ich genug davon, unterwegs zu sein«, sagte ich.

»Na, zum Glück ist deine Reise fast vorbei!«, erwiderte er trocken.

Wir unternahmen nichts besonders San-Francisco-Mäßiges. Wir saßen einfach nur nebeneinander in einem Raum, lernten und schauten ein paar Folgen *I Think You Should Leave*. Vor mir lagen immer noch Wochen auf der Straße, doch für 18 Stunden fühlte es sich an, als sei ich wieder in meinem Leben. Am Morgen frühstückten wir in der Nähe der Bibliothek, wo Todd jeden Tag pflichtbewusst acht Stunden lernte und ich, schlechter Einfluss, ihn zwang, solange mit mir Zeit totzuschlagen, bis meine Parkuhr abgelaufen war. Der Abschied schmerzte: Ich sah Todd so selten und wünschte mir, mehr Zeit mit ihm verbringen zu können, und obendrein fühlte ich mich dumm, weil ich quer durchs ganze Land gefahren war, um mir dann nur achtzehn Stunden mit ihm zuzugestehen. Doch für mich war es an der Zeit, zum Yosemite aufzubrechen, für ein Free Solo am El Capitan.

Free Solo, ein preisgekrönter Dokumentarfilm über zwei Menschen, die offensichtlich nicht zusammen sein sollten (einer der beiden erklimmt die bis zu 1000 Meter hohe Felswand des El Capitan im Yosemite-Nationalpark im Alleingang und ohne technische Hilfsmittel), war im Jahr vor meiner Reise veröffentlicht worden. Zuletzt war ich als Kind im Yosemite gewesen und hatte eine tolle Zeit gehabt, doch jetzt verband ich den Park hauptsächlich mit diesem wahnsinnig anstrengenden Film. Ich riss ständig Witze darüber. Zu einem Freund sagte ich: »Ich fahr in den Yosemite und klettere Free Solo auf den El Cap!«

Seine Antwort: »Gibt es dafür etwa auch ein Junior-Ranger-Abzeichen?«

Der Yosemite war bereits lange Zeit vor *Free Solo* Gegenstand zahlreicher Kunstschaffenden. Noch ein Park, der (in weit größerem Ausmaß als der Lassen) seine Existenz teils Fotograf*innen, Maler*innen und Schriftsteller*innen verdankt. Künstler wie Thomas Hill und Albert Bierstadt bereisten das Yosemite Valley, bevor es ein Nationalpark war, und ihre Gemälde bestärkten die Öffentlichkeit darin, es unter Schutz zu stellen. Als der Reeder Israel Ward Raymond dem kalifornischen Senator John Conness schrieb und ihm nahelegte, den

Kongress zum Erhalt des Yosemite zu bewegen, fügte er seinem Brief ein paar Fotos bei. Auch John Muirs Studien waren bei den Anstrengungen zum Schutz des Tals zentral.

Künstler*innen spielen bei der Entstehungsgeschichte zahlreicher Parks eine Rolle. Muirs Schriften trugen auch zur Gründung des Sequoia-Nationalparks und des Grand-Canyon-Nationalparks bei. Im Isle Royale bemerkte ich eine Wegtafel, die einem Schriftsteller und Redakteur namens Albert Stoll Jr. gewidmet war, »dessen unermüdlicher Einsatz, den Erhalt der Isle Royale als Nationalpark ermöglicht hat.« Der Autor Ernest Oberholtzer setzte sich für das Gebiet des heutigen Voyageurs-Nationalparks ein. In Utah malte Frederick S. Dellenbaugh 1903 den Zion Canyon, stellte sein Gemälde 1904 bei der Weltausstellung in St. Louis aus und schrieb im selben Jahr in einer Ausgabe des *Scribner's Magazine* über die Schlucht. All das hatte maßgeblichen Einfluss auf Präsident Taft, der die Gegend als Mukuntuweap National Monument unter Schutz stellen ließ. Ich könnte immer so weitermachen! Als ich durch die Parks reiste, war ich erstaunt, wie viele von ihnen eine Hintergrundgeschichte hatten, in denen Journalist*innen, Maler*innen oder Fotograf*innen eine Rolle spielten, die darauf hinwiesen, dass, nun ja, dieser Ort vielleicht *nicht* zur Rohstoffgewinnung ausgebeutet werden sollte.

Aus diesem Grund schreibe auch ich über Naturschauplätze: um die Bemühungen für ihren Schutz auf irgendeine Weise zu unterstützen. In der albtraumhaften Welt, in der wir leben, ist es nicht immer einfach, humorvolle Texte zu schreiben: Wem genau helfe ich damit? Ein potenzieller Zweck des Schreibens, dachte ich mir, könnte darin bestehen, Menschen in Erinnerung zu rufen, dass die Natur etwas Gutes ist, bevor wir sie komplett in Einwegbecher für Iced Coffee umfunktionieren. Zu den drei marktgängigen Fähigkeiten, die ich besitze, gehört das Schreiben, neben »Internet-Stalking auf professionellem Niveau« und »Teenager*innen bei Probeabschlussprüfungen überwachen«. Ich möchte sie nutzen, um der Natur etwas zurückzugeben, indem ich die Welt wahrnehme und würdige, vor allem vor dem Hintergrund des rapiden Artensterbens. Und wer weiß, vielleicht kann ich durch meine Wahrnehmung andere dazu inspirieren, die Natur ebenfalls wahrzunehmen.

In diesem Augenblick jedoch nahm ich nicht sonderlich viel wahr. Primär ging es mir darum, so schnell wie möglich zum Yosemite zu rasen, um in einem Besucherzentrum ein Junior-Ranger-Heft zu ergattern, es auszufüllen und vor dessen Schließung in einem anderen Besucherzentrum wieder abzugeben. Ich hatte mir ein Ziel gesetzt, und dieses Ziel würde ich erreichen, auch wenn es extrem nervenaufreibend war und, ehrlich gesagt, nicht einmal Spaß machte: Das war Urlaub made in America.

Meine mir selbst auferlegte Unfähigkeit, irgendwo länger zu bleiben und tiefer zu graben, um etwas über die Feinheiten der aus Pflanzen, Tieren, dem Klima und Menschen bestehenden Netzwerke zu erfahren, die jeden Park auszeichnen, frustrierte mich. Von Anfang an, seit ich beschlossen hatte, einen Tagesausflug auf die Isle Royale zu machen, anstatt meine Ausrüstung für einen längeren Aufenthalt auf die Insel zu schaffen, hatte ich mir ein hohes Tempo abgerungen. Aufgrund eines Termins in Los Angeles war meine Geschwindigkeit in Kalifornien nur noch schneller geworden. Weil ich das Gefühl hatte, in keinem Park ausreichend Zeit zu haben, zehrte die Zeit, die ich im Auto verbrachte, immer stärker an meinen Nerven; tote Zeit, deswegen so frustrierend, weil ich mir das selbst angetan hatte, und noch frustrierender wegen all der anderen Autofahrer*innen auf der Straße.

Mein Unmut entwickelte sich zu ... nicht unbedingt zu Aggressionen im Straßenverkehr, aber zu einer gewissen »Ungehaltenheit«. Echte Aggressionen sind es erst, wenn man droht, jemanden umzubringen, und dieser jemand einen hört. Mein Stresspegel wurde zusehends höher: wenn ich mich einem Stau näherte, wenn ich eine falsche Abzweigung nahm oder für eine Pinkelpause an einem Starbucks anhielt, in dem die überarbeitete Bedienung eine halbe Stunde für einen Iced Latte brauchte, den ich nur aus Toilettennutzungsetiketten bestellt hatte. Da war kein Teil in mir, der meiner Reise ein Ende setzen wollte – und selbst wenn ich gewollt hätte, hätte ich quer durchs Land zurückfahren müssen, um TB das Auto zurückzugeben –, aber ich freute mich auf den Rest der Strecke nach L. A., wenn ich hoffentlich etwas langsamer machen könnte.

Schließlich erreichte ich das Wawona-Besucherzentrum im Yosemite. Anstelle des üblichen rustikalen Nationalparkverwaltungsstils, der manchmal als »Parkitecture« bezeichnet wird, erwartete mich ein Holzgebäude älterer Bauart, inklusive verschnörkeltem Dachgesims. Ein Schild am Gebäude wies es als HILL'S STUDIO aus; im Inneren befanden sich Drucke der Gemälde von Thomas Hill, dem Künstler, der der Gegend zu Beliebtheit verhalf. So wichtig sie für mein aufkeimendes Bewusstsein der Rolle der Künstler*innen im Naturschutz waren, so ließ ich die Bilder dennoch links liegen und ging schnurstracks zum Ranger, der an einer Kombination aus Infopunkt und Kasse arbeitete. »Hi!«, sagte ich strahlend, längst jenseits jeglicher Bedenken, nach meinem Kinderarbeitsheft zu fragen. »Könnte ich eine Junior-Ranger-Mappe bekommen?«

»Sicher«, sagte der Ranger und zeigte auf ein Regal im Souvenirladen hinter mir. »Das macht drei Dollar fünfzig.«

Ich hatte keine Zeit, mir den Kopf darüber zu zerbrechen, was es über die Vereinigten Staaten aussagte, wenn unsere Junior-Ranger-Programme nicht mehr kostenlos waren; ich wollte den zwölf Themen, über die ich mir bereits Sorgen machte, meine volle Aufmerksamkeit widmen. Und so bezahlte ich meine drei Dollar fünfzig und ging nach draußen, um mich an die Arbeit zu machen.

Dank meines Harvard-Diploms war ich nach 25 Minuten fertig. Kurz dachte ich darüber nach, umzukehren und den

Ranger, der mir das Heft gerade verkauft hatte, zu fragen, ob er es gegen ein Abzeichen eintauschen würde. Doch das, was ich da tat – Abzeichen als Selbstzweck erwerben, ohne zunächst richtig in die Natur einzutauchen –, war derart peinlich und meine Scham zu groß, um dies vor dem Ranger zuzugeben. Ich suchte das nächstgelegene Besucherzentrum auf Google Maps. Vor mir lag eine Stunde Fahrt. Wenn ich rasen würde (und in meiner Stimmung war ich zu nichts anderem in der Lage), würde ich es wahrscheinlich 15 Minuten vor Schließung schaffen. Ich schaltete den Prius auf »Drive« und schoss aus dem Parkplatz wie Vin Diesel, der in allen *Fast-&-Furious*-Filmen nach Teil 4 versucht, so schnell zu fahren, dass er die Welt retten kann. Game on.

Bei einer berauschenden Geschwindigkeit von 40 Meilen pro Stunde sauste ich auf der Wawona Road in Richtung Norden. Unübersichtliche Kurven nahm ich, ohne abzubremsen, und sah dabei zu, wie meine errechnete Ankunftszeit Minute um Minute nach vorn rückte. *Sie schafft es!*, dachte ich. Ich fuhr an einem Schild vorbei, auf dem RASEN TÖTET BÄREN stand, und nahm mir fest vor, keinen Bären zu töten. Ich holte ein Auto ein, das die Geschwindigkeitsbegrenzung völlig unbeschwert einhielt, und spürte, wie mein Herzschlag umgekehrt proportional zum Prius beschleunigte. Als die Straße einmal kurz schnurgerade war, bog ich auf die Gegenspur ab und überholte. Nichts würde mich daran hindern, mein willkürlich gesetztes, frustrierendes Ziel zu erreichen.

Ein Tunnel führte mich durch die Berge, und als ich wie aus einer Gebärmutter daraus auftauchte, breitete sich das Yosemite Valley in seiner ganzen Pracht vor mir aus; der ikonische Anblick, den man von Postkarten kennt – der, bei dem man quasi Engelein singen hört; der, der einen innehalten und danken lässt, dass ein solcher Ort auf Erden existiert. Die Fahrer*innen vor mir bogen auf einen Parkplatz am Straßenrand ab, um innezuhalten und richtig auszukosten, hier zu sein, an diesem

Ort, am El Capitan und Half Dome; ich sah, wie sie anhielten, und dachte, *schön für euch, adios* und fuhr noch schneller.

Triumphierend parkte ich mein Auto; bis zur Schließung des Besucherzentrums blieben mir noch 14 Minuten. Doch dann blickte ich mich um: Weit und breit war kein Besucherzentrum zu sehen. Offenbar gab es keinen Parkplatz direkt neben dem Gebäude. Vielmehr bot dieser riesige Parkplatz Stellplätze für das gesamte Tal; von hier aus konnten sich die Besucher*innen mit einem Shuttle-Bus fortbewegen. In puncto Nachhaltigkeit war das schlau, bedeutete aber laut meines Navis, dass meine schnellste Option, um in den noch verbleibenden 13 Minuten zum Besucherzentrum zu gelangen, darin bestand, 15 Minuten zu laufen. Das Adrenalin meiner einstündigen Fahrt gerann zu glühendem Zorn, auf mich selbst und meine gesamte Reise.

Ich rief meine Mom an, der einzige Mensch, der es erträgt, wenn ich mich über die Konsequenzen meiner Taten beklage. »Ich weiß nicht, was ich tun soll!«, sagte ich. »Heute Nacht schlaf ich in der Nähe des Sequoia-Nationalparks. Der liegt drei Stunden entfernt. Um morgen das Abzeichen zu bekommen, muss ich sechs Stunden hin- und zurückfahren! Und dann bleibt mir nicht genug Zeit für den nächsten Park!«

»Hm, Schätzchen«, sagte meine Mom, beschwichtigender, als ich es verdient hatte. »Wie wäre es, wenn du auf das Junior-Ranger-Abzeichen vom Yosemite verzichtest?«

»Wenn ich auf das Junior-Ranger-Abzeichen vom Yosemite verzichte, warum mach ich das Ganze dann überhaupt?«

Meine Mutter begriff, dass ich für rationale Argumente nicht zugänglich war und mich nur im Selbstmitleid suhlen wollte. »Sieh es doch mal so, wenigstens bist du gesund.«

»Mir doch egal!«, maulte ich. (Memo an mein Karma: Mir liegt meine Gesundheit sehr wohl am Herzen.)

»Zumindest sind dein Vater und ich am Leben.«

Mir war bewusst, was für eine Heulsuse ich war, wenn sich

meine Stimmung angesichts meiner verspäteten Ankunft am Besucherzentrum nur dadurch heben ließ, dass mir die traumatische Erfahrung des Verlusts eines Elternteils bislang erspart geblieben war. Ich dankte meiner Mom fürs Zuhören, sagte ihr, dass ich sie liebhatte und froh war, dass sie noch lebte, und legte auf. Es war an der Zeit herauszufinden, worum es bei meiner Reise ging, wenn nicht darum, mich an Kinderabzeichen von der amerikanischen Regierung zu vergreifen.

Warum tue ich das? Diese Frage gehört zum Alleinreisen dazu, wenn niemand da ist, der oder die deine Entscheidungen absegnet, indem er oder sie bei deinem Plan mitmacht. Nach einer Weile fragt man sich, ob das, was man da tut, gerechtfertigt ist. Je mehr ich über die Geschichte der Parks nachdachte, über die Tragweite dessen, dass manche Teile der Natur geschützt werden, andere aber nicht, über das Benzin, das ich verbrauchte, um überallhin zu gelangen, über die Auswirkungen, die ich und die Horden anderer Reisender auf diese Gegenden hatten, und wie sehr ich meine Freund*innen vermisste, desto mehr fragte ich mich, ob das, was ich da tat, überhaupt einen Sinn ergab. Ich hatte meinen Job an den Nagel gehängt. Die Welt stand mir offen. Ich hatte genug Geld gespart, um mir den Sommer freizunehmen. Warum nur hatte ich mich dazu entschieden, eine Reise zu den malerischsten und überfülltesten Parkplätzen Amerikas zu anzutreten?

Für meine Reise sprachen viele Gründe. Ich wollte das Gefühl haben, mein Leben nicht zu verschwenden. Ich wollte die schönen Orte sehen, von denen ich gehört hatte. Ich wollte Narrative hinterfragen, mit denen ich aufgewachsen und von denen ich fasziniert gewesen war. Die Abzeichen waren kein Grund für meine Reise; sie waren nichts weiter als ein strukturgebendes Element – das Skelett der Reise, nicht ihre Seele.

Erst Monate, nachdem ich wieder nach Hause zurückgekehrt war, konnte ich mir den wichtigsten Grund für meine Reise eingestehen: Ich wollte ganz einfach Spaß haben. Doch in diesem Moment, auf diesem einen Parkplatz, war schwer zu erkennen, wie das, was ich tat, Spaß sein sollte.

Als ich noch dachte, ich könnte mir den Weg ins Besucherzentrum in *The-Fate-of-the-Furious*-Manier bahnen und hätte immer noch ausreichend Zeit, mein Abzeichen abzustauben, hatte ich mir vorgenommen, den Ranger*innen zu erzählen, dass ich zwar noch keinen von einem Ranger oder einer Naturschützerin angeleiteten Programmpunkt absolviert hatte, dies aber nachholen würde. Jetzt beschloss ich, diese Aufgabe doch gleich abzuhaken. Vielleicht würde ich morgen zurückfahren oder mein Arbeitsheft an Todd schicken, sodass er es bei einem künftigen Besuch für mich abgeben könnte. Und so fuhr ich zum Majestic Yosemite Hotel, wo ein solcher Programmpunkt gleich beginnen sollte.

Am Hotel angekommen, blieb keine Zeit für eine Pause. Schilder warnten mich, nichts Essbares in meinem Prius zurückzulassen. Bären im Yosemite würden Autos mit Nahrung verbinden und in Autos einbrechen, um deine Doritos zu verschlingen. Außerdem seien sie klüger als wir, und falls jemand auf die Idee käme, seine Doritos im Kofferraum zu deponieren, würden sie einfach die Autotür aufreißen und den Rücksitz zerteilen. Wenn man auch nur einen Krümel, nur eine nach Minze riechende Zahnpasta-Tube im Auto zurückließ, trug man selbst die Verantwortung, und der Yosemite übernahm keinerlei Haftung. Zur Option stand für mich, meine Kühlbox auf dem gesamten, von Naturschützer*innen geführten Spaziergang mitzuschleppen oder den Prius dem Risiko auszusetzen, von einem Ursus americanus zerlegt zu werden.

Ich beschloss, es darauf ankommen zu lassen. Im Inneren des Hotels ließ ich meine neue Bryce-Canyon-Wasserflasche fallen, womit ich sie sowas von eindellte. *Das ist stressiger als Free Solo!*, hätte ich allen geschrieben, wenn der Empfang gut genug gewesen wäre. Ich arbeitete mich durch das mit Glasmalereien und Wandteppichen geschmückte Hotel und einen Raum, in dem mehr Sofas standen, als ich mir in meinem ganzen Leben würde leisten können, und dann fand ich eine Gruppe, die sich draußen für das Naturkundeprogramm versammelte.

Eine Stunde lang führte uns die Naturschützerin, eine junge Frau namens Brooke, durch das Yosemite Valley und lehrte uns, die Natur wahrzunehmen, wie man auch in den kleinsten Details der Welt, die einen umgibt, Freude findet. Wir bestaunten Blumen und Bäume, redeten über Schmetterlinge und die Geschichte des Ortes, an dem wir uns befanden. Brooke war freundlich und so offensichtlich von den Dingen begeistert, die sie uns näherbrachte, dass der Spaziergang wie Balsam für meinen Koller war. Ich konnte einfach nicht länger genervt sein, vor allem, als ich begann, mich mit einer älteren Frau zu unterhalten. Als sie erfuhr, dass ich aus Wisconsin stammte, erzählte sie mir, einer ihrer Verwandten sei in Sheboygan gestorben, erfroren in einer Schneewehe, »guter Ire, der er nun einmal war«.

Brooke erzählte uns gerade, dass der Yosemite heute zu dicht bewaldet sei – es gebe heute mehr Bäume pro Hektar als früher, als die indigene Bevölkerung kontrollierte Feuer legte, und vor allem seit zwischen den 1850er- und 1970er-Jahren selbst natürliche Brände unterdrückt wurden, was der Gesundheit des Ökosystems schade –, als ein Mann auf etwas in etwa 20 Metern Entfernung im Unterholz zeigte. »Schaut mal!«, sagte er. »Ein Bär!«

Ja, tatsächlich, da war ein Bär. Zum ersten Mal auf meiner Reise sah ich einen Bären, oder wenigstens seinen Hintern. Zu diesem Zeitpunkt hatte sich meine Laune für meinen Geschmack viel zu schnell von »völlig entnervt« zu »durch die Natur erfrischt« gewandelt, aber was soll ich sagen: Den hübschen Arsch eines Bären zu erblicken, war genau die Art Spaß, nach der ich suchte. »Sieht wie ein Junges aus«, sagte Brooke.

»Zu dieser Jahreszeit fressen sie gerne Beeren.« Wir machten »Oh« und »Ah« und bewegten uns schleunigst zwischen den Bäumen hervor, denn wo ein Bärenjunges ist, ist auch ein wachsamer Mama-Bär nicht weit.

Als das Programm zu Ende war, ging ich zu Brooke, um mich bei ihr zu bedanken, und bat sie, mein Junior-Ranger-Heft abzuzeichnen. »Ich war zu spät, um es abzugeben, deswegen komm ich morgen noch einmal zurück«, erzählte ich ihr, als sie unterschrieb.

»Ach, das ist nicht nötig«, sagte sie. »Gib mir doch einfach deine Adresse, dann gebe ich es für dich ab.« Bei all der Freude über den Bärenarsch, meiner Spirale, den so hohen Bäumen und Brookes Freundlichkeit, die mich absolut plättete, musste ich beinahe weinen.

»Wie heißt du auf Venmo? Lass mich wenigstens das Porto bezahlen.«

Doch davon wollte sie nichts wissen.

Ich war mir nicht sicher, ob es mir gelingen würde, ein Buch zu schreiben, das auch nur eine Person zum Umweltschutz bewegen würde. Ich war mir nicht sicher, ob meine Reise angesichts all der problematischen Aspekte, die ich inzwischen entdeckt hatte, überhaupt gerechtfertigt war. Aber jemanden wie Brooke zu treffen – die Hoffnung, so freundlich wie sie sein zu können, dass meine Liebe zur Natur genauso ansteckend war und auf andere übersprang –, gab mir das Gefühl, dass es all das wert war. Ich hoffte, auf meiner restlichen Reise, egal wie gehetzt, die Natur ebenso betrachten zu können wie auf dem ruhigen Spaziergang durch ein Eckchen des Yosemite Valley.

14
NATIONALPARKS SIND BESCHISSEN

*I*n jedem Urlaub kommt irgendwann der Punkt, an dem man völlig vergisst, welcher Wochentag gerade ist. Und warum auch nicht? Auch wenn »Tage« vielleicht kein soziales Konstrukt sind – schließlich geht die Sonne in ziemlich regelmäßigen Abständen auf und unter –, wirken »Wochen« doch ziemlich willkürlich. Jeder siebte Sonnenaufgang soll etwas Besonderes sein? Warum gerade sieben? Wegen der Zwerge? Und hat dann jeder der sieben Tage einen eigenen Namen und eine Titelmelodie? Gibt es irgendeinen Grund dafür, dass ich ausgerechnet dienstags Tacos essen sollte? Dafür, dass einmal pro Woche irgendwo eine Katze von ihrem Napf mit Lasagne aufblickt, um sich darüber zu beschweren, dass »Montag« ist? Mir fällt kein triftiger Grund ein, warum wir uns alle darauf geeinigt haben, unser Leben an fünf von sieben Tagen der Bereicherung von Milliardär*innen zu widmen, solange wir zwei Tage hintereinander auf den Bauernmarkt gehen können.

Soll heißen: Ich war nie sonderlich gut darin, einen Mittwoch von einem Donnerstag zu unterscheiden, und an diesem Punkt meiner Reise war diesbezüglich alles zu spät. Als ich am Besucherzentrum des Sequoia- und Kings-Canyon-Nationalparks ankam, war ich erstaunt, dass dort bereits morgens um 9 Uhr 36 eine lange Schlange stand, bis mir wieder einfiel, dass ich mich im einwohnerreichsten Bundesstaat befand, es Sommer war und – *ach, ja* – Samstag.

Im Sequoia- und Kings-Canyon-Nationalpark stehen, wie unschwer zu erraten, riesige Sequoias unter Schutz, die größten Bäume der Welt. Etwa ein Drittel dieser thicc bois wächst in diesen beiden Nationalparks. Auch wenn es sich genau genommen um zwei unterschiedliche Parks handelt, den Sequoia und den Kings Canyon, werden sie seit 1943 gemeinsam verwaltet, sie machen also niemandem etwas vor. Mit ihnen ist es wie mit diesen hippen Paaren, die seit 30 Jahren zusammen sind und gemeinsame Kinder haben, aber nicht verheiratet sind. Cool! Damit setzt ihr definitiv ein Zeichen!

Mit dem Junior-Ranger-Heft in Händen plante ich meine Tagesroute. Der größte Baum der Welt und ein großer Fels, den mir der Ranger empfohlen hatte, lagen beide im Süden, im Sequoia, und so begab ich mich wieder in meinen geliebten Prius. Die Fahrt dauerte nicht lange. Kaum im Park angekommen, stieß ich auf eine Straßenabsperrung: Ranger*innen wiesen alle Fahrenden an, auf den Wuksachi-Lodge-Parkplatz zu fahren, ihre Autos dort zurückzulassen und in ein Shuttle umzusteigen.

Ich bin großer Fan des öffentlichen Nahverkehrs. Ich kenne die Infografiken, die zeigen, wie viele Fahrzeuge benötigt werden, um 1000 Menschen zu transportieren: Es sind 625 Autos sowie zwei Hektar Parkplatz an beiden Zielpunkten – oder eine U-Bahn. Den öffentlichen Nahverkehr auszubauen, angenehmer und zugänglicher zu gestalten, ist etwas, das offensichtlich in unserer Hand liegt und tatsächlich einen Einfluss auf den Klimawandel hat. Aber als uns die Ranger*innen aufforderten, unsere Autos stehen zu lassen, kann ich nicht gerade behaupten, dass ich anfing zu applaudieren und zu jubeln und meine Mitreisenden dazu zu animieren, »ÖFF-ent-licher NAH-verkehr, *klatsch, klatsch, klatsch, klatsch, klatsch*« zu singen.

Ich stellte mein Auto brav ab, blickte auf die chaotische Menschenansammlung, die in der heißen Sonne auf das Shuttle wartete, und dachte: *Oh Gott, das wird ein Albtraum.* Nach längerem Warten fuhr ein kleiner Shuttlebus vor, und die Hölle brach los. Ich wurde Zeugin, wie Familien kurz davor standen, andere Familien für einen Sitzplatz zu töten. Es war wie ein Bandenkrieg, ein Naturzustand, wie die Szene in *Titanic,* in der Billy Zane etwas höchst Verwerfliches tut, um in ein Rettungsboot zu gelangen.

Ich schaffte es an Bord, und nach einer kurzen Fahrt stiegen wir in ein anderes Shuttle um und luden, wider die Gesetze der Physik, weitere menschliche Körper ein. Schließlich durften wir aussteigen und strömten am Ausgangspunkt des Wanderwegs zum General Sherman Tree schnaufend aus dem Bus. Zusammen mit 30 anderen Frauen begab ich mich vor Beginn meiner Wanderung zur Toilette. Zugegebenermaßen musste ich nicht wirklich pinkeln, aber ich leide an der Krankheit jeder Mutter aus dem Mittleren Westen: die Frau, die ihre Kinder jedes Mal, bevor sie aus dem Haus gehen, auffordert »nur sicherheitshalber« noch mal zu pinkeln – das bin ich. Ich pinkle, bevor ich das Haus verlasse, selbst wenn ich erst 15 Minuten davor auf dem Klo war. Ich pinkle dermaßen häufig, dass mich meine Freund*innen mit gedämpfter Stimme fragen, ob bei mir alles in Ordnung sei, *medizinisch gesehen,* und ich erwidere, dass es mir gut geht. Auch wenn nur die geringste Möglichkeit besteht, später pinkeln zu müssen, und das auch nur im Geringsten zu Unannehmlichkeiten führen könnte, gehe ich lieber gleich pinkeln. Aber an der General-Sherman-Shuttle-Haltestelle zu pinkeln, war eine ganz eigene Art der Unannehmlichkeit: Die Sanitäranlagen waren übersät von feuchtem Toilettenpapier, und geheimnisvolle Flüssigkeiten bildeten Pfützen, die so groß waren, dass sie einen Namen auf einer Landkarte verdient hätten. Anscheinend musste der Sequoia-Nationalpark mehr Besucher*innen bewältigen, als er konnte. Auf der Toilette schaltete ich in den Geistermodus (ich verließ meinen irdischen Körper und versuchte, nichts zu berühren) und wanderte dann zu den riesigen Bäumen.

Als ich vor dem General Sherman Tree stand, konnte ich ihn nur anstarren. Mein Blick wanderte langsam nach oben, wie die Kamera an einer sexy Frau in jedem x-beliebigen, von einem Mann gedrehten Film. Ich ließ meinen winzigen Körper seine Verbindung zu diesem Riesending spüren, das ich betrachtete. Der Baum war 83,8 Meter hoch und hatte an der Stammbasis einen Durchmesser von elf Metern, fast so breit wie die Straße, in der ich aufwuchs inklusive der zu beiden Seiten parkenden Autos. Es gibt größere Bäume als den General Sherman und breitere, aber keiner hat ein größeres Volumen, das man ermittelt hat, indem man ihn in eine Badewanne stellte und beobachtete, wie viel Wasser er verdrängte.

In einer Welt mit derart riesigen Gewächsen zu leben, schien unwahrscheinlich, aber so war es und hier stand ich, mitten unter ihnen. Die Luft, die mich umgab, fühlte sich besonders an, erfrischend, und ich konnte nachvollziehen, warum utopische Sozialisten in den 1880er-Jahren vor Ort eine Kommune gegründet und den Baum in Karl Marx Tree umbenannt hatten.

Wieder im Bus spaltete sich mein Geist von meinem Körper ab, bis mich der Bus am Parkmuseum ausspuckte, wo ich eine Toilette auf ganz neuem Ekel-Niveau vorfand und einen Ranger, der mir mein Junior-Ranger-Abzeichen aushändigte. Der Ranger kontrollierte meine Aufgaben, zu denen ein weiteres Bingo-Spiel gehörte, bei dem man Dinge aufzählen musste, die man im Park gesehen hatte: einen Pinienzapfen, einen Riesenmammutbaum, eine Wildblume, eine*n Park-Ranger*in, einen Käfer, so was halt. »Was davon hat Ihnen am besten gefallen?«, fragte mich der Ranger.

»Hm, die gigantischen Sequoias«, antwortete ich.

»Och«, erwiderte er verletzt.

»Hätte ich etwas anderes sagen sollen?«, zermarterte ich mir das Gehirn. Das, worum es in dem Park ging, waren doch die Sequoias, oder etwa nicht? War mir womöglich irgendein cooles Insekt entgangen?

»Wir hören es gerne, wenn die Besucher sagen, dass ihnen

die Park-Ranger am besten gefallen haben«, antwortete er. Ich versicherte ihm, auch ich sei sehr, sehr angetan von ihm.

Mein nächstes Ziel war der Moro Rock, ein gigantischer, kuppelförmiger Granitfelsen, der in 2050 Metern Höhe über dem Park thront. Einen Großteil des Wegs bis zum Gipfel können Besucher*innen auf der Parkstraße zurücklegen, doch das letzte Stück muss zu Fuß bewältigt werden, mehr als 350 Stufen. Ich lief an keuchenden Menschen vorbei, die am Wegesrand standen, weil ich, wenn auch nicht in Profisportlerinnenform, bekanntlich auch keine Management-Beraterin, Investmentbankerin oder Kylie Jenner bin und es mir daher nicht leisten kann, in einem Gebäude mit Aufzug zu wohnen. 350 Stufen waren mein täglich Brot, jedes Mal, wenn ich nach Hause kam. Ich musste nur ein einziges Mal innehalten, als Yaedra, die blonde Frau vor mir, den gesamten Weg blockierte, damit ihr Freund sie beim Posieren fotografieren konnte. (Ihren Namen hörte ich, als ihr Freund vorschlug, sie solle die Menschen vorbeilassen, die hinter ihr warteten, und sie ihn daraufhin anbrüllte, weil er »nur ein Foto« gemacht hatte, wo sie doch ganz eindeutig mehrere Optionen zur Auswahl gebraucht hätte.)

Nichts davon war von Bedeutung, als ich den Gipfel erreichte. Überall, wo ich hinsah, waren Berge. Ich lief ans Ende der schmalen, durch einen Handlauf gesicherten Aussichtsplattform: gen Westen Wildnis und die schneebedeckten Gipfel der Great Western Divide. Gen Osten fielen die Berge ab, bis sie sich im San Joaquin Valley verliefen. Ich schoss ein paar Fotos, und als ich mich umdrehte, stand bereits eine Schlange hinter mir, die darauf wartete, das Gleiche zu tun. Ich war zur Yaedra geworden.

In der Nähe des Moro Rock befand sich eine Besonderheit, die ich gerne sehen wollte: der Tunnel Log, ein Baum, durch dessen Stamm man hindurchfahren kann. Anders als auf den beliebten alten Fotos, auf denen Autos durch in Sequoias geschlagene Tunnels fahren, die die Bäume verstümmelten und irgendwann töteten, war dieser Tunnel in einen Sequoia geschlagen worden, der auf eine neu gebaute Straße umgestürzt war. Der Stamm war zu groß, als dass man ihn hätte wegtransportieren können, weswegen die Parkverwaltung einfach ein Loch von der Größe eines Trucks hineinschneiden ließ. Als ich dort ankam, fotografierte ein Mann gerade seine Familie, die im Inneren des Baumstamms stand. Ich bot ihm an, ein Foto mit ihm zu schießen, und er schlug vor, im Gegenzug eines von mir zu machen. »Gerne!«, sagte ich und kniete mich in dem Tunnel nieder, die Hände zum Gebet gefaltet.

»Möchtest du dich nicht doch lieber normal hinstellen?«, fragte er.

Auf dem Rückweg zum Parkmuseum verlief ich mich gut gelaunt und blieb immer wieder stehen, um meine Wanderkarte mit den wenigen Schildern abzugleichen. Als ich zum dritten oder vierten Mal innehielt, um herauszufinden, wo zur Hölle ich hingeraten war, lief ein Mann an mir vorbei. Ich grüßte ihn. Er grüßte zurück. Und dann fiel mir auf, dass er einen Sequoia-Zapfen bei sich trug.

Vor meinem inneren Auge zogen fünf Wochen Junior-Ranger-Training vorbei. Auch wenn es Ausnahmen gibt – manche Parks erlauben es bedingt, Beeren zu pflücken, und der indigenen Bevölkerung wurden Nutzungsrechte vertraglich garantiert –, gilt im Großen und Ganzen, dass man aus einem Nationalpark nichts mitnehmen darf. Das traf insbesondere auf die Zapfen der Sequoias zu, weil die Sequoia-Samen ohnehin schwer zu kämpfen haben, um überhaupt zu keimen. Dazu gehört, dass die Samen aus den Zapfen gelangen müssen, nicht gefressen werden dürfen, die jungen Bäume die perfekte Menge an Schatten abbekommen müssen … dieser Baum brauchte alle Hilfe, die er bekommen konnte. Eine Person, die einen Zapfen stiehlt, wäre nicht weiter problematisch, aber die Sequoia- und Kings-Canyon-Nationalparks werden jährlich von

1,2 Millionen Menschen besucht, und es braucht nicht viel Fantasie, um sich vorzustellen, wie schnell es da düster wird. Ich wägte all die Junior-Ranger-Schwüre, in denen ich versprach, mein Wissen mit anderen zu teilen, gegen einen Streit mit einem durchtrainierten Mann ab, ohne dass sich jemand in Rufweite befand.

»Schönen Tag noch!«, wünschte ich ihm und ließ ihn passieren.

Das Ausmaß meines Versagens als Naturschützerin reichte weit darüber hinaus, den Diebstahl eines Tannenzapfens nicht zu verhindern. Die Schattenseiten des Massentourismus lagen auf der Hand und weckten in mir die Sorge, dass ich nicht nur etwas Schlechtes tat, indem ich meinen Körper der Unzahl an Tourist*innen hinzufügte, sondern vielleicht etwas viel Schlechteres, indem ich über die Nationalparks schrieb. Vielleicht ist es Teil unseres menschlichen Wesens, die atemberaubende Schönheit der Natur erleben zu wollen, unser Toilettenpapier auf den Boden fallen zu lassen, zu oft für Fotos auf Wanderwegen anzuhalten und Tannenzapfen zu klauen. Vielleicht ist es Teil unserer DNA! Aber musste ich wirklich zur Verschärfung des Problems beitragen, indem ich ein Buch darüber veröffentlichte, wie sehr ich meine Reise an diese Orte liebte? Wie am Beispiel des Yosemite Valley gezeigt, können Künstler*innen andere zum Naturschutz inspirieren, die Kehrseite ist jedoch, dass Künstler*innen auch die Tourismusindustrie ankurbeln und mehr Menschen anlocken können, die sich nicht um fossile Brennstoffe oder den Klimawandel scheren. War es als umweltbewusste Amerikanerin nicht meine Pflicht, stattdessen ein Buch darüber zu schreiben, wie absolut beschissen die Nationalparks sind?

Über Orte zu schreiben, inspiriert Menschen, an ebendiese zu reisen. Dabei handelt es sich nicht um eine unerwünschte Nebenwirkung: Es war seit jeher eines der primären Ziele der amerikanischen Reiseliteratur. Als die amerikanische Regierung angelsächsische Siedler*innen animieren wollte, im Rahmen der indigenen Landenteignung gen Westen zu ziehen, schickte sie John C. Frémont zur »Landvermessung« voraus, mit dem Auftrag, über seine Abenteuer zu schreiben. Vor Frémont waren nur etwa 100 Menschen auf dem Oregon Trail unterwegs gewesen. Nach der Veröffentlichung seines Berichts *On an Exploration of the Country Lying Between the Missouri River and the Rocky Mountains* taten es ihm in den darauffolgenden Jahren Tausende nach. Neid ist real und funktioniert!

Früher wunderte ich mich darüber, wenn Bekannte als blinde Passagier*innen auf Güterzügen mitfuhren, aber nicht darüber redeten. *Warum all die Geheimniskrämerei?*, dachte ich. Als Schriftstellerin war ich zur Überzeugung gekommen, dass Erfahrungen erst dann greifbar werden, wenn man mit Freund*innen darüber spricht oder über sie schreibt. Beim Geschichtenerzählen geht es darum, über den Stellenwert des Erlebten und die kausalen Beziehungen nachzudenken, sodass man die Bedeutung dieser Ereignisse anderen vermitteln kann.

Jetzt fühlte sich die Geheimniskrämerei weit weniger abweisend an, weniger als damals in der Middleschool, als mich die Skater-Jungs wissen ließen, dass ich wegen meiner allgemeinen Erscheinung und Persönlichkeit nicht »wirklich« Nirvana-Fan sein könne. Ich begann, die Zurückhaltung mancher Menschen, über ihre Natur- und Reiseerlebnisse zu berichten, als Eingeständnis zu begreifen: Erzählt man von den Erlebnissen als blinde*r Passagier*in auf Güterzügen, werden schon bald ein paar Möchtegern-Kerouacs auf Züge aufspringen, was zu mehr Überwachung führt, sodass es am Ende keine*r mehr tun kann. Wenn alle versuchen, ein einfaches, freies Dasein in den Wäldern zu führen, wird der Wald demnächst zum belebten Ballungsraum.

Am nächsten Tag verließ ich die Sierra Nevada und fuhr in Richtung Westen zum Pinnacles-Nationalpark. Dabei gehorchte ich blind allem, was mir mein Navi befahl, und bemerkte, dass, würde ein Serienmörder meinen Google-Maps-Account hacken, um mich direkt in seine Mörderhöhle zu locken, ich der Route ohne nachzudenken folgen würde. Der Pinnacles wurde erst 2013 zum Nationalpark ernannt, und ich war nicht sonderlich gut über ihn informiert. Ich wollte gerne mehr über ihn herausfinden, mehr noch aber wollte ich ihn von meiner Junior-Ranger-Liste streichen und es pünktlich nach L.A. schaffen.

Ich wünschte, ich hätte mehr Zeit gehabt, um dem Park gerecht zu werden, doch unmittelbar, nachdem ich am Besucherzentrum aus meinem Auto gestiegen war, wurde mir klar, dass dieser Traum warten musste: Im schmerzhaften Gegensatz zu den Temperaturen der Berge, in denen ich im Sequoia und Kings Canyon erwacht war, fühlte sich die Luft im Pinnacles an, als wären mir Tausende Glätteisen gleichzeitig über den Körper gezogen worden. Dem Thermometer am Armaturenbrett des Prius zufolge hatte es 43,3 Grad Celsius. Als ich eine Rangerin fragte, welche Aktivitäten sie mir für den Tag im Pinnacles empfahl, antwortete sie mehr oder weniger: »Sterben Sie nicht.« Wenn ich meinen hitzeschlaggefährdeten Hintern nicht stillhalten könne, solle ich keinesfalls länger als eine Stunde wandern.

Ich füllte mein Junior-Ranger-Heft in meinem heißen Auto auf dem Parkplatz aus. (Scheibe bitte nicht einschlagen, sie hat Wasser und lauscht gerade ihrer Lieblingsmusik.) Eine Aufgabe über die »Jäger der Lüfte« lehrte mich, dass Eulen die einzigen nachtaktiven Greifvögel sind. Bei einer anderen war ich aufgefordert, einen Ort in der Nähe meines Zuhauses zu nennen, der ein Nationalpark sein sollte. Ich schrieb »Devil's Lake«, aber: Sollte der wirklich ein Nationalpark sein? Eher nicht. Irgendwo muss man die Grenze ziehen.

Am Ausgangspunkt eines Wanderwegs warf ich mir ein leichtes Longsleeve-Shirt über und bedeckte jeden ungeschützten Zentimeter meines Körpers mit Sonnencreme, schnappte mir mehrere Wasserflaschen und machte mich auf meine kurze Wanderung zum Bear Gulch Reservoir. Ich erklomm Felsen, ging um Felsen herum, durch schmale Durchgänge zwischen Felsen hindurch. *Oh ... okay ...,* dachte ich. *Der Pinnacles besteht nur aus Felsen ...* Ich schaffte es zurück zum Prius, ohne zum Mittagessen von Jägern der Lüfte geworden zu sein, und fuhr in großem Bogen um die Berge gen Norden, in Richtung Big Sur.

Ich fuhr auf den Pacific Coast Highway und folgte ihm nach Süden, zu meiner Rechten fiel die Küste steil zum Meer ab. Die Fahrt auf dieser Straße war ein ganz eigener Großer Amerikanischer Roadtrip, von dem ich lange geträumt hatte. Als ich nördlich von Monterey auf dem PCH entlangfuhr, dachte ich bei jeder Brücke, die ich im Laufe der kommenden Stunde sah: *Oh mein Gott, es ist die Brücke aus* Big Little Lies! (Und mindestens einmal muss ich richtiggelegen haben.)

Die verheerenden Auswirkungen der ästhetisch gesinnten Massen zeigten sich auf meinem Campingplatz im Pfeiffer Big Sur State Park, wo Schilder aufgestellt waren, auf denen Besucher*innen darum gebeten wurden, keine Sukkulenten mehr zu stehlen. Am Abend beschloss ich, auf einen Berg hinaufzugehen, und kam an einem Paar vorbei, das kleine, mit Blättern bedeckte Äste vor seinen Gesichtern schwenkte. »Wir nennen es australisches Insektenspray«, erklärten sie mit australischem Akzent, weshalb es keine Beleidigung war. Oben auf dem Bergkamm sah ich, wie die Sonne über dem Ozean unterging, und verstand, warum dieser Ort für seine Schönheit so berühmt war. Ich kehrte um und musste, völlig selbstverschuldet, im Dunkeln zurücklaufen. Im Wald, der mich umgab, hörte man die klagenden Rufe der Eulen. *Ach ja,* dachte ich. *Die einzigen* *nachtaktiven Raubvögel.* Dank meiner iPhone-Taschenlampe fand ich zurück und traf in der Dunkelheit in der Nähe des Parkplatzes erneut auf die Australier*innen. »Oh! Wie schön!«, sagten sie. »Du lebst!«

Den größten Teil der folgenden Woche in Los Angeles verbrachte ich damit, Freund*innen zu treffen, das Chana Masala verschiedener Restaurants zu essen, versehentlich einen Audi zu streifen und mit ein paar Meetings. Immer wieder stieß ich auf Menschen, die, anstatt mit mir über meine Karriereziele zu sprechen, unbedingt etwas über die Orte erfahren wollten, die ich in den letzten anderthalb Monaten bereist hatte. Ihr Enthusiasmus für das, was ich tat, erinnerte mich daran, wie oft ich selbst von meiner Reise geträumt hatte, als ich diejenige war, die in einem Büro saß und die Karriere einer anderen Person googeln sollte.

Nach der Woche in L.A. wollte ich im Angeles National Forest übernachten und mich dann auf den Weg zum nächsten Park machen. Mein Freund Jose, in dessen Wohnung ich untergekommen war, der Taylor Swift hörte und sein Smart-Home-Gerät herumkommandierte (»Siri, schalte Lampe eins ein«), legte augenblicklich sein Veto ein. Anscheinend hatte die brutale Gang MS-13 genau in dem Wald, in dem ich wild campen wollte, mehrere Morde begangen und Leichen vergraben. So viel ich wusste, hatte ich in letzter Zeit zwar nichts getan, was den Zorn der MS-13 auf mich hätte ziehen können, aber: sicher ist sicher. Und so erwachte ich an einem Samstagmorgen im komfortablen Apartment in West Hollywood, das Jose mit seinem engelsgleichen Ehemann Patrick und ihrer entzückenden Adoptivtochter (mir) teilte, um von dort aus für einen Tagesausflug zum Channel-Islands-Nationalpark in Richtung Westen aufzubrechen.

Bevor meine Fähre zu den Inseln losmachte, begab ich mich ins Besucherzentrum auf dem Festland, um mein Junior-Ranger-Heft zu holen. Ich würde erst von den Inseln zurückkommen, wenn das Besucherzentrum bereits geschlossen wäre, und so fragte ich die Ranger*innen, ob sie mir mein Abzeichen einfach bereits aushändigen und darauf vertrauen könnten, dass ich die Aufgaben meistern würde. Klar, sagten sie locker. »Aber auf einer der Inseln ist auch ein Ranger, der Abzeichen hat«, fügte einer hinzu. »Ranger Lucas. Buschiger Schnurrbart. Du siehst ihn, sobald du vom Boot gehst.«

Wenn das so ist, ließ ich sie wissen, würde ich warten, um mir eines von ihm aushändigen zu lassen, und damit rannte ich los, um meine Fähre zu erwischen, die *Island Adventure*.

Der Channel-Islands-Nationalpark besteht aus fünf Inseln und dem umgebenden Wasser. Wie auf Inseln oft der Fall, hat die Evolution auch hier abgefahrene Kreaturen hervorgebracht, und im Laufe der Zeit entwickelten sich die Tiere zu Arten, die sich von denen auf dem Festland vollkommen unterscheiden. Auf den Channel Islands sind an die 150 Arten heimisch, einer der Hauptgründe für die Existenz des Parks. Ich wollte meinen Tag auf Santa Cruz Island verbringen, der größten Insel, die über 20 Meilen lang und bis zu sechs Meilen breit ist, fast dreimal so groß wie Manhattan – sie könnte also bis zu drei M&M-Stores beherbergen.

Wir schipperten in die Scorpion Cove, eine kleine, steinige, zu beiden Seiten von Klippen gesäumte Bucht, und reihten uns ein, um von Bord zu gehen. Neben mir stand eine Frau in meinem Alter. »Reist du allein?«, fragte sie. Ich bejahte. »Ich auch!«, sagte sie. »Ich wollte immer herkommen, hab meine Freunde aber nie dazu gekriegt, mich zu begleiten. Und dann hab ich mir gedacht, ich kann einfach allein losziehen! Und weißt du, was? Allein als Frau zu reisen, fühlt sich so stark an, weil …«

Doch bevor ich sie überreden konnte, mein Buch für mich zu schreiben, entdeckte ich einen Ranger mit buschigem Schnurrbart.

»Sorry, ich muss mit dem Typen dort reden«, sagte ich zu ihr und ging geradewegs zu Ranger Lucas. »Mir wurde gesagt, Sie könnten mir später ein Junior-Ranger-Abzeichen aushändigen.«

»Jupp«, sagte er, nicht sonderlich enthusiastisch.

»Perfekt! Hätten Sie gerade Zeit für ein Interview?«, fragte ich, nicht weil ich ein Buch über Parks schreiben wollte und sich mir gerade gutes Recherchematerial bot, sondern weil auf einer Seite meines Arbeitshefts von mir gefordert wurde, ein Interview mit einem Ranger zu führen.

»Sicher«, erwiderte er, noch weniger enthusiastisch.

Ich stellte ihm die vorgegebenen Fragen und überließ ihn dann seinen Pflichten. »Wo kann ich Sie finden, wenn ich mein Junior-Ranger-Heft abgeben möchte?«

»Ich bin in der Nähe.«

In den nächsten sechs Stunden ging ich wandern. Nachdem ich die vergangenen Wochen damit verbracht hatte, die Westküste entlangzuhetzen, fühlte ich mich endlich wieder in der Lage, in einem Park zu entspannen. Immerhin war ich auf einer Insel. Es gab kein Besucherzentrum. Anders als viele der Leute auf der Fähre hatte ich keinen Badeanzug mitgebracht oder einen Schnorchel oder ein Kajak ausgeliehen. Und der einzige Ranger, den ich finden konnte, wollte nicht mit mir reden. Buchstäblich alles, was mir blieb, war, einen Pfad zu finden und ihm zu folgen.

Und das tat ich! Ich lief an historischem Farmgerät und Ranch-Gebäuden aus der Zeit um 1800 vorbei, die ökologisch kaum Spuren hinterließen. Ich sah einen Insel-Graufuchs, eine besondere Fuchsart, die nur auf den Kanalinseln existiert. Ich wanderte durch ein von Eichen gesäumtes Tal und dann einen großen Hügel hinauf, bis ich eine Klippe erreichte, an der die Insel auf den Ozean traf. Nach einem verhangenen Morgen war die Wolkendecke aufgerissen und das Wasser in seinen brillanten Blau- und Türkistönen wirkte im Kontrast zu den dramatischen Klippen geradezu paradiesisch. Die Bucht, die ich betrachtete, hieß [*schaut in ihre Broschüre*] »Potato Harbor«. Tja, nicht mit jedem Namen gewinnt man einen Blumentopf! Ich folgte der Steilküste um die Insel herum und war fünf Meilen später wieder dort, wo ich losgelaufen war, in der Scorpion Cove.

Ich tauchte meine Füße ins Meer, beobachtete Familien beim Schnorcheln und dachte darüber nach, was ich tun sollte. Seit meiner Ankunft waren erst wenige Stunden vergangen; vor mir lag noch immer der halbe Tag. Ich studierte die Wanderkarte und machte mich auf dem Scorpion Canyon Loop Trail auf ins Inselinnere. Offenbar wurde der Pfad so selten benutzt, dass er schon bald völlig von Gestrüpp überwuchert war. Ich schlug mir meinen Weg bis in den Canyon. Eine Machete wäre nützlich gewesen, doch Pflanzen abzuschneiden war ein schweres Vergehen. Es war, nachdem ich meinen Frieden mit den Zecken geschlossen hatte, die sicherlich überall herumwuselten, atemberaubend.

Mit Voranschreiten meiner Reise kam es immer seltener vor, dass ich mich in einem Park ganz unkompliziert begeistern konnte. Das Nachdenken über den Massentourismus in der Natur hatte in mir ein Gefühl moralischer Unzulänglichkeit hinterlassen. Ich fühlte mich wie so oft im Amerika des 21. Jahrhunderts: Als würde ich ständig Schaden anrichten und als könnte ich diesen Schaden zwar vielleicht begrenzen, aber niemals gänzlich vermeiden. Wenn Menschen den Naturschauplätzen, die sie besuchten, immer Schaden zufügten, die intakte Natur ruinierten, dann folgte daraus logischerweise, dass Menschen diese Schauplätze nicht besuchen sollten. Wenn ich diese Orte, aufgrund meiner Schwäche für Bergluft, Wasserfälle und seltsam aussehende Tiere, dennoch aufsuchte, tat ich damit etwas Unverzeihliches.

Dieser Gedanke ist so sinnlos wie misanthropisch. Der Mensch existiert seit Hunderttausenden von Jahren in der Natur und hat auf seine Umwelt ebenso lange Einfluss ausgeübt. Die Idee, dass es Natur im Reinzustand nur in der völligen Abwesenheit von Menschen gibt, ist eine Fiktion, die den Zielen des Siedlerkolonialismus dient. Der Mensch hat der Natur erheblichen Schaden zugefügt, aber so zu tun, als könnten wir nur Schaden anrichten, ist eine grobe Vereinfachung, die vom eigentlichen Problem ablenkt. Zu sagen: »Wir sind schlecht, und wir sollten damit aufhören, schlecht zu sein, aber es liegt in unserem Wesen, schlecht zu sein, deswegen machen wir eben damit weiter«, führt zu einem System, in dem wir unsere vagen Schuldgefühle dagegen eintauschen, einfach so weiterzumachen, wie wir wollen. Das eine gleicht das andere nicht aus, egal wie groß die Schuldgefühle sind. Selbst wenn man am Telefon mit seinem oder seiner Liebsten eine Woche lang heult, weil man, so wie ich, gerade *Die unbewohnbare Erde* liest, trägt man damit nicht dazu bei, eine bewohnbare Erde zu erschaffen.

Dennoch: Menschen verursachen nicht ausschließlich Zerstörung! Denn wenn dem so wäre, würde die Antwort lauten: Niemand geht in die Natur; wir alle leben in Städten wie der Blade Runner (ich habe *Blade Runner* nie gesehen) und blicken sehnsüchtig in Richtung der Berge, in der Ferne, wo die Avatare leben (*Avatar* habe ich auch nie gesehen). Vielleicht liegt die Antwort auch in der Auslöschung der Menschheit. Auch wenn ich diesen Gedanken nicht gerade berauschend finde! Ich bin ein Mensch und ganz verrückt danach zu leben. Und auch wenn ich mit negativen Gefühlen gegenüber von anderen und dem, was sie getan haben, durchaus vertraut bin, gibt es auch viele Menschen, die ich liebe. Meine Crushes! Meine Eltern! Meine Geschwister! Die Freund*innen, die wie Geschwister sind – machst du Witze?! Sollte ich je gesagt haben, die Lösung all unserer Umweltprobleme bestehe darin, die Menschheit vom Antlitz der Erde zu tilgen, würde ich an deiner Stelle nicht allzu viel darauf geben, weil abgesehen davon, dass diese Lösung kein bisschen überzeugend ist, stehe ich auch nicht wirklich dahinter. Ich würde die Menschen, die ich liebe, niemals gegen ein mythisches Reich unberührter Natur eintauschen. Was wir brauchen, ist eine Lösung, die nachhaltig, ethisch und überzeugend ist.

Es ist nicht leicht! Wenn man anfängt, dafür zu sorgen, dass Menschen, aber *nicht zu viele Menschen*, Zugang zur Natur haben, schließt man zwangsläufig Personen aus. Zuerst bleibt denen der Zugang verwehrt, die weniger Freizeit haben, weniger Geld, weniger Möglichkeiten, sich in unwegsamem Gelände fortzubewegen. Ja, Straßen und selbst Wanderwege schaden Ökosystemen. Aber es ist kein Zufall, dass der Civilian Conservation Corps – das Arbeitsbeschaffungsprogramm, in dessen Rahmen zahlreiche Naturlehrpfade und Straßen gebaut wurden – von unserem einzigen Präsidenten ins Leben gerufen wurde, der im Rollstuhl saß. Es ist leicht, sich dafür starkzumachen, dass die Natur nur so zugänglich bleibt, wie es den eigenen Bedürfnissen entspricht: *Alle, die weniger hardcore sind als ich, scheren sich nicht um die Umwelt, und alle, die mehr hardcore sind als ich, sind ableistisch.* Es war ein Leichtes zu sagen, dass ich mich aufgrund seiner Auswirkung auf die Natur mit dem Thema Massentourismus befasste – aber war es nicht auch so, dass ich die Einsamkeit gar nicht mehr fand, die ich so sehr romantisierte; nicht immer ein Foto machen konnte, das aussah, als wäre ich ganz allein am Wasserfall; nicht zu Gott fand, weil die Toilette im Park zu schmutzig war und sich rein gar nicht nach Natur anfühlte, sondern nur wie irgendein Außenposten der Zivilisation?

Als ich so durch Dutzende von Nationalparks flitzte, kam mir der Verdacht, dass ein nachhaltiger, ethischer Gegenentwurf zum Übertourismus darin bestehen könnte, langsamer zu reisen, mehr Zeit an einem Ort zu verbringen. Nicht nur, weil man radfahrend, wandernd oder zu Pferde weniger Benzin verbraucht als bei einem Roadtrip durchs Land, sondern auch, weil an einem Ort zu bleiben und sich wirklich darauf einzulassen, zu einer Auseinandersetzung und einem Verständnis führt, das durch einen Halt für eine kurze Wanderung und eine Instagram-Slideshow nicht zustande kommt. Und auch wenn ich mich selbst nicht dabei sah, mein Lager länger im Channel-Islands-Nationalpark aufzuschlagen (wahrscheinlich würde ich meine gesamte Zeit ohnehin nur damit verbringen, Ranger Lucas rumzubekommen), war es genau die Art entschleunigten Reisens, nach der ich mich inzwischen sehnte.

Kurz bevor meine Fähre zum Festland übersetzte und es an der Zeit war, mein Abzeichen einzuheimsen, war von Ranger Lucas weit und breit nichts zu sehen. Vielleicht versteckte er sich vor mir, oder sein Job drehte sich womöglich gar nicht um mich und meine Junior-Ranger-Belange. Stattdessen näherte ich mich nun einem Bro von Enforcement-Ranger, der eine Sonnenbrille und eine Pistole trug. (»Enforcement-Ranger« lautet die Antwort auf die Frage: »Wie heißt die Kreuzung aus Park-Ranger und Polizist?«) »Äh, Entschuldigung«, sagte ich. »Wissen Sie, wo Ranger Lucas ist?«

Der Enforcement-Ranger bombardierte mich mit einer Salve an Ranger-Lucas-Scherzen in Deine-Mutter-Witz-Manier. Als er Lucas so richtig geroastet hatte, hielt er inne, um Luft zu holen. »Warum suchst du ihn?«

»Och, ich versuche, an ein Junior-Ranger-Abzeichen zu kommen«, sagte ich.

»So eines kann ich dir geben.« Er führte mich zu einem alten Plumpsklo, hinter dem sich ein großer Metallspind befand. Er ließ seinen Blick über mein Heft schweifen, kommentierte es hier und da (»Lucas würde Blauwale *lieben*«), gab es mir zurück und öffnete dann den Spind, um einen wahren Schatz an Junior-Ranger-Abzeichen zu offenbaren. Sie glitzerten wie

Edelsteine; jeder Heist-Film, den ich je gesehen hatte, zog an meinem inneren Auge vorbei.

Auf der Fähre schnappte ich mir einen Platz im Freien. Irgendwo inmitten des Santa-Barbara-Kanals schaute ich zu meiner Linken und sah einen Delfin. Seine lange Schnauze und sein geschmeidiger Körper tauchten auf und ab, auf und ab, während er parallel neben der Fähre entlangschwamm. Dann gesellte sich ein zweiter Delfin dazu. Als ein weiterer und dann noch ein Delfin dazukamen, strömten die anderen Passagiere an Deck, um sie zu beobachten. Bald sprang eine kleine Gruppe durch die Wellen neben der Fähre. Niemand weiß genau, warum Delfine das tun. Eine Theorie lautet: Es macht ihnen ganz einfach Spaß.

IV

DER SÜDWESTEN

15
BÄUME SEHEN, SOLANGE ES NOCH BÄUME GIBT

*H*eutzutage wird es im Südwesten im Sommer so heiß, dass man sich vom Asphalt Verbrennungen dritten Grades zuziehen kann. (Der dritte Grad ist, falls du es wie ich nicht wusstest, der schlimmste. Verbrennungen ersten Grades sind oberflächlich; Verbrennungen vierten Grades bekommt man, wenn man für alle Ewigkeiten in der Hölle schmort, weil man einmal seine Schlüssel auf den Chihuahua einer Freundin hat fallen lassen.) In Phoenix und Umgebung hatte es 2019 an 103 Tagen Temperaturen von über 38 Grad Celsius. Große Teile Kaliforniens, Nevadas, Arizonas und New Mexicos erleben die gravierendste Dürre seit 1200 Jahren. Wahrscheinlich hätte ich das bedenken sollen, bevor ich meine Reise plante. Stattdessen verließ ich Los Angeles nach den Channel Islands und einem letzten Abend bei Jose, um Ende Juli eine extrem schlecht getimte Tour durch den amerikanischen Südwesten zu beginnen.

Der Abschied von Jose und Patrick war schwer, obwohl sie mich unglaublich großzügig fünf Nächte bei sich aufgenommen hatten, so lange, dass ich meinen akribischen Ordnungssinn gegen eine neue Methode namens »viele Häufchen« eintauschte.

Bevor ich West Hollywood verließ, plante ich den nächsten Abschnitt meiner Reise. Wenn ich wirklich jeden Park auf dem Festland der Vereinigten Staaten aufsuchen wollte, von dem ich noch kein Junior-Ranger-Abzeichen hatte, war meine Reise etwa zur Hälfte vorbei. Vor mir lägen noch der Südwesten, dann ginge es hinauf in den Mammoth-Cave-Nationalpark in Kentucky und durch die Carolinas hinunter bis zum untersten Zipfel Floridas, wo ich ein Boot oder Wasserflugzeug zum Dry-Tortugas-Nationalpark nehmen wollte, der 70 Meilen westlich von Key West liegt.

(Im Everglades-Nationalpark war ich bereits zwei Jahre zuvor mit meinem Dad und meiner Stiefmutter Linda gewesen. Einmal sichtete jemand eine Seekuhmutter mit ihrem Baby. Ich brauchte 15 Minuten, um sie zu entdecken, obwohl mehrere Familienmitglieder direkt auf sie zeigten, aber schließlich sah ich sie: zwei Farbkleckse. »Majestätisch …«, flüsterte ich und machte ein Foto. Wir verließen den Park und fuhren zu einem Luftkissenbootverleih. Die Fahrzeuge kurven durch einen Teil des Ökosystems der Everglades, der nicht unter Schutz steht, was bedeutet, dass man fahren kann, bis die Reifen bzw. Luftkissen qualmen, in Booten, die so laut sind, dass man einen industriellen Lärmschutz für die Ohren benötigt. Ist das gut für die Umwelt? Ganz sicher nicht. Ist es ein Mordsspaß? [*dabbt mehrfach mit so viel Schwung, dass sie aus dem Boot und direkt in den weitaufgerissenen Schlund einer Seekuh fällt.*])

Vom Dry Tortugas würde ich hinauf an die Ostküste zum Acadia-Nationalpark in Maine fahren, dann weiter in Richtung Osten zu den urbanen Parks wie dem Cuyahoga in Cleveland und den Indiana Sand Dunes, dem Park mit den meisten Aussichten auf Kraftwerkanlagen, die es gibt – garantiert. Es war sehr viel. Ich glaubte nicht, dass ich es schaffen würde. Es war großartig, Freund*innen und Familie zu treffen, die übers ganze Land verstreut lebten, aber ich vermisste jene, die mein Leben in New York ausmachten. Ich vermisste es, auf den Bühnen Brooklyns zu stehen und meine kleinen PowerPoint-Präsentationen über Männer zu halten, die mich in den Wahnsinn trieben. Ich hatte genug davon, so viel Zeit mit Fahren zuzubringen, eine Aktivität, die hohe Konzentration verlangt, aber zugleich stinklangweilig ist. Ich hätte langsamer machen, die Fahrten besser verteilen, hätte mehr Nächte in jedem Park verbringen können, aber ich fühlte mich auch so schon schrecklich faul. Ich hatte noch nie so lange Urlaub gemacht, und es machte mich nervös.

Einmal fragte mich mein Dad, ob ich, wie er, jemals Schuldgefühle hätte, wenn ich nicht arbeitete. Und ich antwortete: »Immer.« Ich war nicht darauf angewiesen, unmittelbar Geld zu verdienen, aber es fiel mir schwer, mein Dasein zu rechtfertigen, ohne auf konventionelle Weise produktiv zu sein.

Darum hatte ich einem Halbtagsjob zugestimmt, der Ende August starten sollte. In Los Angeles beschloss ich, dass die nächste Woche die letzte Etappe meiner Reise sein würde: Ich wollte die Nationalparks im Südwesten besuchen, darunter den Big Bend in Texas, der wohl überwältigend schön sein sollte, und dann würde ich mich in Richtung Norden aufmachen, nach Hause. Ich stopfte meinen Krempel einmal mehr in den Prius und brach auf.

Bald schon wurde der Verkehr dichter. Ganze Horden versuchten, L.A. zu verlassen; die Horden hatten genug davon, ständig auf den Erfolg ihrer Karriere reduziert zu werden; die Horden hatten Angst, dass sie eine körperdysmorphe Störung entwickeln würden, wenn sie länger blieben; die Horden wollten an einen Ort, an dem die Parkplatzsuche keine 40 Minuten dauerte und mindestens ein paar Tränen kostete. Die Außentemperatur auf dem Thermometer des Prius kletterte nach oben, und der Verkehr begann zu stocken, bis er ganz zum Erliegen kam. Nichts bewegte sich voran, und Autos im Leerlauf sind für die Umwelt katastrophal, daher schaltete ich auf den Parkmodus und zückte leichte, staugeeignete Lektüre, Susan Brownmillers *Gegen unseren Willen: Vergewaltigung und Männerherrschaft*. Endlich rollten die Autos wieder los. Ich legte mein Buch beiseite und fuhr nun wirklich in Richtung Joshua-Tree-Nationalpark.

Ich wollte den Park sehen, seit ich erfahren hatte, dass Joshua Tree ein realer Ort ist und auch eine echte Pflanzenart und nicht nur ein Album von U2 – eine Epiphanie, die ich mit einer schockierenden Anzahl von Millennials teile. Als ich erst einmal vom Joshua Tree wusste, sah ich ihn überall: Ständig fuhren Freund*innen aus Los Angeles hin und posteten über ihn, und dann sogar Freund*innen aus Wisconsin. Allerdings gab es für meinen Besuch einen dringlicheren Grund: Die Josua-Palmlilien im Joshua-Tree-Nationalpark starben aus.

2021 veröffentlichte der NPS neue Richtlinien zur Verwaltung der Nationalparks, die unumwunden feststellten, dass der absolute Erhalt der Ökosysteme der Parks nicht länger möglich ist. Weiter heißt es, dass »der Schutz der Parkressourcen, Prozesse, Vermögenswerte und Wertvorstellungen langfristig nicht in seiner derzeitigen Form oder seinem aktuellen Kontext gewährleistet werden kann«.

Bei den Josua-Palmlilien handelt es sich genau um eine solche Ressource. Seit der Industriellen Revolution hat der menschengemachte Klimawandel dazu geführt, dass das als Joshua-Tree-Nationalpark unter Schutz gestellte Gebiet immer heißer und trockener wird. Unter diesen veränderten Bedingungen keimen und überleben weniger Setzlinge. Und die Bäume, die wachsen, sind durch zunehmend verheerende Waldbrände gefährdet, durch wärmere Bedingungen und invasive Grasarten, die die Ausbreitung der Feuer zwischen den Bäumen begünstigen. Wissenschaftler*innen schätzen, dass, legt man die höchsten Treibhausemissionen zugrunde, der gesamte Lebensraum der Josua-Palmlilien im Park bis zum Jahr 2099 zerstört sein wird. Im Südwesten werden die Lebensräume der Josua-Palmlilien insgesamt um 90 Prozent zurückgehen. In wenigen Generationen wird Joshua Tree tatsächlich nur noch ein U2-Album sein.

Der Joshua-Tree-Nationalpark ist nicht der Einzige, der seinen Namensgeber verliert. Auch die Bestände der gigantischen

Sequoias im Sequoia-Nationalpark gehen zurück, aufgrund des Klimawandels und feiger Junior-Ranger, die sich nicht trauen, Tourist*innen davon abzuhalten, Sequoia-Zapfen zu stehlen. Im Jahr 1850 gab es im Glacier-Nationalpark 150 Gletscher, bis Ende dieses Jahrhunderts wird aller Wahrscheinlichkeit kein einziger mehr übrig sein. Bald ist wohl der Punkt erreicht, an dem man, hat ein Nationalpark ein Substantiv in seinem Namen, sich um ebenjenes Sorgen machen muss. (Mal sehen, wann wir vom plötzlichen Rückgang der Theodore-Roosevelt-Population erfahren.) In vielerlei Hinsicht war mein Roadtrip eine »Bäume sehen, solange es noch Bäume gibt«-Reise durch Amerika.

Als ich im Joshua Tree ankam, war die Temperatur auf knapp 40 Grad Celsius geklettert. Am Infopunkt des Besucherzentrums arbeitete ein gut gelaunter junger Mann. Er lächelte und plauderte mit mir, als er mir das Junior-Ranger-Heft überreichte. »Notier dir folgende Mail, falls du weitere Informationen brauchst«, sagte er und gab mir die E-Mail-Adresse des Parks, die sich unter anderem aus je zwei Buchstaben der Wörter zusammensetzte, aus denen der Name des Parks bestand: jotr. »So ist das mit allen Adressen für öffentliches Land«, sagte er. »Für Lake Mead ist es ›lame‹.« Er lachte. Von diesem Burn würde sich der Lake Mead bestimmt nicht so schnell erholen.

Ich lief zu meinem Auto zurück, wo wieder einmal alles kurz davor stand zu schmelzen. Meine Haut bereitete mir Sorgen: Ich habe die Art irische Haut, die nicht braun wird oder in der Sonne verbrennt, sondern gleich in Flammen aufgeht, wie ein uralter Vampir, der plötzlich Tageslicht ausgesetzt ist. Angesichts des Wetters, so der Ranger, sei eine halbe Meile das Maximum, das ich heute laufen könne, ohne mich in Lebensgefahr zu begeben. Und so fuhr ich zu einem Naturlehrpfad und tat genau das. Jedes Tier, das kein völliger Idiot war (im Gegensatz zu mir), döste irgendwo im Schatten. Daher sah ich keine einzige Maus, Eidechse, nicht einmal einen Vogel. Was ich sah, waren Pflanzen, eine unglaubliche Vielfalt an Pflanzen, zumindest wenn deine Vorstellung einer Wüste einem kargen Ort bar jeglichen Lebens entspricht. Es gab Wacholderbäume und Salbei, Indianisches Reisgras und Mojave-Yuccas – die Pflanzengattung, deren Name zu lernen, mich so freute und von der ich jetzt überall verschiedene Arten sah.

Und natürlich gab es Josua-Palmlilien. Sie waren anders als alle Pflanzen, die ich bisher gesehen hatte: Als wäre eine Yucca ein Baum, aber irgendwie auch ein zotteliges Mammut. Jahrelang waren mir die Bäume so fern erschienen, so seltsam, dass ich ernsthaft daran zweifelte, sie jemals in echt zu sehen. Selbst wenn es draußen 200 000 Grad heiß gewesen wäre, wäre ich dort überglücklich gewesen. Vielleicht würde ich meinen Scheiß eines Tages soweit geregelt kriegen, dass ich erneut herkommen und die Bäume in einer kühleren Jahreszeit sehen könnte. Aber in diesem Leben gibt es keine Versprechen. Ich war jetzt hier, und meine Reise neigte sich ihrem Ende zu. Ich lief bis an die menschliche Grenze dessen, »wie lange man im Juli in einer Wüste wandern kann, ohne zu kotzen«, und genoss jede Sekunde.

Dann schleppte ich mich, so schnell ich konnte, zum Oasis-Besucherzentrum auf der Ostseite des Parks. Zuerst stellte ich das Auto ab, um Fotos von einem großen Granitbrocken namens Skull Rock zu machen, dann für Fotos von einer riesigen Josua-Palmlilie namens Barber Pole. Anstatt sich in alle Richtungen zu verzweigen, wuchs der Barber Pole einfach zwölf Meter gerade nach oben. (Josua-Palmlilien treiben erst nach ihrer Blüte Zweige, die höchsten und beeindruckendsten haben also niemals geblüht – das ist ganz bestimmt eine Metapher für irgendetwas.)

Als ich schließlich in das Besucherzentrum schlenderte, klagten die diensthabenden Ranger*innen über idiotische Tourist*innen, die sich beim Wandern verliefen und für ihre Such-

und Rettungsaktionen doch selbst aufkommen sollten. Diese Unterhaltung beinhaltete zwei meiner Lieblingsthemen – Menschen, die beinahe in einem Nationalpark zu Tode kommen, und Gossip unter Kolleg*innen. Und so sah ich mich so lange im Souvenirladen um und lauschte, bis ich jeden einzelnen Milchstraßen-Magnet betrachtet hatte, jede Plüschtarantel und Ausgabe von *Roadside Geology of Southern California* und nicht mehr glaubhaft vortäuschen konnte, ich wolle etwas kaufen.

Als der Ranger durch mein Junior-Ranger-Heft blätterte, erzählte er mir vom Aussterben der Josua-Palmlilien, oder eher: dem durch den Klimawandel hervorgerufenen Aussterben eines Großteils der Lebewesen im Park. Die Wüstenschildkröten starben aufgrund des Verlusts ihres Lebensraums aus. Mit der Erwärmung des Klimas mussten sich die Dickhornschafe in höhere Lagen zurückziehen, was zur Trennung der Herden führte und zu genetischer Isolation, die einer gesunden Fortpflanzung potenziell entgegensteht. Vogelarten waren in der gesamten Mojave-Wüste bereits um 43 Prozent zurückgegangen. Weltweit hat die Wirbeltierpopulation seit 1970 um 60 Prozent abgenommen. Das heißt: Nicht 60 Prozent der Arten sind ausgestorben, sondern es gibt 60 Prozent weniger Tiere auf der Welt. Als meine Eltern Kinder waren, gab es einfach noch sehr, sehr viel mehr wilde Tiere als heute. (Und in Anbetracht dessen, wie ungern meine Mom zeltet, würde sie das vielleicht sogar begrüßen.) Nur die Tiere, die wir domestiziert haben, die häufig Elend durch uns erfahren, nehmen weltweit zu: Rinder, Schweine, Hühner, Schafe. Zusammen mit uns Menschen machen diese Tiere 95 Prozent der gesamten Wirbeltierbiomasse weltweit aus. Nur bei fünf Prozent handelt es sich um Wildtiere. Ich habe so was von keine Lust mehr darauf, auf Roadtrips nach Tieren Ausschau zu halten und Freude vorzutäuschen, wenn ich eine Kuh sehe (oder, mit etwas Glück, ein Pferd).

Die Situation ist in allen Nationalparks ähnlich verheerend. Im Mai 2019 erschien ein Bericht der National Parks Conservation Association, in dem es heißt, dass 96 Prozent der vom NPS verwalteten Parks unter schwerer Luftverschmutzung leiden. Gletscher schmolzen nicht nur im Glacier-, sondern auch im Yosemite- und North-Cascades-Nationalpark, in dem im Laufe der vergangenen 100 Jahre mehr als die Hälfte des Eises verschwand. Parks wie der Yosemite und Yellowstone, Lassen, Sequoia und andere wurden häufiger von Waldbränden heimgesucht, die außerdem zerstörerischer waren und dazu führten, dass sich die Flüsse und Bäche erwärmten, weniger Wasser führten und die Parks mehr unter invasiven Pflanzenarten litten.

Ich war es gewohnt, anderen zu erzählen, wie sehr sich New York verändert hatte, seit ich vor neun Jahren dorthin gezogen war (das Café, das früher das Wohnzimmer eines alten Italieners war, aber den besten Iced Coffee servierte, war in einen Kunstbedarfsladen umgewandelt worden, ugh!). Ich war nicht bereit, meinen Freund*innen zu erzählen, wie viel mehr Bäume noch vor ein paar Jahren im Yosemite gestanden hatten, wie viel reißender der Fluss gewesen war, der sich am Arches entlangschlängelt, dass man im Joshua Tree früher einmal ganze 15 Minuten im Freien verbringen konnte.

Der Park Service tut, was in seinen Kräften steht, um die schlimmsten Auswirkungen abzuwenden. Im Joshua-Tree-Nationalpark arbeiten Wissenschaftler*innen daran, »Refugien« für die Bäume zu bestimmen, höher gelegene Lebensräume im Park, in denen mehr Regen fällt, sodass die Josua-Palmlilien dort vielleicht auch künftig erhalten werden können. Haben sie solche Gebiete gefunden, befreien die Ranger*innen sie von invasiven Grasarten, die die Ausbreitung von Waldbränden begünstigen, damit die Bäume eine bessere Überlebenschance haben, wenn die nächste Feuerwalze unweigerlich hindurchrollt. Es war tröstlich zu wissen, dass Pläne geschmiedet, Maßnahmen ergriffen wurden. Allerdings werden die Refugien nur funktionieren, wenn die Erwärmung hinter den Worst-Case-Szenarien zurückbleibt. Wenn nicht, werden all die Refugien, all das Roden umsonst gewesen sein: eine Erinnerung daran, dass selbst »geschütztes« Land nicht vom Klimawandel geschützt ist.

»Wie dem auch sei«, sagte der Ranger. »Wie war der Typ, der am Infopunkt in unserem anderen Besucherzentrum gearbeitet hat? War er freundlich? Witzig?«

Ich lachte. »Äh, ja. Er war klasse. Sehr hilfsbereit.«

Der Ranger hakte noch einmal nach. »Hilfsbereit, inwiefern? Fandest du ihn heiß?«

Ich hörte ein Stöhnen hinter mir, und als ich mich umdrehte, sah ich eine weitere Parkmitarbeiterin, eine Frau, die Souvenirs zurechtrückte.

»Sorry«, sagte sie. »Der andere Ranger ist mein Freund.«

Ich war mitten zwischen die Gossip-Fronten geraten, und ich war in der Natur: Jetzt könnte ich glücklich sterben. Ich verabschiedete mich, füllte alle Wasserflaschen auf, die ich dabeihatte, und nahm die Mojave-Wüste ins Visier.

Rein theoretisch war ich bereits in der Mojave, an ihrem südlichsten Zipfel, aber die 225 Meilen lange Fahrt zum Death-Valley-Nationalpark sollte mich tief in ihr Inneres führen. Warum ich morgens um 4 Uhr 45 225 Meilen »ins Herz einer Wüste« fuhr, mag man sich fragen. Gute Frage. Ich versuchte, einen weniger heißen Ort zum Schlafen zu finden, und mein Handy zeigte mir an, es könne nachts im Death Valley kühler werden als im Joshua Tree. Einen Versuch war es wert.

Die Mojave-Wüste meinte es sowas von ernst. Sie ist die heißeste Wüste Nordamerikas und obendrein die trockenste: Pro Jahr fallen durchschnittlich 10,2 Zentimeter Wasser. Ich fuhr an einer riesigen Fläche ohne jegliche Vegetation vorbei, einem ausgetrockneten Flussbett, in dem ein Unternehmen Verdunstungsbecken zur Gewinnung von Calciumchlorid gebaut hatte, und die Temperaturen kletterten immer weiter nach oben. Ich passierte ein Schild, auf dem stand, innerhalb der nächsten 57 Meilen gebe es keine Tankstellen, und die Temperaturen kletterten immer weiter nach oben. Ich fuhr in die Mojave National Preserve, und die Temperaturen kletterten erneut nach oben. Draußen habe es jetzt 44,4 Grad Celsius, ließ mich der Prius wissen. So weit das Auge reichte, war hier nichts als Wüste. Seit dem Joshua Tree war ich vielleicht an zwei Autos vorbeigekommen. Zum ersten Mal auf meiner Reise kam mir in den Sinn, dass ich, sollte ich hier eine Panne haben, tatsächlich sterben könnte. Zum Glück hatte ich meinen Handystandort mit Jose geteilt, sodass er sehen konnte, wo ich mich befand, und wenn nicht Rettungskräfte, dann wenigstens den Pathologen zu meinem mumifizierten Leichnam schicken könnte. Ich schaltete die Klimaanlage des Autos aus, um den Motor zu schonen.

Lange Zeit war der Klimawandel für mich ein Problem in ferner Zukunft. Ich kann mich nicht daran erinnern, in meiner Kindheit je damit konfrontiert gewesen zu sein; damals waren die Ozonschicht und der Schutz des Regenwalds die beherrschenden Themen. Als »Klimaerwärmung« dann als reale Gefahr anerkannt wurde, schien die Sprache, in die sie eingebettet war, immer nahezulegen, dass uns noch 30 oder 20 oder zehn Jahre bleiben würden, um das Problem anzugehen. Er war keine unmittelbare Bedrohung. Ich habe mein ganzes Leben im Mittleren Westen und Nordosten der Vereinigten Staaten verbracht, Regionen, die wir uns gerne als Zufluchtsorte vom Schlimmsten vorstellten, was kommen könnte. Immerhin waren unsere Winter kalt und die Niederschläge beständig. Ja, die Jahre wurden vielleicht heißer, und vielleicht stiegen die Meeresspiegel langsam an, aber im Großen und Ganzen wirkte es sich nicht auf unser Alltagsleben aus.

Im Südwesten aber war es mehr als offensichtlich, dass die Auswirkungen des menschengemachten Klimawandels bereits spürbar waren und ernsthafte Konsequenzen nach sich zogen. Den Nationalparks, die wohl am besten geschützten Gebiete des Landes, spielte der Klimawandel übel mit. Und außerhalb der Parks war es noch schlimmer. Freund*innen aus dem Südwesten erzählten mir, dass sie davon ausgehen, die Gegend noch zu Lebzeiten verlassen zu müssen, wenn sie unbewohnbar wird. Sie rechnen mit einer Art »Mad-Max-Szenario«, und zwar nicht im positiven Sinne (Frauen mit Buzzcuts und Menschen, die auf fahrenden Artilleriewagen Gitarre spielen).

Dieses Szenario ist nicht allzu weit hergeholt. Die Dürre und das Absterben der Pflanzen haben bereits zur Erosion des Bodens geführt und dazu, dass der Wüstensand auf Dünen und Straßen, ja selbst auf Gebäude geweht wird. Wissenschaftler*innen gehen davon aus, dass in Teilen Arizonas innerhalb der kommenden Jahrzehnte das halbe Jahr über Temperaturen von mehr als 35 Grad Celsius herrschen werden. Die mittlere Durchflussmenge des Colorado River, der 40 Millionen Menschen im Westen mit Trinkwasser versorgt, hat in den vergangenen 30 Jahren stetig abgenommen.

Wenn meine Freund*innen davon reden, ihr Zuhause zu verlassen, übertreiben sie nicht. Der Stiftung ProPublica zufolge ist es möglich, dass in den Vereinigten Staaten bis 2070 vier Millionen Menschen an Orten leben, die für Menschen nicht länger bewohnbar sind. Andere müssen möglicherweise infolge von Waldbränden und Dürren umsiedeln. Die steigenden Meeresspiegel vertreiben perspektivisch weitere 13 Millionen – ein Ausmaß der Migration, das unser Land noch nie erlebt hat. Während der Dust Bowl wurden noch nicht einmal vier Millionen »Okies« zu Klimaflüchtlingen, und wir wissen ja, wie das lief. (Nicht gut.) In den kommenden 50 Jahren sehen wir uns mit einem unhaltbaren Ausmaß an *Früchte des Zorns* konfrontiert.

Wie üblich werden sich die Privilegierten vor den schlimmsten Folgen dieser Massenflucht schützen können. Wer sich einen Umzug leisten kann, wird umziehen; wer sich dies nicht leisten kann oder bereits alt ist, wird überdurchschnittlich oft zurückgelassen werden. Die Städte in Kalifornien, dem Nordwesten und den Mountain States (durch die die Rockies verlaufen), in denen sich die Klimaflüchtlinge ansiedeln, werden überfordert davon sein, ausreichend Wohnraum und Infrastruktur bereitzustellen, und die Gemeinden im Süden und Südwesten werden noch ärmer werden, als sie es bereits sind. Als ich durch die Mojave fuhr, wurde mir die Unmittelbarkeit dieser Zukunft – dass sie wahrscheinlich noch in meinem Leben sein wird und nicht erst im Leben meiner imaginären Kinder, die ich vielleicht gebären werde, wenn mein hinreißender Ehemann verspricht, zu Hause zu bleiben – mit voller Wucht bewusst. Durch die offenen Fenster blies mir heiße Luft ins Gesicht. Ich betrachtete die öde Landschaft und mich überkam Angst.

Nach über drei Stunden Fahrt durch die Wüste, irgendwann gegen acht Uhr abends, sah ich das erste Tier in der Mojave: etwas, das wie ein bis auf die Knochen abgemagertes, pechschwarzes Pferd aussah, das in knapp 200 Metern Entfernung durch die Wüste wankte. Es sah wie das Tier aus, das den anderen Tieren die Botschaft ihres baldigen Todes überbringt. Es war ein verwilderter Hausesel, ein »Burro«, der von Tieren abstammte, die von den Goldsuchern zurückgelassen wurden, eine Population, die nach all den Jahren noch immer irgendwie in der Wüste überlebt.

Die Sonne war gerade untergegangen, und die Temperaturen lagen weiterhin bei über 37 Grad Celsius, als ich die Grenze des Death-Valley-Nationalparks überquerte. *Heute Nacht werde ich wohl nicht schlafen*, gestand ich mir ein. Ich folgte meinem Navi zu einer Schotterpiste und kroch dann eine

Meile über Steine und Schlaglöcher, bevor ich das Auto am Straßenrand abstellte. Meine heißgeliebte Website für kostenlose Campingplätze gab an, dass ich hier übernachten durfte, und auch wenn Wildcampen in Nationalparks generell verboten ist, war mir das ziemlich egal. Wenn mich ein Ranger oder eine Rangerin morgens um drei rauswerfen würde, läge ich ohnehin schweißgebadet wach und könnte einfach fahren. Ich setzte darauf, dass dies nicht geschehen würde, dass ich mich eine Meile von der Hauptstraße entfernt befand, dass es höchst unwahrscheinlich war, gestört zu werden, zog meine Kleider aus und legte mich auf meinen Schlafsack auf dem Beifahrersitz. Durchs Fenster konnte ich Abertausende von Sternen sehen, mehr, als ich vielleicht je gesehen hatte, so viele, dass es sich geradezu unwirklich anfühlte. Dann flog etwas, das nicht mit meinem Auto gerechnet hatte, mit voller Wucht gegen die Beifahrertür neben mir. Es klang in etwa fledermausgroß. Kurz darauf geschah es erneut. Langsam lullten die Aufschläge der Fledermäuse mich in den Schlaf.

Da ich so viel wie möglich vom Death Valley sehen und vor der schlimmsten Hitze loskommen wollte, tat ich etwas, das völlig von dem abweicht, wofür ich als Person stehe: Ich erwachte vor Tagesanbruch. Das Besucherzentrum machte erst um acht auf, und so mäanderte ich hin und machte unterwegs Halt für einen kleinen Spaziergang zum Zabriskie Point, einem Aussichtspunkt über das Ödland des Death Valley. Ein Schild erläuterte, das Death Valley sei ursprünglich nicht aufgrund seiner atemberaubenden Landschaft unter Naturschutz gestellt worden oder wegen der rekordverdächtigen Hitze oder den dort heimischen Arten oder dem Umstand, dass sich dort der tiefste Punkt der Vereinigten Staaten befindet, sondern weil … es den wirtschaftlichen Interessen der Pacific Coast Borax Company diente.

Das Unternehmen besaß in und um das Gebiet des heutigen Parks Land, doch als der Bergbau in den 1920er-Jahren stagnierte, beschloss es, dass sich weiterhin am besten Geld damit verdienen ließe, wenn man ein Hotel eröffnete und den Tourismus ankurbelte. Christian Zabriskie, nach dem der Aussichtspunkt benannt ist, war Vizepräsident der Pacific Coast Borax Company. Wohl nur in Amerika wird ein malerischer Ort in einem öffentlichen Naturschutzgebiet nach dem Vizepräsidenten eines Privatunternehmens benannt. Nicht einmal dem CEO!

An der Furnace Creek Ranch auf der gegenüberliegenden Straßenseite des Besucherzentrums wurde am 10. Juli 1913 die höchste Lufttemperatur gemessen, die weltweit je aufgezeichnet wurde: 56,7 Grad Celsius. (Ich glaube, es gibt ein Lied von Rob Thomas und Carlos Santana über solche Temperaturen.) Die wissenschaftliche Erklärung dafür, warum das Death Valley so heiß ist, zeigt auch, warum sich in Phoenix und anderen Städten die Hitze staut: Das Death Valley ist von hohen Bergen umgeben, die die erhitzte Luft einschließen. Heiße Luft steigt aus dem Valley nach oben und kühlt gerade so stark ab, dass sie wieder herabsinkt, ohne jedoch über die Berge zu entkommen. Wieder am Talboden wird sie komprimiert und überhitzt. Das Gleiche geschieht mit Luft zwischen hohen Glasgebäuden in Großstädten. Etwas, was bei der Stadtplanung beachtet werden sollte, aber wer bin ich schon, ich habe nur einen Abschluss in »Wie man ein Gedicht richtig hart liest«.

Als das Besucherzentrum seine Türen öffnete, schossen ich und die paar Tourist*innen, die sich mit mir im Schatten versteckt hatten, in das klimatisierte Gebäude: Draußen waren es bereits knapp 42 Grad Celsius. Ich schnappte mir mein Junior-Ranger-Heft, kaufte mir ein paar salzige Snacks – essenziell, da man beim Schwitzen Salz verliert – und füllte mein Arbeitsheft aus. Auf der ersten Seite wurde ich gefragt, inwiefern das Death Valley meiner Heimatstadt New York ähnelte. Ich schrieb: Es ist heiß, es ist eine Touristenattraktion, es ist hart, hier zu leben.

Der Klimawandel geschieht auch dort, wo ich wohne. In New York habe ich festgestellt, dass Gewitter heftiger werden, weil die warme Luft mehr Wasser aufnehmen kann, was zu stärkeren Niederschlägen führt, wenn es dann endlich regnet. Ich habe festgestellt, dass der Rauch von Waldbränden quer durchs ganze Land und von Kanada bis nach New York zieht, die Skyline verdeckt, die Sonne in einen orangefarbenen Ball verwandelt und sportliche Aktivitäten im Freien zur Gesundheitsgefahr macht (Blythes Todesursache: auf die Williamsburg Bridge radeln, um ein Foto von dem seltsamen Rauch zu machen). Ich habe es beim Familienbesuch in Wisconsin festgestellt, da die Luftfeuchtigkeit stärker ist als in meiner Erinnerung; extreme Luftfeuchtigkeit wird in den Bundesstaaten entlang des Mississippi weiter zunehmen und Hitzewellen gefährlicher machen. Wovon ich nichts merkte und erst erfuhr, als ich darüber las, war das Waldsterben. Genauer: Das Sterben des gesamten Konzepts von »Wald«. Aufgrund der Erwärmung und invasiver Arten wachsen nach der Rodung des Waldes und Bränden immer weniger Bäume nach, was zu mehr Gras und Gestrüpp führt. Wälder sind bald vielleicht wie Discmans oder der Film *e-m@il für Dich*: etwas, wofür uns jüngere Generationen altmodisch nennen. Wälder: Die echten 90er-Kids erinnern sich dran!

Ich füllte mein Heft mit dem aus, was ich an jenem Morgen gesehen hatte. Und auch wenn ich normalerweise zuerst eine Wanderung gemacht hätte, um das Gesicht zu wahren, bevor ich mein Heft wieder beim gleichen Ranger abgab, der es mir gerade erst ausgehändigt hatte, beschloss ich, dass es zu heiß war, um meiner nicht existenten Würde zuliebe Zeit zu vertrödeln. Mit einem dämlichen Grinsen brachte ich es dem Ranger zurück, einem Mann um die 60. Er war gerade dabei, sich über mich lustig zu machen, als ich eine andere Stimme hörte.

»Hey, kenne ich dich nicht?«

Ich sah hinüber. Es war Ranger Green, der mir mein Junior-Ranger-Abzeichen mehr als einen Monat zuvor im Great Basin überreicht hatte.

Ich fühlte mich, als hätte sich ein Riss im Raum-Zeit-Kontinuum aufgetan; ich war beschwingt.

»Oh mein Gott!«, quietschte ich. »Ich habe ständig darüber nachgedacht, was du gesagt hast, dass es ab 28 nur noch bergab geht!«

»Ach komm«, sagte er kleinlaut. »Das war doch nur so dahingesagt.«

Wir erklärten dem älteren Ranger, woher wir uns kannten, und dann hielten wir drei ein langes, vergnügtes Schwätzchen. Ich erzählte Ranger Green von all den Orten, an denen ich gewesen war, seit ich ihn zum letzten Mal gesehen hatte, und rasselte einen Park nach dem anderen herunter. Als ich ihn fragte, was ihn ins Death Valley verschlagen hätte, ließ er mich wissen, dass er gar nicht im Great Basin arbeitete: Er habe nur vorübergehend ausgeholfen, da es einen Personalengpass gegeben hatte, und jetzt war er wieder in seinem eigentlichen Park.

Ich fragte ihn und den anderen Ranger, wie es war, in einer solch extremen Umgebung zu arbeiten, und sie berichteten, es gebe immer mehr Tage mit über 48 Grad Celsius. Ich erzählte ihnen, dass ich vor lauter Hitze kaum einschlafen konnte und dass ich auf einer Schotterpiste wild gecampt hätte, und sie versicherten mir, dass das erlaubt war. Mit Ranger Green zu plaudern, war fast so schön, wie mit Todd in San Francisco zu plaudern. Und anders als in Utah, als ich innerhalb weniger Wochen den gleichen Roadtrippern immer und immer wieder begegnete, war es kein deprimierender Hinweis auf meine mangelnde Originalität, dem Ranger innerhalb weniger Wochen in zwei spärlich besuchten Parks über den Weg zu laufen, sondern eine wundersame Fügung, ein Geschenk. Ein Teil von mir hoffte, er wäre stolz auf meine Reise, würde erkennen, dass ich eine Person war, die sich den Nationalparks tief verbunden fühlte, und nicht bloß eine seltsame Frau, die zwischen zwei Höhlenführungen nicht duschte.

Die Ranger blätterten durch mein Heft, Ranger Green war inzwischen mit meinen begrenzten Zeichenfähigkeiten vertraut. Bei der Aufgabe, ein Wüstentier mit einzigartigen Anpassungsstrategien zu zeichnen, hatte ich eine Eidechse gemalt, deren evolutionäre Anpassungsleistung in einem Bucket Hat bestand. »Ich frage mich, ob die Eidechse ursprünglich nur eine Baseballkappe entwickeln sollte«, witzelte der ältere Ranger, »und der Rest der Krempe später kam.« Als ich nicht länger rechtfertigen konnte, ihre Zeit in Anspruch zu nehmen, verabschiedete ich mich. Und dann trat ich hinaus, geradewegs ins Zentrum der Sonne.

Ein Ausflug ins Death Valley ist nicht komplett ohne einen Besuch am Badwater Basin, dem tiefsten Punkt der Vereinigten Staaten, 86 Meter unterhalb des Meeresspiegels. Die Ranger hatten mich gebeten, mich nicht länger als 15 Minuten außerhalb der klimatisierten Luft meines Autos aufzuhalten. Ernsthaft, sagten sie zu mir, stell deinen Timer auf fünf Minuten und geh dann zurück. Ich parkte direkt am Badwater Basin, stellte den Timer meines Handys, schaltete das Auto aus und eilte los, um zu sehen, was man innerhalb von 300 Sekunden sehen kann.

Beim Badwater Basin handelt es sich um ein ausgetrocknetes Seebett, das heute eine Salzwüste ist – nichts als eine von Rissen überzogene, weiße Salzkruste bar jeglicher Vegetation, die sich über 518 Quadratkilometer weit erstreckt. Das namensgebende schlechte Wasser ist ein trauriger kleiner Tümpel, der sich aus Quellwasser speist und die Salzkruste bedeckt. Der Legende zufolge versuchte vor langer Zeit ein Landvermesser, seinen Esel von dem Wasser trinken zu lassen, doch der Esel weigerte sich und sagte: »Nicht heute, Satan.« (Esel bezeichnen Menschen generell als »Satan«.) Die Hitze auf der Salzebene war überwältigend; ich fühlte mich wie eine Pizzaschnecke in einem Ofen. Ich lief auf der Salzkruste herum, bis mein Handy summte, und ging dann widerwillig zu meinem Auto zurück. Es war nicht das erste Mal, dass ich »nicht sterben« den Vorzug vor »will mehr Salz« gab, einer der ewigen Kämpfe meines Lebens, nicht dass es das einfacher gemacht hätte.

Als ich den Park verließ, kam ich durch eine Gegend namens Artists Palette, weil die Hügel dort aufgrund vulkanischer Ablagerungen in zig verrückten Farben (Seladongrün, Millennial-Pink, Spicy-Beige) leuchten. Wie so oft auf meiner Reise konnte ich kaum fassen, dass unser Planet solche Farben hervorbringt und wir durch sie hindurchrollen und uns an ihnen erfreuen können. Die Ranger hatten mir noch weitere Empfehlungen gegeben, aber ich hatte Mitleid mit meinem zähen kleinen Prius, der gegen die unmenschliche Hitze ankämpfte, und beschloss weiterzuziehen, in der Hoffnung, irgendwann an einem Ort mit etwas aushaltbareren Temperaturen anzukommen. Doch zuerst musste ich noch durch Las Vegas.

Das Folgende ist inzwischen wahrscheinlich klar: Meine Mitschuld am Klimawandel war massiv. Hallo, ich durchquerte das gesamte Land in einem Auto. Dass ich einen Hybrid mit niedrigem Benzinverbrauch fuhr, war da auch keine große Entlastung. Einem Artikel der Reporterin Coral Davenport zufolge, der im August 2021 in der *New York Times* erschien, sind »benzinbetriebene Autos und Trucks die mit Abstand größten CO_2-Verursacher in den Vereinigten Staaten, wobei 28 Prozent der Gesamtemissionen des Landes auf sie entfallen«. Die Verbrennung fossiler Brennstoffe im Allgemeinen ist für 86 Prozent der CO_2-Emissionen verantwortlich. Der Klimawandel kann nur aufgehalten werden, wenn der Würgegriff gelöst wird, in dem die fossilen Energieträger unsere Weltwirtschaft halten; mein Beitrag dazu war schwer zu erkennen, immerhin kaufte ich fast täglich einen Tank Benzin. Fossile Brennstoffe machten mich nicht nur mobil, sie ermöglichten auch die Existenz jedes Jobs, den ich je hatte, und der Gesellschaft, in der ich lebte. Es schien nicht sonderlich wahrscheinlich, dass eine Gesellschaft, die nur durch die Energie von verbranntem Holz und unseren Mahlzeiten am Laufen gehalten wurde, eine Frau wie mich am Leben halten würde, die Witze über ihre Liebschaften und seltsame Pflanzen schrieb.

Ich versuchte, mir in Erinnerung zu rufen, dass weder der Raubbau an der Natur noch das alles bestimmende Motto »Gier über alles« oder die Anbetung des immerwährenden Wachstums zu einer imaginären perfekten Zukunft dem menschlichen Wesen grundsätzlich eigen waren. Eigen waren sie allein dem Wesen des Kapitalismus. Dann wiederum ist der Kapitalismus nichts, was irgendwelche Aliens zufällig eingeschleppt hätten, um uns in alle Ewigkeit fertig zu machen: Der Kapitalismus ist ein System, das zum Vorteil ein paar weniger und zum extremen Nachteil der meisten anderen installiert wurde.

Es gab bereits Bemühungen, die Umwelt mithilfe kapitalistischer Logik zu schützen. Mit dem Ziel, Lebensräume zu wahren, wurde Anfang der 2000er-Jahre die Idee der »Ökosystemdienstleistungen« eingeführt – sie beziffern die Vorteile, die Menschen durch Ökosysteme genießen. Dazu gehören beispielsweise die Speicherung von CO_2, die Reinigung der Luft und die Bereitstellung von sauberem Wasser. In gewisser Weise unterstütze ich jedes Argument, das Menschen vor Augen führt, wie kurzsichtig Kahlschläge, Fracking oder Bergbau sind. Zugleich aber wird mir bei dem Gedanken schlecht, Naturräume in die kapitalistische Matrix einzuspeisen und dem Gedanken zuzustimmen, dass etwas nur dann eine Daseinsberechtigung hat, wenn es einen Geldwert besitzt. Wenn dann jemand meint, eine Methode zu finden, mit der die Luft billiger gereinigt werden kann als durch Bäume, besteht das Risiko, dass es plötzlich heißt: Adios, Bäume, und hallo, Trï, das Baum-Startup.

Ich überquerte die Grenze nach Nevada und überholte einen langsamen Truck. Der Fahrer streckte seine Hand aus dem Fenster und zeigte mir den Mittelfinger.

Jahrelang hatte ich Las Vegas – als sei das eine meiner Charaktereigenschaften – auf Gedeih und Verderb vermieden. Ich spiele nicht gerne. Ich mag keine grellen Lichter. Ich bin niemand, der »eine gute Zeit« genießt. Allerdings war ich inzwischen 28 und dachte mir, die anderen hätten das jetzt kapiert. Bestimmt war es drin, eine Mittagspause in Vegas einzulegen, ohne meinen schwer erarbeiteten Einzelgängerinnenruf zu gefährden.

Las Vegas ist eine Stadt, die ganz offensichtlich vom Klimawandel betroffen ist. Ihr Daseinsgrund besteht darin, »stets zig Millionen Lichter anzulassen«. Ihr Trinkwasser stammt aus dem Colorado River, genauer gesagt, aus dem Lake Mead, dessen Wasserstand knapp 40 Meter tiefer ist als noch vor 18 Jahren. Als ich den Prius nach meiner Mittagspause in der Stadt wieder anließ, zeigte das Thermometer auf dem Armaturenbrett eine Außentemperatur von 45,6 Grad Celsius. Vegas war anstrengend; ich fühlte mich in meiner Vermeidungsstrategie bestätigt. Aber es hatte auch seine charmanten Seiten. Nachdem ich fast zwei Monate lang durchs Land getingelt und dabei mit Werbetafeln konfrontiert gewesen war, auf denen DIE HÖLLE IST REAL und LUST IST EINE SÜNDE stand und dass ich mein sechs Monate altes, Stirnband tragendes Baby nicht abtreiben solle, war es erfrischend, durch Vegas zu fahren, wo die Werbetafeln versprachen, meine erektile Dysfunktion zu heilen.

Der nächste Nationalpark auf meiner Liste war der Saguaro in Tucson, südöstlich von mir, auf einer 400 Meilen langen Diagonalen, die direkt durch Phoenix führte. In Anbetracht von allem, was ich über Tucson, Phoenix, und Las Vegas wusste, bezweifelte ich, dass ich auf dieser Strecke ein Plätzchen zum Wildcampen finden würde, an dem die Nachttemperaturen auf unter 27 Grad Celsius fielen. Ja, das ist tatsächlich eine meiner kleinen Marotten: Zum Selbsterhalt verlangt mein Körper nach Schlaf. Und so nahm ich einen Umweg von 100 Meilen in Kauf, um die Nacht in der Bergstadt Flagstaff zu verbringen. Auf meiner Fahrt dachte ich über die Hitze und Las Vegas nach und die Monstrositäten, die wir uns selbst erschaffen.

Der Mensch erschuf das kapitalistische System, weil es, zumindest für ein paar, zumindest für eine gewisse Zeit, funktionierte. Es ging mit Träumen von linearem Fortschritt und niemals endender Modernisierung einher, und diese Träume klangen süß – bis es damit vorbei war. Es hat sich gezeigt, dass das System, das wir erschaffen haben, nicht funktioniert, weder für uns noch für den Planeten. Gut, dass wir ein anderes erschaffen können.

Vielleicht wird es schwer, aber das ist okay: Gemeinsam können wir schwierige Aufgaben bewältigen. Vielleicht wird es teuer, aber wenn die Erde nicht länger bewohnbar ist, können wir unser Erspartes ohnehin nicht mehr ausgeben. Es ist an der Zeit, gemeinsam auf das hinzuwirken, was die Anthropologin Anna Lowenhaupt Tsing als »kollaboratives Überleben« bezeichnet.

Unsere Hände über dem Kopf zusammenzuschlagen und zu sagen, es ist ohnehin zu spät, wir sind am Arsch, hilft uns nicht weiter. So zu denken, lähmt und ist außerdem falsch. Wir können etwas tun, um das Schlimmste zu verhindern. Wir können mehr tun, als nur den Schaden zu minimieren, den wir verursachen: Wir können eine positive Verbindung zu der Welt aufbauen, in der wir leben. Wir können die Natur in Nationalparks und auf öffentlichen Flächen, aber auch die in unseren Groß- und Vorstädten nicht nur als etwas betrachten, das

»Ökosystemdienstleistungen«, Ressourcen und Möglichkeiten zur touristischen Erschließung bereithält, sondern als etwas an und für sich Wertvolles, als etwas Heiliges.

Eine Möglichkeit, wie wir dies in die Tat umsetzen können, besteht darin, indigenen Gemeinschaften öffentliche Flächen zurückzugeben. Auch wenn sich indigene Völker selbstredend am Rohstoffabbau und Kapitalismus beteiligen oder ihre Umwelt in der Vergangenheit zu stark beansprucht haben, nutzte ein Großteil der amerikanischen Ureinwohner*innen das Land und seine Ressourcen vor Ankunft der Europäer*innen in Nordamerika lange Zeit nachhaltig. (Vielleicht liegt das daran, dass, wie die Wissenschaftlerin, Professorin und Citizen der Potawatomi Nation Robin Wall Kimmerer aufgezeigt hat, die Erde in zahlreichen indigenen Schöpfungsmythen als Geschenk betrachtet wird, das den Menschen zum Schutz anvertraut ist, während das irdische Paradies im Christentum als Vergnügungsort gilt, in dem sich die Menschen eine Woche amüsieren, bevor sie ihn unwiederbringlich ruinieren.) Inzwischen erkennen Forstwirt*innen an, dass viele der früher allgemein abgelehnten indigenen Bräuche wie kontrollierte Waldbrände zur Gesundheit der Ökosysteme beitragen. Und mehreren Studien zufolge bleiben Wälder und Kohlenstoffspeicher auf Land, das von indigenen Bewohner*innen bewirtschaftet wird, weit eher intakt.

In *Geflochtenes Süßgras* beschreibt Kimmerer ihre Beziehung zur Natur als Geben und Nehmen, als ein Heimischwerden: »Für uns alle bedeutet Heimischwerden an einem Ort, dass wir so leben, als käme es auf die Zukunft unserer Kinder an, dass wir für das Land sorgen, als hinge daran unser materielles und spirituelles Leben.«[12] Wenn wir unsere Aufmerksamkeit dem Land schenken, auf dem wir leben, und dem Zusammenspiel von Pflanzen, Tieren, geologischen Prozessen und dem Klima, kann uns das auch in Städten von Vorteil sein.

Bevor die angelsächsischen Siedler*innen in den Südwesten

kamen und Backsteinhäuser mit Rasen und Metalldächern bauten, lebten die Menschen in Häusern, die aus Lehm gebaut wurden und hohe Decken und Oberlichter hatten, die heiße Luft entweichen ließen. (Eines schönen Julis saßen meine Mom und ich eineinhalb Stunden lang in einem Lehmhaus in New Mexico und schwärmten, wie angenehm die Klimaanlage sei, bis wir darauf hingewiesen wurden, dass es überhaupt keine Klimaanlage gab und sich das Raumklima in Lehmhäusern einfach so anfühlt.)

Wir können unsere Kommunen wieder so planen, dass sie unserer Umgebung angepasst sind. Zum Schutz der Arten können wir Rückzugsgebiete für sie suchen, und mithilfe neuer Technologien können wir glühend heißen Asphalt durch »kühlen Straßenbelag« ersetzen, der Sonnenstrahlung reflektiert, anstatt sie zu absorbieren. Wir können mehr Land gegen die Rohstoffindustrie verteidigen und Schutzkorridore errichten, sodass Pflanzen und Tiere in kühlere klimatische Bedingungen weiterziehen und der Erderwärmung entfliehen können. Wir können aufhören, so viel Auto zu fahren, wir können jene unterstützen, die für ihre Land- und Wasserrechte eintreten, wir können uns zusammentun, um die fossile Brennstoffindustrie zu zerschlagen. Wir können keine Pipelines in die Luft sprengen, zumindest nicht auf legalem Weg [*zwinker, zwinker*].

Aber haben wir erst einmal damit begonnen, unseren Planeten und die Natur so zu behandeln, als wären sie von Gewicht, als würden sie für uns alle existieren und nicht nur für ein paar wenige weiße Milliardär*innen mit Persönlichkeitsstörung, ist da so viel, was wir bewirken können.

Noch wusste ich nicht, wie mein Beitrag zur Lösung aussehen könnte, außer hin und wieder die ganze Nacht wach zu liegen und meine Gedanken um Eismassen kreisen zu lassen, die von Gletschern ins Meer brachen. Ich wusste nur, dass die Zeit vorbei war, in der ich den Klimawandel zwar als drängendes, nicht aber unmittelbar zu lösendes Problem betrachtete.

Am Walnut Canyon National Monument, ganz in der Nähe von Flagstaff, kühlten die Temperaturen nachts auf zehn Grad Celsius ab, und ich schlief tief und fest.

16

ZUSCHAUEN UND BRÜLLEN

ie Fahrt von Flagstaff zum Saguaro-Nationalpark bei Tucson, inklusive brütend heißer Frühstückspause in Phoenix, überraschte mich. Wir befinden uns im Jahr, bevor Arizona für Joe Biden stimmte und zum Blue State wurde. Ich traute meinen Augen kaum, als ich Bernie-Aufkleber sah und Aufkleber mit Slogans, die sich für Trumps Amtsenthebungsverfahren aussprachen. *Wow, dachte ich, das Land tendiert also doch mehr ins Lila, als man uns glauben macht. Es gibt überall unterschiedliche Menschen.* Meine Träumerei wurde jäh von einem Sattelschlepper mit Schmutzfängern unterbrochen, auf denen schlicht HEIL stand.

Ich wollte unbedingt zum Saguaro, weil ich als weibliche Millennial komplett mit der Kaktuskult-Ideologie indoktriniert worden war. Ich hatte mehrere Kakteen in unterschiedlichen Gesundheitszuständen. Um viele hatte ich mich auch dann noch gekümmert (sprich: sie überwässert), als sie bereits monatelang tot waren. Ich besaß eine Kaktushalskette; ich besaß außerdem ein mit winzigen Kakteen besticktes Oberteil; ich hatte sogar ein Kaktus-Tattoo. Wer Kakteen liebt, muss Saguaros lieben, die Meryl Streep der Kakteen, der Kaktus, der einem in den Sinn kommt, wenn man über das Konzept »Kakteengewächs« sinniert. Der Saguaro ist der größte Kaktus der Vereinigten Staaten und kann eine Höhe von bis zu 15 Metern erreichen (der größte, der je erfasst wurde, war knapp 24 Meter hoch, also zwei- bis dreimal so groß wie die Männer, die ich üblicherweise date).

Der Saguaro-Nationalpark besteht aus zwei Teilgebieten, die an Tucson grenzen. Ich hatte entschieden, das größere Gebiet östlich der Stadt zu besuchen. Der Ranger, der mich willkommen hieß, erklärte mir, wie man »Sah-war-oh« aussprach und warnte mich, dass ich mich unter keinen Umständen länger als 15 Minuten am Stück außerhalb meines Autos aufhalten dürfe, wenn ich keinen Hitzeschlag erleiden wolle. Dann überreichte er mir ein Junior-Ranger-Heft – oder zumindest dachte ich das, bis mein Blick auf das Cover fiel und ich sah, dass es sich in Wirklichkeit um ein Nicht-mehr-ganz-so-Junior-Ranger-Heft handelte (deren Hervorhebung). Es war wie ein Junior-Ranger-Heft, nur schwerer und für Menschen, die offensichtlich zu alt waren, um an einem Kinderprogramm teilzunehmen.

Einerseits ergab das Sinn, da ich steinalt war; andererseits war ich noch nie in meinem Leben derartig beleidigt worden. Der Ranger muss den Ausdruck auf meinem Gesicht bemerkt haben, denn zur Erklärung fügte er hinzu: »Im Saguaro versuchen sehr viele Erwachsene, Junior-Ranger-Abzeichen zu bekommen.«

Da der Tag ohnehin nur heißer und die Wahrscheinlichkeit größer würde, dass ich all meine Elektrolyte ausschwitzte und starb, beschloss ich, auf der Stelle loszuwandern. Der Ranger empfahl mir einen flachen, gepflasterten Weg: einen fünfminütigen Spaziergang, nach dem ich schnurstracks zu meinem Auto zurückkehren sollte; ich stieg in den Prius und fuhr los, den Cactus Forest Loop Drive hinab.

Zu beiden Seiten der Straße standen mehr Kakteen, als ich mir in meinen wildesten Träumen hätte vorstellen können. Es gab Saguaros, klar, aber auch Optunien, Cylindroputinae und Fasskakteen. Es gab Ocotillos und Parkinsonia-Florida-Bäume, deren blau-grüne Stämme zur Fotosynthese fähig sind. Ich war im Paradies jeder Zimmerpflanzenliebhaberin; ich hielt bei jeder Gelegenheit an, um alles noch genauer zu betrachten.

So also sieht ein Kaktus ohne übereifrige Besitzerin aus, die ihn mit Waterboarding foltert.

Bevor ich auf dem Mica View Trail loslief, warf ich einen Blick auf die Uhr und ermahnte mich innerlich, nach fünf Minuten wieder umzukehren. Doch trotz meiner begrenzten Zeit konnte ich nicht anders, als herumzutrödeln, als ich die gigantischen Saguaros um mich herum anstarrte. Sie waren so groß, hatten so viele Verästelungen, waren für mich so imposant und neu: Auch wenn ich seit anderthalb Monaten von einer Wüste in die nächste düste, wachsen Saguaros nur in der Sonora. Und an jenem Tag meiner Reise sah ich sie tatsächlich zum ersten Mal.

Saguaros bilden erst mit 50 bis 70 Jahren Arme und blühen erst mit etwa 35, was ich als Frau unter 35 derart beruhigend finde, dass ich es höchstwahrscheinlich therapeutisch aufarbeiten sollte. Wenn für einen Saguaro alles gut läuft, kann er bis zu 200 Jahre alt werden. Doch in der heutigen Zeit läuft es für Saguaros oft nicht gut. Nach wie vor ziehen massenhaft Menschen in den Südwesten, obwohl dieser hierzulande zusammen mit Alaska am stärksten vom Klimawandel betroffen ist. Während sich die Großstädte weiter ausdehnen, verliert der Saguaro seinen Lebensraum. Invasive Gräser haben sich in der Region ausgebreitet und verdrängen einheimische Pflanzen im Kampf um Wasser. Obendrein erleichtern sie es Bränden, sich in einer Gegend auszubreiten, in der die Vegetation keine natürlichen Schutzmechanismen gegen Feuer hat. Die Dürre und das Extremwetter erschweren das Überleben der jungen Saguaros. Und derselben Kultur sei Dank, die mich – eine Frau aus dem Mittleren Westen ohne jegliche Verbindung zur Wüste in meiner gesamten Familiengeschichte bis zum Beginn des Lebens auf diesem oder irgendeinem anderen Planeten – dazu gebracht hatte, mir eine Kaktusfeige tätowieren zu lassen, sah sich auch der Saguaro einer neuen Gefahr gegenüber: dem Kaktus-Diebstahl.

Allein der Kakteenmarkt der Vereinigten Staaten hat einen geschätzten Marktwert von mehreren 10 Millionen Dollar, von denen etwa eine Million meinem persönlichen Sukkulenten-Konsum zu verdanken ist. Zwischen 2012 und 2017 nahm der Marktanteil um 64 Prozent zu. Bitches lieben Kakteen: Das ist einfach Fakt. Wer einen ausgewachsenen Saguaro im Garten haben möchte, kann allerdings nicht einfach ein Samenkorn aussähen und ihm beim Wachsen zusehen, weil auch nach acht Jahren noch nicht mehr da sein wird als ein kleiner Knirps, kleiner als die meisten Kieselsteine. Die beste Zeit, einen Saguaro im Garten auszupflanzen, ist vor 50 Jahren; die zweitbeste vor 49 Jahren und 51,5 Wochen. Andernfalls bleibt einem nur der Schwarzmarkt. Da sie so beliebt sind, kosten 30 Zentimeter bis zu 100 Dollar. Die große Nachfrage hat dazu geführt, dass Menschen in den Saguaro-Nationalpark fahren, um Kakteen zu klauen wie in einem *Ocean's-11*-Film, in dem die treibende Kraft nicht darin besteht, »wieder mit Julia Roberts zusammenzukommen«, sondern »Instagram-Ruhm zu erlangen«, in dem die Diebe nicht Andy Garcia eins auswischen – schlimm genug für alle Andy-Garcia-Fans unter uns –, sondern der gesamten Bevölkerung der Vereinigten Staaten, zu der, wie wir nicht vergessen sollten, auch Andy Garcia gehört.

Natürlich wurden nicht nur im Saguaro Kakteen gestohlen. Auch im Big Sur hatte ich HÖREN SIE BITTE AUF, KAKTEEN ZU STEHLEN :(-Schilder gesehen, und ich hatte von ähnlichen Fällen überall auf der Welt gelesen, vom Grand Canyon bis nach Südafrika. Und es werden nicht nur große, langsam wachsende Saguaros geklaut, sondern auch bizarre kleinere Sorten, die sich als Zimmerpflanzen großer Beliebtheit erfreuen. Das Problem dabei ist, dass der Raub all dieser seltenen und bizarren Kakteen zur Auslöschung dieser Arten führen kann, vor allem, wenn man sie jemandem wie mir verkauft.

Saguaros sind für mehr bestimmt, als einen Vorgarten zu schmücken oder den amerikanischen Südwesten zu symbolisieren. Das erfuhr ich bei meiner nächsten 400-Meter-Wanderung auf einem Naturlehrpfad. »Was, ganze 400 Meter?«, höre ich dich aufschreien. »Ist das denn sicher?« Der Ranger hatte gesagt, damit würde ich mein Schicksal zwar herausfordern, es aber wahrscheinlich lebendig zum Auto zurückschaffen. Der Wüstenökologielehrpfad führte gemächlich von der Hauptstraße des Parks hinab, neben dem Weg standen Schilder, die vorbeikommende Wander*innen und Kaktusdieb*innen über die Tiere aufklärten, die in der Sonora-Wüste leben. Der Gilaspecht und der Wüstengoldspecht, erfuhr ich, pickten Löcher in das Fleisch der Saguaros, um diese als Nester zu benutzen. Wenn ihnen ihre Löcher langweilig wurden, sie sich vergrößern wollten oder zur Überzeugung kamen, dass ihr Leben in Phoenix besser wäre (ein paar Monate lang wäre es vielleicht besser, lieber Specht, aber dann hättest du all deine Probleme einfach nur in einem anderen Saguaro), verließen sie die Aushöhlungen, und Spatzen, Finken und Elfenkäuzchen zogen ein. Wüstenbussarde bauen Horste auf Saguaros, dort, wo die Arme auf den Körper treffen. Anderen Tieren dienen die Saguaros als Nahrungsquelle – der Nektar und die Pollen der Blüten ernähren Fledermäuse, und allerlei andere Lebewesen fressen ihre Früchte, von Vögeln über Säugetiere bis hin zu Reptilien und Insekten. Durstige Rehe fressen manchmal sogar das Fleisch der Saguaros, inklusive Stacheln. *Inklusive Stacheln.* Nie hatte ich ein besseres Argument dafür gehört, kein Reh zu sein.

Warum war ich so von Kakteen besessen? Warum war ich in die Ästhetik des Westens und Südwestens generell so verliebt? Kann all das auf den Film *How the West Was Fun* zurückgeführt werden, in dem die Olsen-Zwillinge auf einer Ranch irgendwo im Intermountain West ihre Späße treiben, ein Film, den ich als Kind immer und immer wieder sah? Habe ich deswegen mehrere Tattoos von charakteristischen Motiven des Westens, besitze zwei Ranch-Decken, und hängt daher ein gigantischer goldener Kuhschädel unheilverkündend gegenüber von meinem Bett? Es gibt eine bestimmte Art weiße Frau, die wirklich nicht so viel Türkisschmuck tragen sollte; ich hoffte, keine dieser Frauen zu sein.

In meinen Augen war die weibliche Verkörperung des Westens schlechthin Georgia O'Keeffe. Ein Druck eines ihrer Schädel-vor-Tafelberg-Bilder hängt über meinem Schreibtisch; wenn ich davon träumte, im Südwesten zu leben, dachte ich an sie. Allerdings stammte O'Keeffe, einmal ganz abgesehen von ihrer angelsächsischen Herkunft, noch nicht einmal aus New Mexico. Wie ich kam sie aus Wisconsin. Wie ich zog sie dann nach New York. Aber es musste doch einen Unterschied geben zwischen kultureller Aneignung und einem Leben als Georgia O'Keeffe – oder etwa nicht? Der erste Typus weiße Frau kommt in den Südwesten, ohne die Geschichte der Gewalt gegen die indigene Bevölkerung je zu hinterfragen, die dort lange vor Ankunft der Europäer*innen lebte. Dieser Typ weiße Frau kauft Schmuck und Kleidung und Haushaltsgüter, die von der indigenen Ästhetik inspiriert, nicht aber von Einheimischen gefertigt sind. Auch ich hatte definitiv solche Dinge gekauft. Ich stelle mir vor, dass es eine andere Daseinsweise gibt, zu der gehört, etwas über den Ort, an dem man sich niederlässt, zu lernen und ihn zu respektieren, genauso die Geschichte seiner Bewohner*innen und seiner Umwelt. Aber vielleicht jagen alle Weißen, die gen Westen ziehen, Träumen einer gewaltsamen Westerweiterung hinterher, selbst dann, wenn wir glauben, gegen so etwas gefeit zu sein, vor allem dann, wenn wir glauben, gegen so etwas gefeit zu sein. Vielleicht liegt die Anziehungskraft von Türkisen auf weiße Frauen in ihrem Traum begründet, einheimisch zu sein, zu den Ureinwohner*innen des Landes zu zählen und somit die moralische Autorität zu besitzen, über die Nutzung des Landes zu bestimmen. Es ist der Traum der Erlösung von den Sünden des Siedlerkolonialismus.

Die Fahrt von Tucson in den Guadalupe-Mountains-National-park, der im spitz zulaufenden, westlichen Zipfel von Texas liegt, direkt an der mexikanischen Grenze, dauert sechseinhalb Stunden. Als ich am nächsten Morgen auf der Interstate am unteren Rand von Arizona und New Mexico entlangraste, konnte ich kaum glauben, dass ich im Auto saß, während der Sonderermittler Robert Mueller in genau diesem Moment vor dem Kongress stand und über seinen Report über die Einmischung Russlands in die US-Wahl 2016 aussagte. Nach dreieinhalb Jahren im Recherche-Team einer Late-Night-Show, nachdem ich Parteitage, die jährliche Rede zur Lage der Nation, Senatsanhörungen und alles andere, was man sich sonst noch vorstellen kann, live im Fernsehen verfolgt hatte, fühlte es sich geradezu verboten an, nicht genau zu wissen, was geschah, während es geschah. Es war mir fremd, plötzlich ein Leben zu führen, bei dem ich nicht vor einem Fernseher und zwei Computerbildschirmen hockte, zuschaute und brüllte. Es war, so schuldig ich mich auch fühlte, eine große Erleichterung. Anstatt also eine Vernehmung anzusehen, die letztlich nichts zutage fördern würde, betrachtete ich den Asphalt, der bei 84 Meilen pro Stunde unter mir vorbeirauschte.

Als ich in die Guadalupe Mountains abbog, die gleich neben dem Highway liegen, ging die Sonne gerade unter. Die Felswand war bereits seit 40 oder 50 Meilen sichtbar gewesen und ragte aus der flachen Wüstenlandschaft auf, eine Verheißung der Spannung und des Abenteuers. Da ich im Vorfeld keinen Zeltplatz reservieren konnte, fuhr ich in den kargen Park und hoffte, irgendwo ein Plätzchen zum Schlafen aufzutun. Zum Glück fand ich eine Stelle unter einem Baum, an der ich mein kleines Walmart-Zelt aufstellen und zum Klang der Motten einschlafen konnte, die versuchten, mit mir ins Innere des Zelts zu gelangen, weil sie mein Handy für den Mond hielten.

Am Morgen ging ich zum Besucherzentrum, um meine Campinggebühren zu bezahlen und mir ein Bild von der Lage zu machen. An diesem Punkt meiner Reise war ich im vierten und letzten Wüstengebiet angekommen. In den Vereinigten Staaten gibt es vier Wüstengebiete: das Große Becken, das ich in Utah erkundet hatte, die Mojave beim Joshua-Tree-Nationalpark, die Sonora, Heimat der Saguaros, und jetzt war da auch noch die Chihuahua-Wüste. Die Berge, die mich umgaben, waren die höchsten in Texas, würden aber noch eine Weile warten müssen.

Zuerst machte ich einen kleinen Abstecher zu einem anderen Nationalpark: zum Carlsbad-Caverns-Nationalpark, nur 45 Minuten Fahrt nach Norden. Wer hätte das gedacht? Ich, die vom Guadalupe-Mountains-Nationalpark noch nie etwas gehört hatte und fast versäumt hätte, ihn meinem Reiseplan hinzuzufügen, bestimmt nicht. Ich begab mich wieder auf den Highway, auf dem ich nachts zuvor unterwegs gewesen war, und fuhr in Richtung Nordosten, vorbei an spärlicher Vegetation aus Yuccas und Agaven.

Das Tor zum natürlichen Eingang der Carlsbad Caverns zierte ein neues, knallgelbes Schild: VORSICHT, stand darauf, LUFTÜBERTRAGENE RADIOAKTIVITÄT. Und zur Präzisierung stand unter einem Symbol für Radioaktivität: RADON. *Ach,* dachte ich. *Wenn mich diese Reise bisher nicht umgebracht hat, wird sie's auch jetzt nicht tun.* Daraufhin wuchs mir ein dritter Arm, und ich lief den Weg weiter hinunter. Mehrere enge Kurven führten mich zu dem gigantischen Eingang, aus dem ganze Schwärme von Höhlenschwalben heraus- und hineinflogen. Und dann war ich drin.

Wie alle anderen Höhlen zuvor war die Carlsbad Cavern für mich der aufregendste Ort, an dem ich je gewesen war. Ich ging immer tiefer in die Höhle hinein und stieg dabei 79 Stockwerke auf einer guten Meile hinab. Ich hielt inne, um Steinsäulen zu bestaunen, die über und über mit Felsformationen übersät waren, und Stalaktiten, die wie Dolche bedrohlich von der

Decke hingen. Am Ende des Weges betrat ich den Big Room der Carlsbad Cavern – den größten Höhlenraum in ganz Nordamerika. Um den Raum einmal zu umrunden, muss man eine Strecke von 1,25 Meilen zurücklegen. Neben dem Weg hing eine ausgefranste Strickleiter von 1924, die in ein scheinbar bodenloses Loch baumelte. Es war feucht und ein bisschen kalt und riesig und hallte. Geräusche übertrugen sich aufgrund all der festen Oberflächen weiter als sonst, was bedeutete, dass ich jeden Wassertropfen hörte, jede Nichtigkeit, die das laute Paar mittleren Alters über 100 Meter von mir entfernt meinte, in voller Lautstärke von sich geben zu müssen.

Die lauten Menschen ließen mich darüber nachdenken, wie ich mich in den zwei Monaten, die ich jetzt unterwegs war, selbst verhalten hatte. Da ich die meiste Zeit allein gewesen war, konnte ich überhaupt nicht mehr beeinflussen, wie andere mich wahrnahmen. Mir fiel auf, dass ich auf meiner Reise zahlreiche Identitätsmarker abgestreift hatte: Ich trug die Kleidung, die gerade am saubersten und für das Wetter am besten geeignet war; ich blieb im Wesentlichen für mich; ich schleppte noch nicht einmal ein Buch mit gut sichtbarem Cover mit mir herum, um andere wissen zu lassen, welche Art Leserin ich war, weil ich mein bisheriges Hobby (lesen) durch ein neues (beim Fahren auf die Straße schauen) ersetzt hatte. Die letzten beiden Monate hatte ich nur damit verbracht, herumzureisen und Nationalparks zu besuchen. Doch als ich zurück nach New York kam, wurde mir klar, dass auch all das Teil meiner Identität geworden war: Ich war nun die Art Mensch, die einen langen Roadtrip macht und durch das ganze Land wandert. (Anders formuliert: Ich war irgendwie wie alle anderen Singles auf Hinge.)

Wenn wir in fremde Länder reisen, in denen die Kultur anders ist oder wir die Sprache nicht verstehen, in denen wir in Touri-Restaurants enden und unter heldenhaftem Einsatz versuchen, die Weinlokale zu finden, in die die Einheimischen gehen, sind wir es gewohnt, uns fehl am Platz zu fühlen. Auf solchen Reisen wird man ständig daran erinnert, dass man nicht dazugehört, dass man nicht zu Hause ist, dass man in einen Ort eingedrungen ist, an dem das echte Leben anderer Leute stattfindet. Mein Inlandstourismus in Amerika fühlte sich anders an, als würde ich genau das tun, was man von mir erwartete.

Ich schlug an keinem Ort, den ich besuchte, Wurzeln; ja, ich kam und ging so schnell, dass mich die Orte manchmal deprimierten. Jedoch erstaunte mich die Anzahl an Orten, an denen ich Verwandte oder Freund*innen treffen konnte, die ich aus meiner Kindheit oder dem College kannte: Milwaukee, Denver, Mesa Verde, Yellowstone, Cisco, San Francisco, San Luis Obispo, Los Angeles, noch mehr standen aus. Auf mich wirkte es, als seien nicht nur Reisen auf den Straßen Amerikas Teil des Kanons, sondern auch, sich für ein paar Jahre an einem Ort niederzulassen, um dann wieder zu verschwinden. Immer in Bewegung bleiben zu wollen, ist etwas zutiefst Amerikanisches.

Und eine derart lange und weite Reise ist nichts, was man in jedem Land machen kann. Die Vereinigten Staaten sind riesig. Wenn ich Freund*innen aus England von Roadtrips in Amerika erzähle, fangen sie an zu sabbern: In Großbritannien steht man nach 20 Minuten Fahrt im Meer. Die Größe Amerikas zu fassen, ist fast nicht möglich, es sei denn, man fährt einmal darum herum und wird sich dem schieren Ausmaß der Distanz zwischen, sagen wir einmal, Chicago und der Oberen Halbinsel in Michigan bewusst. Auch die Unterschiede in unserem Land, die schwindelerregende Heterogenität im Denken und in der Politik und selbst hinsichtlich der Akzeptanz dessen, was Realität ist, ergeben allmählich mehr Sinn, wenn man von Denver in den Süden Utahs fährt. Betrachtet man die Luftlinie, ist die Entfernung nicht allzu groß. Und doch fährt man von veganen Restaurants und Cannabis-Verkaufsstellen über

Berge, an Kurorten vorbei, auf die ich mir nicht einmal einen Blick leisten kann, in eine Wüste, durch Städte, die sich auf Camping, Mountainbiking und grungiere Formen des Reisens spezialisiert haben, vorbei an einer Geisterstadt, die zur Giftmüllhalde/Kunstinstallation umfunktioniert wurde, durch schöne Canyons und Landstriche, auf denen nach Gas oder Öl gebohrt wird, in eine Gegend, die so leer und gnadenlos ist, dass man eher einer Kuh als einem Menschen begegnet.

Beim Reisen lernt man, Amerika besser zu verstehen, sich mit seinen Schwächen auseinanderzusetzen, aber auch – bitte cancelt mich nicht – das Schöne zu erkennen. Ja, Inlandsreisen können den Patriotismus befeuern, das war sogar seit jeher ihr Ziel: Stephen Mather, der erste Direktor des NPS, schrieb, dass die Nationalparks den Menschen helfen würden, »das Land, in dem sie leben, inniger zu lieben«. Selbst dass ausgerechnet dieser Mann so etwas äußerte, konnte die Tatsache nicht schmälern, dass ich in den vergangenen beiden Monaten von der Schönheit der Natur des Landes, in dem ich zufälligerweise geboren wurde, überwältigt worden war. Auch dem heimeligen Gefühl, Zeit mit meinen Homies zu verbringen, konnte es nichts anhaben, sowohl Homies, die ich schon lange kannte und aufgrund der geografischen Entfernung nur noch selten sah, als auch solchen, die ich beim Wandern kennenlernte und denen ich dann nie mehr begegnete, oder solchen, denen ich ein paar Mal in Utah über den Weg lief, als wir alle den gleichen Urlaubstraum lebten.

Genau in dem Moment kam das laute Touristenpärchen, das in mir Mordgelüste weckte, auf mich zu. »Können Sie ein Foto von uns machen?«, fragte die Frau und reichte mir eine Kamera. Ich lächelte. »Natürlich«, flüsterte ich.

Ich war zu spät aus New Mexico losgekommen, und als ich wieder in den Guadalupe Mountains war und am Wanderweg parkte, blieb mir nur noch eine knappe Stunde bis Sonnenuntergang. Gemäß meinem Parkpamphlet dauerte der Rundwanderweg zur Smith und Manzanita Spring etwa anderthalb bis drei Stunden. Schon jetzt warf die Felswand einen langen Schatten über die Wüste, und ich befürchtete, dass das Gatter an der Landstraße, die mich zum Ausgangspunkt des Wanderwegs geführt hatte, geschlossen wäre, wenn ich zu spät zurückkäme. Aber ich hatte junge Beine, und der Besuch einer Oase in der Wüste schien das Risiko wert. Ich schnürte meine schweren Wanderstiefel und ging strammen Schritts in Richtung Berge.

Die Quellen waren, wie hätte es anders sein können, super seltsam. Mit einem Mal stolperte ich aus einer steppenähnlichen, mit Kreosotbüschen überwucherten Einöde in eine smaragdgrüne Welt: Hier gab es Bäume und Moos und sogar einen kleinen Wasserfall. Ich gönnte mir ein, zwei Minuten Zeit, um alles zu bestaunen, und raste dann zurück zu meinem Auto, während der Himmel über mir mit jeder Minute dunkler wurde. Ich bog um eine Kurve und erschreckte einen Maultierhirsch. Wahrscheinlich dachte der: *Bitch, was zur Hölle treibst du so spät außerhalb deines Autos?*, und hatte damit nicht unrecht. Ich aber sprühte geradezu vor Freude, weil ich bei Einbruch der Dunkelheit wanderte und beobachten konnte, wie sich die Nacht über alles senkte, wie die Wüste nach einem langen heißen Tag wieder zum Leben erwachte.

In den Jahren unmittelbar vor meiner Reise äußerte sich der Präsident der Vereinigten Staaten rassistisch, prahlte mit seinen sexuellen Übergriffen, verabschiedete Gesetze, die trans Personen drangsalieren, und bestärkte viele Menschen darin, dem Hass, der den Gesetzen und Normen des Landes seit Langem innewohnt, offen Ausdruck zu verleihen. In diesen Jahren schämte ich mich immer mehr für Amerika. Es entsprach nicht meinen Werten. Jedem und jeder, der oder die das Land offen bejubelte, trat ich mit Misstrauen gegenüber. Stolz, eine amerikanische Flagge zu schwenken, oder am vierten Juli ganz ohne Bedenken zu feiern oder gänzlich ironiebefreit ein Lied zu schmettern, wie glücklich man sei, Amerikaner*in und somit wenigstens frei zu sein – all das stand nun synonym dafür, Trump zu befürworten und somit Rassismus, Sexismus, Transphobie, Abtreibungsgesetze, Kinder in Käfigen an der Grenze und die Ermordung Schwarzer Menschen durch die Hand des Staats.

Wie aber ist es möglich, dass so jemandem die volle Verantwortung für den Kurs der Vereinigten Staaten obliegt? Warum darf jemand wie Trump diesen Kurs bestimmen und die Werte des Landes zerstören? Amerikaner*in zu sein, ist auf ganz unterschiedliche Weise möglich, auch ohne zu ignorieren, wie das Land jene im Stich ließ oder aktiv terrorisierte, die keine reichen, weißen Heteromänner sind. Ja, es ist möglich, Vergangenheit und Gegenwart des Landes mit Klarsicht zu betrachten, Ideen wie die der Freiheit und Demokratie ernst zu nehmen und daran zu arbeiten, ein Land zu erschaffen, das diesen Ideen gerecht wird. Anstatt die Hände über dem Kopf zusammenzuschlagen und zu sagen, es sei zu spät, und die hasserfülltesten Menschen definieren zu lassen, was es bedeutet, Amerikaner*in zu sein, können wir uns zusammenschließen, um das Land zu erschaffen, das unseren Vorstellungen entspricht, füreinander.

Amerikaner*in zu sein, ist kompliziert! Es ist ein Segen, geht aber auch mit viel Ballast einher, mit dem es umzugehen und den es wiedergutzumachen gilt. Die Schwächen der Vereinigten Staaten zu kritisieren, ist nicht anti-amerikanisch; ich würde sagen, es ist patriotisch, gründlich darüber nachzudenken, wofür wir stehen und wie wir einander im Stich lassen. Vor allem, wo es so vieles gibt, was für die Vereinigten Staaten spricht.

Als ich meinen Blick über die westtexanische Wüste schweifen ließ, war ich von der Schönheit Amerikas – also, wirklich ästhetischer Schönheit – überwältigt. Der Anblick erinnerte mich an die erste Woche meiner Reise, als ich den ganzen Abend vom Wind-Cave-Nationalpark zu Molly in Denver gefahren war. Als ich den höchsten Punkt eines unscheinbaren Hügels erreichte, erstreckten sich vor mir auf einmal Hunderte von Meilen Prärie voller Felskuppen und Bauernhöfen. »Meine Güte!«, entfuhr es mir. Ich tastete nach meinem Handy, doch dann wurde mir bewusst, dass ich wahrscheinlich nicht ein Foto machen, mit 75 Meilen pro Stunde bergab fahren und alles um mich herum zugleich aufnehmen könnte. Und obwohl ich allein war und zu klein, um das ungeheure Ausmaß wertzuschätzen, saugte ich alles in mich auf.

Es fühlte sich an, als könnte ich von diesem einen Hügel in South Dakota ganz Amerika sehen. Wahrscheinlich werde ich nie wieder auf dieser verborgenen zweispurigen Straße unterwegs sein, aber ich bin froh, dass ich sie einmal in meinem Leben gesehen habe. Sie erinnerte mich daran, wie sehr mir Roadtrips am Herzen lagen – und dieser ganz besonders –, und wie viel Glück ich hatte, all das tun zu können. In einem Land mit so vielen Naturschutzgebieten zu leben und so vielen Menschen, die für sie kämpften. Überall Menschen zu finden, die ich liebte; in einem Land zu Hause zu sein, in dem Fremde auf fast sonderbare Art freundlich zueinander sind; Menschen zu kennen, denen es am Herzen lag, freundlich zu sein, Kunst zu machen und die Orte, an denen sie lebten, aufzuwerten und die sich sowohl durch ihr unmittelbares Handeln als auch durch anarchistische Gritty-Memes engagierten.

Oder wie es Joan Didion formulierte: »Ein Ort gehört für immer dem, der ihn sich am stärksten angeeignet hat, sich am leidenschaftlichsten daran erinnert, ihn sich selbst entreißt, ihn formt, darstellt, ihn so radikal liebt, dass er ihn in seinem Bild neu erschafft.«[13]

17
OKAY,
MARFA IST VOLL NICE

*A*uf meiner Fahrt von der Grenze New Mexicos in Richtung Süden bereitete ich mich mental vor: Heute würde ich endlich cool sein. Ich war unterwegs nach Marfa, wo die hippen Menschen hingehen. Ich wollte der Stadt im westlichsten Teil Texas' einen Besuch abstatten, seit ich sie in der Serienadaption von *I Love Dick*, einem meiner Lieblingsbücher, gesehen hatte. *I* love dick! *I* love Kathryn Hahn! Ich wollte unbedingt in diese Stadt. Ein Mekka der Minimal Art, ein Ort, an dem sich alle wie Cowboys kleiden. Und jetzt hatte ich endlich einen guten Grund für die äußerst unangenehme Fahrt dorthin: Marfa lag auf dem Weg zum Big-Bend-Nationalpark. Die nächsten beiden Nächte wollte ich bei Austin übernachten, einer neuen Freundin, die 15 Minuten außerhalb von Alpine lebte, einem Nachbarort Marfas. Im Westen Texas' bedeutet »Nachbarort« etwa 30 Minuten Autofahrt.

Wenn Bundesstaaten Botschafter*innen hätten, sollte Austin (die Frau, nicht die Stadt) Texas vertreten. Texas durch ihre Augen zu betrachten, weckte meine Begeisterung für den Bundesstaat. Wir haben uns ganz zufällig kennengelernt: 2019 war ich für das Programm eines jährlich stattfindenden, feministischen Literaturfestivals gebucht, das von Austin organisiert worden war. Das Festival wurde in letzter Minute abgesagt, aber meine Flugtickets waren nicht erstattungsfähig. Also flog ich nach Dallas, eine Stadt, in der ich niemanden kannte und keinerlei Pläne hatte. Austin, schöner Engel, der sie ist, traf sich mit mir zum Abendessen und begleitete mich dann zu einer

Jazz-Bar im Stil New Orleans', die eine Freundin von ihr vor Kurzem eröffnet hatte. Dort schien jede*r zu tanzen, sowohl in der Bar als auch auf der Straße, und anscheinend kannte jede*r Austin. Die folgenden Worte beschreiben, wie es ist, mit Austin Zeit zu verbringen: Sie hat die Fähigkeit, jeden dazu zu bringen, Dallas zu lieben. (Jedes Mal, wenn ich jemanden aus Dallas kennenlerne und erzähle, dass ich die Stadt gerne mag, werde ich ausnahmslos verwirrt angeschaut und gefragt: »Warum?«) Ich konnte es kaum erwarten, den Westen Texas' durch Austins Augen kennenzulernen, ein Ort, bei dem sich im Gegensatz zu Dallas alle einig sind, dass er wirklich schön ist.

Nach einem Boxenstopp in einem Café in Marfa, das zugleich als Gebäude der Lokalzeitung diente – in einem Tausend-Einwohner-Ort braucht man offenbar diversifizierte Einnahmequellen –, saß ich mit Austin auf ihrer Veranda und blickte auf die Grenzkontrollstation in weniger als einer Meile Entfernung. Auch wenn Alpine weit von der mexikanischen Grenze entfernt liegt, ist der Grenzschutz befugt, überall im Umkreis von 100 Meilen von der Grenze Kontrollpunkte einzurichten. Der hier lag etwa 15 Meter nördlich von dort, wo Austins Schotterpiste auf die einzige Straße in Richtung Stadt traf, was zur Folge hatte, dass Austin, ihre Nachbar*innen und all ihre Gäste, die zum Supermarkt oder zum Tractor Supply oder sonst wohin wollten – buchstäblich überallhin, außer in den Big-Bend-Nationalpark –, die Grenzpatrouille passieren mussten. Anders als bei einer richtigen Grenzüberquerung, bei der die Beamt*innen jedes Auto und jede Person auch ohne Beschluss, ja selbst ohne begründeten Verdacht, durchsuchen dürfen, benötigen sie hier einen hinreichenden Tatverdacht. Sie dürfen nur den Aufenthaltsstatus einer Person erfragen. Allerdings ignoriert man das überall im Land regelmäßig und illegale Durchsuchungen und Verhöre werden durchgeführt, was dem 100-Meilen-Radius seinen Spitznamen einbrachte: verfassungsfreie Zone.

Es sei nicht immer so gewesen, erzählte mir Austin. Aber als ich sie besuchte, war die gängige Praxis an der Grenze grausam, unmenschlich und darauf ausgelegt, Menschen, die sich ohnehin bereits in einer verzweifelten Lage befanden, weiterem Leid auszusetzen. Die Bewohner*innen der Gegend taten, was in ihren Kräften stand: Sie ließen Wasserkaraffen für die Migrant*innen draußen stehen (obwohl man für so etwas belangt werden konnte) oder verhalfen den Einwander*innen zu medizinischer Versorgung. Nur ist die Chihuahua-Wüste riesig und tödlich, und es machte mich wütend, über den Mangel an Menschlichkeit der amerikanischen Regierung nachzudenken. Er stand im krassen Gegensatz dazu, wie einfach es für mich gewesen war, hierher zu reisen.

Austin und ich stiegen in unsere Autos und fuhren zum Viva Big Bend, einem Musikfestival, das an diesem Wochenende in Alpine und Marfa stattfand. Die Grenzschutzbeamt*innen winkten Austin durch. Ich hielt an und ließ mein Fenster hinunter. »Sind Sie amerikanische Staatsbürgerin?«, fragten sie mich. Als ich bejahte, ließen sie mich weiterfahren.

Austin wollte mir eine typisch texanische Nacht zeigen, und so liefen wir, nachdem wir beim Set der Beatles-Cover-Band ihrer Kolleg*innen gewesen waren (das sollte erklären, was für ein Musikfestival das Viva Big Bend war), hinüber zum Railroad Blues, in dem eine richtige Country-Western-Band spielte. Vor der Bühne wurde lebhaft getanzt, mit reger Fußarbeit und jeder Menge Drehungen. Jede*r machte es anders, aber alle sahen aus, als wüssten sie, was sie taten. Das, sagte Austin, sei Two-Step.

Später versuchte ich, Two-Step auf YouTube zu recherchieren. Allerdings sind wirklich alle, die Videos von sich beim Two-Step-Tanzen hochladen, komplett verrückt: Sie drehen sich pausenlos auf raffinierte Weise, werfen ihr Haar dramatisch in den Nacken und machen Handstand auf den Schultern ihres Partners. Ich sah mir das Video eines High-School-Two-Step-Teams an, in dem dutzende Teenager-Jungs, die wie die texanische Flagge gekleidet waren, texanische Teenager-Mädchen, die wie die texanische Flagge gekleidet waren, zu einem Lied über ihre Köpfe wirbelten, das davon handelte, wie großartig Texas sei. Die Texaner*innen haben sie wirklich nicht mehr alle!

Fast unmittelbar nach unserer Ankunft kam ein Mann auf mich zu. »Darf ich bitten?«, fragte er. Die meiste Zeit weiß ich noch nicht einmal, wo sich meine Gliedmaßen befinden; ich ging davon aus, keine zwei Sekunden Two-Step tanzen zu können, ohne allen im Weg zu sein.

»Nein, danke«, erwiderte ich.

»Ich tanz mit dir«, sagte Austin, und sie und der Mann wirbelten auf die Tanzfläche und tanzten anmutig miteinander, obwohl sie sich erst gerade kennengelernt hatten.

Nach dem Lied kam Austin wieder zurück. Als wir unsere Drinks holten, erklärte sie mir, was an der Two-Step-Kultur so toll sei: Alle tanzen, und es hat keinerlei Bedeutung. Ein Lied lang plaudert man mit einem Mann, und wenn das Lied zu Ende ist, bedankt er sich und sucht sich eine*n neue*n Tanzpartner*in. Er schwirrt nicht die ganze Nacht auf gruselige Weise um einen herum.

»Übrigens, der Kerl hieß Harris«, erzählte Austin, »wie das County, in dem Houston liegt. Jeder in Texas heißt wie irgendetwas in Texas.«

Wir nahmen unser Bier mit nach draußen, wo wir Christian trafen (offensichtliche Verbindung des Namens zu Texas), der für das Magazin *Texas Monthly* schreibt. So ging die Nacht immer weiter, während wir durch Alpine streiften, Freund*innen trafen und Menschen kennenlernten. Es war, als würde die ganze Stadt feiern und sich alle, auch Gäste von außerhalb, kennen. Aber ich war nicht nur wegen der guten Stimmung in den Westen Texas' gekommen: Ich war hier, um den Big-Bend-

Nationalpark zu besuchen. Schließlich riss ich mich los, um früh ins Bett zu kommen und mit Anbruch der Dämmerung zum Park aufzubrechen.

Ich stellte das Auto in Austins Auffahrt ab, stieg aus dem Prius und blickte – Austins Empfehlung folgend – nach oben, zur Milchstraße. Ich konnte kaum fassen, von so viel Schönheit umgeben zu sein, und das in einer Ecke des Landes, die auch Kunst bot und Cowboys und Kaffee und die voller gastfreundlicher, großzügiger Menschen war, die alle wirklich komplizierte Tänze beherrschten. Als ich so in die Weiten der Galaxie starrte und wusste, dass ich Sterne wie diese nicht so bald wiedersehen würde, und versuchte, alles in mich aufzusaugen, war ich zugleich froh, bald wieder nach Hause zurückzukehren, in mein eigenes Eckchen der Welt, wo mich die Menschen kannten.

Reisen ist attraktiv, da es einem erlaubt, seinen Pflichten zu entfliehen. Man kann sie für ein langes Wochenende oder einen Urlaub oder, wenn man dem Wahnsinn völlig anheimfällt und seinen Job unmittelbar vor einer Pandemie kündigt, mehrere Monate am Stück hinter sich lassen. In die Wildnis zu reisen, fühlt sich nicht nur wie eine Flucht vor der eigenen, alltäglichen Verantwortung an, sondern wie eine Flucht vor der Verantwortung der Gesellschaft insgesamt. Es verschafft einem die Illusion, sich einzig auf seine eigenen Fähigkeiten verlassen zu können und auch, dass niemand auf einen angewiesen ist. Dabei beeinflussen wir einander, egal wo wir sind, und man kann seine Verantwortung nicht wirklich hinter sich lassen.

Ich ließ mich in Austins Badewanne gleiten, um den Schmutz abzuwaschen. *Wir sind alle miteinander verbunden,* dachte ich (schläfrig). Ich seufzte und ließ mich tiefer ins Wasser gleiten. Quicklebendig schwamm eine Ameise aus meinem Haar. »Echt jetzt?«, sagte ich. »Die Natur ist wundervoll.« Nur ein Witz. Ich schrie auf.

»WAS, DU GEHST NACH LONDON?!?!!?«, war der Witz, den ich jedes Mal zu hören bekam, wenn ich erzählte, dass ich zum Big Bend fuhr. Ha! Ha! Ha Ha Ha! HA!!!! Nein, ich fahre an die mexikanisch-texanische Grenze.

Der Big Bend ist einer der größeren Nationalparks und einer der weniger stark besuchten. Allerdings nicht etwa, weil es dem Park an irgendetwas mangelt: Es gibt dort eine Wüste, Berge und dramatische Canyons, die vom Rio Grande in die Landschaft geschnitten wurden. (Der Fluss biegt hier nach Norden ab, schlängelt sich am Park entlang und formt die Spitze, die Texas' westliche Grenze definiert – so hat der Park seinen Namen erhalten.) Nein, der Park ist nicht überlaufen, weil die Anreise so aufwändig ist. Alpine liegt mehr als zweieinhalb Stunden entfernt vom nächsten Flughafen, der von großen Fluggesellschaften angeflogen wird; es liegt – und das sage ich mit Liebe, weil ich liebend gerne dorthin ziehen würde – irgendwo im Nirgendwo. Um zur Hauptverwaltung des Big-Bend-Nationalparks zu gelangen, startet man 15 Minuten von irgendwo im Nirgendwo entfernt und fährt dann für weitere eineinhalb Stunden in Richtung Süden in die Wüste. Es gibt keinen einfacheren Weg.

Es war also bereits halb zehn, als ich im Panther-Junction-Besucherzentrum inmitten des Parks mit einer Rangerin sprach. Das war der erste Strike. Die Rangerin zeigte auf die Uhr an der Wand. »Wir sind in der Wüste«, sagte sie. »Sie sollten um zehn wieder am Ausgangspunkt des Wanderwegs sein.«

Wenn ich die Zeit dazurechnete, um mein Junior-Ranger-Heft zu bekommen und zum Ausgangspunkt des Wanderwegs zu fahren, blieben mir für den Hin- und Rückweg jeweils ganze drei Minuten. Ich wies darauf hin, dass ich vorhätte, im bergigen Teil des Parks zu wandern – wären die Temperaturen dort nicht wenigstens ein bisschen kühler? Die Rangerin gab nicht nach. Dann blickte sie auf die beiden Ein-Liter-Nalgene-

Flaschen, die ich draußen auffüllen wollte. »Ich hoffe, Sie haben mehr Wasser als das.«

»Im Auto habe ich noch zwölf Liter.«

»Nun, Sie müssen vier Liter ...«

»Vier Liter pro Person pro Tag trinken«, sagten wir gleichzeitig. Es war einer dieser Sätze, die mir in Besucherzentren und Parkbroschüren immer wieder begegnet waren. »Aber ich werde nicht den ganzen Tag draußen verbringen.« Der Weg, auf dem ich wandern wollte, war 4,8 Meilen lang; dafür würde ich keine drei Stunden brauchen.

Die Rangerin setzte zu einer Lektion über die nötigen Vorbereitungen für die Wüste an und über Flüssigkeitsversorgung und Ranger*innen, die Menschen retten müssen. Es war schwer zu sagen, ob sie einen schlechten Tag hatte oder mich einfach nicht mochte. Ich war recht sicher, dass ich mich während unserer gesamten Unterhaltung ziemlich normal verhalten hatte; ich hatte ja noch nicht mal um mein bescheuertes Junior-Ranger-Heft gebeten.

»Also, ich möchte nicht in der Wüste sterben«, sagte ich, um sie friedlich zu stimmen, und weil, nun ja, ich wirklich nicht in der Wüste sterben wollte. »Ich nehme vier Liter mit.« Die Frau nickte triumphierend und zugleich ermüdet, aufgrund der Mühe, die sie es gekostet hatte, mich so weit zu bekommen. »Könnte ich außerdem bitte ein Junior-Ranger-Arbeitsheft haben?« Ich bekam das Heft und ließ die arme Rangerin allein mit der Frage, wie sie heute wohl noch auf die Probe gestellt werden würde.

Die Chisos Mountains waren wirklich um einiges kühler als die sie umgebende Wüste. Im Sommer sind die Tagestemperaturen dort in der Regel um die sieben Grad Celsius niedriger als unten am Rio Grande. Wir sprechen nach wie vor von Temperaturen in der Wüste, knapp sieben Grad kühler als die »Scheißwüste im Juli« ist also noch immer heiß, und Amerikaner*innen haben mehr als einmal bewiesen, Mittel und Wege zu finden, bei *jeder* Temperatur in der Natur zu sterben – auch das macht unsere Nation so bedeutend. Und doch hatte ich, als ich mich am Lost Mine Trail mit Sonnencreme einschmierte, hinsichtlich meiner Überlebenschancen für die kommenden zweieinhalb Stunden ein gutes Gefühl.

Ich betrachtete meine Wasserflaschen. Ich *wusste,* dass mir zwei Liter Wasser reichen würden. Ich wanderte bereits mein ganzes Leben, wozu auch die letzten siebeneinhalb Wochen zählten, und ich kannte meinen Körper. Zwei Liter waren mehr als genug.

Aber dann stellte ich mir vor, irgendwie auf der Wanderung zu sterben und von der entnervten Rangerin gefunden zu werden. Sie würde feststellen, dass ich nur zwei Nalgene-Flaschen dabeigehabt hatte, und sich bestätigt fühlen. Sie würde ein Foto von meinem Skelett machen und es auf Instagram posten, um andere zu warnen, sich nicht so dumm zu verhalten wie ich. Sie würde das Innenministerium kontaktieren und dafür sorgen, dass mir meine Junior-Ranger-Abzeichen offiziell aberkannt würden. Es war das Risiko nicht wert. Ich packte vier Liter Wasser in meinen Rucksack und lief los.

Den Lost Mine Trail hatte mir Austin empfohlen, und das völlig zurecht: Er war wunderschön. Es gebe in Wirklichkeit keine verlassene Mine, warnte sie mich, was mich nicht weiter störte; als Kind glaubt man, dass so eine Mine voller Gold oder Edelsteinen ist, gemäß meiner Erfahrung mit dem amerikanischen Westen waren sie aber eher voller Uranerz, und ich hatte nicht vor, so früh am Morgen verstrahlt zu werden. Jedes Mal, wenn ich an einem Kaktus vorbeikam – im Big Bend gibt es 60 Arten, mehr als in jedem anderen Nationalpark –, war es, als sähe ich Van Goghs »Sternennacht« im Original anstatt der Miniaturversion auf meinem Kühlschrankmagneten. Und hier oben in den Chisos stieß ich gleich neben winterfesten Pflanzen wie Wacholder oder Pinyon-Kiefern auf Agaven, was für ein komischer Gegensatz. Hauptsächlich jedoch war ich stolz, dass ich insgesamt etwa sechs Pflanzen kannte.

Der Weg führte steil nach oben, was mich normalerweise nicht vor große Probleme stellt, sich aber aufgrund der vier Liter Wasser in meinem Rucksack als äußerst unangenehm, ja als geradezu strapaziös erwies. Vielleicht genügt bereits die Vorstellung, um klarzumachen, was für eine Idiotin ich war. Mit einer ganzen Gallone Wasser in der Wüste bergauf zu wandern, ist kein Wildnis-Hack, sondern ähnelt eher einer der qualvollen Challenges, zu denen man bei der Reality-Show *Survivor* gezwungen wird. Ich wurde langsamer und fing an, mich zu fühlen, als müsse ich gleich auf die Agaven kotzen. Ich stürzte etwas Wasser hinunter, um meine Last zu verringern, bewirkte damit bei der Ein-Liter-Flasche, die ich bei mir trug, jedoch kaum einen Unterschied, und die Gallone blieb weiterhin unangetastet. Meine Situation war unverändert, außer dass ich jetzt pinkeln musste. Vielleicht würde ich doch in der Wüste sterben. Vielleicht würden meine ausgebleichten Knochen doch auf dem Instagram-Kanal des Big Bend landen.

Dann fiel mir auf, dass ich einfach ein bisschen Wasser ausleeren könnte. Es fühlte sich verboten an, wertvolles Wasser in der Wüste zu vergeuden, und ich fragte mich, ob dieser einmalig niedergehende Ein-Liter-Monsun ein kleines Stück Wüste ins völlige Klimachaos stürzen würde. Aber ich tat es trotzdem: Ich schüttete einen Teil der vier Liter neben dem Wanderweg aus. Sofort fiel mir das Laufen um einiges leichter.

Um mehrere Pfunde erleichtert und mit neuem Antrieb, eilte ich zum Gipfel. Auf dem harten Vulkangestein war die Aussicht dort oben einfach unglaublich. Berge und Canyons zogen sich bis in die Chihuahua-Wüste hinunter und Hunderte Meilen in Richtung Süden bis nach Mexiko. Es war mehr, als mein Gehirn verarbeiten konnte; ich war so glücklich, hier zu sein. Ich versuchte, so gut ich konnte, im Hier und Jetzt zu bleiben, wusste jedoch, dass mir dieser Moment bereits in ein paar Wochen fehlen würde. Das war der eigentliche Grund meiner Reise gewesen: In der freien Natur zu wandern, riesige Pflanzen zu sehen, die ich nie zuvor gesehen hatte, auf dem Gipfel eines Bergs zu sitzen und die Aussicht zu genießen. Zu Hause war meine einzige Aussicht die auf den alten Mann, der den ganzen Tag auf dem leeren Parkplatz gegenüber von meiner Wohnung sitzt und trinkt, und das »wildeste«, was mir auf meinen Spaziergängen passierte, war eine Ratte, die den Gehweg vor mir überquerte. Es gab Dinge, auf die ich mich bereits freute, aber in diesem Moment war ich dankbar dafür, dass ich mich hier herausgewagt hatte.

Kaum eine Stunde später fuhr ich auf der Panoramastraße des Parks durch die Wüste, an Canyons und Felsformationen und historischen Ruinen vorbei bis zum Rio Grande. Ich stellte das Auto am Startpunkt des Wegs zum Santa Elena Canyon ab und ging zum Fluss hinunter.

»Fluss« ist ein sehr großzügiger Begriff für das, was ich dort fand: An diesem heißen Tag Ende Juli, an dieser Stelle, glich der Rio Grande eher dem, was man neben einer Straße in einem Graben sieht. Der Fluss war derart wenig imponierend, dass er einen geradezu anflehte, hindurchzuwaten – und um genau das zu verhindern, stand ein grimmig aussehender Enforcement-Ranger am Ufer und fixierte uns alle hart durch seine dunkle Sonnenbrille. Er fixierte jene, die durch den Fluss liefen. Jene, die am Ufer entspannten. Er fixierte mich, wie ich ihn fixierte. Instinktiv drehte ich mich um und begann, flussaufwärts zu laufen, auf eine Sandbank.

Früher einmal war es hier anders gewesen. Jahrelang war die gesamte Umgebung eine große Gemeinschaft, mit Menschen aus den Vereinigten Staaten und Mexiko, die frei hin- und herreisten. Der Santa Elena Canyon war ein inoffizieller Flussübergang und weiter östlich im Park gab es noch einen, den Boquillas Canyon. (Unmittelbar außerhalb des Parks gab es

noch einen dritten inoffiziellen Übergang bei dem Örtchen La-
jitas.) Man konnte auf beiden Seiten des Flusses arbeiten oder
Dinge verkaufen oder seine Zeit verbringen, und Besucher*innen des Big Bend hatten die Möglichkeit, für ein paar Stunden
nach Mexiko zu fahren. Nach 9/11 wurden die Grenzen jedoch
dichtgemacht, die Gemeinschaft entzweit. Jahrelang musste
man, wollte man die Grenze von dort überqueren, wo ich
stand, anstatt durch den flachen Fluss zu waten, zurück ins
Auto steigen und mindestens zweieinhalb Stunden zum nächsten offiziellen Grenzübergang in Presidio, Texas, fahren. Nach
mehr als zehn Jahren wurde schließlich ein Grenzübergang in
Boquillas eingerichtet, der während der Pandemie jedoch wieder für lange Zeit geschlossen war. Es schien so dumm, so viel
Boshaftigkeit und Gewalt aufzuwenden, um sicherzustellen,
dass dieser traurige kleine Fluss nicht überquert wurde.

Ich eilte von dem Enforcement-Ranger davon, zur Mündung des Santa Elena Canyon, einem der legendärsten Orte im
Big Bend. Ich blickte auf den Schlamm, der meine Schuhe nach
wenigen Metern bedeckte, und dachte darüber nach, wie lange
ich für den Weg zurück zum Besucherzentrum brauchen würde, um mein Junior-Ranger-Abzeichen abzugreifen. Mir wurde bewusst, dass ich nicht genug Zeit hatte, um alles zu schaffen *und* mich aus einer schlammigen Treibsandpfütze zu befreien *und* rechtzeitig für meine Abendpläne mit Austin nach
Marfa zurückzukehren. Und so kehrte ich um, in Richtung
Texas.

Als ich zum Prius lief, traf ich den Ranger erneut und erinnerte mich an den Enforcement-Ranger, der mir mein Abzeichen im Channel Islands gegeben hatte. »Entschuldigung«,
sagte ich und fragte, ob er mir ebenfalls eines geben könnte, um
mir den langen Umweg zum Besucherzentrum zu ersparen.

»Also«, sagte er und blickte mich lange durch seine Sonnenbrille an. »Haben Sie alle Aufgaben gemacht?«

»Überwiegend«, erwiderte ich.

»Aha«, sagte er, nicht übermäßig beeindruckt. »Überwiegend also.« Er habe Abzeichen, ließ er mich wissen und fügte hinzu, nicht allzu viele Menschen in meinem Alter würden die Arbeitshefte hier im Park ausfüllen. All das ließ ich an mir abprallen: Siebeneinhalb Wochen in der Sonne hatten mich abgehärtet, völlig unempfindlich für die Bloßstellung durch einen Polizisten Schrägstrich Park-Ranger. Ich blickte einfach nur ungerührt zurück. Auf seinem Namensschild stand der Anfangsbuchstabe seines Vornamens und sein Nachname: Law.

»Ist das Ihr echter Nachname?«

»Nein. Ich fand, dass mein alter Nachname nicht so gut zu meinem Job passt, und hab ihn ändern lassen.«

»Wow!«, sagte ich. »Wirklich?«

»Nein.«

Er überflog mein Arbeitsheft, um sicherzugehen, dass ich wirklich den überwiegenden Teil der Aufgaben erledigt hatte, und ich fragte ihn, ob auf der anderen Seite jenes Rinnsals namens Rio Grande wirklich Mexiko lag. Irgendwie wirkte der Fluss zu mickrig, die ganze Landschaft so unscheinbar, dass mich das Gefühl beschlich, ich hätte etwas falsch verstanden und wäre an irgendeinem Bächlein in der Wüste gelandet. Ja, meinte er: Das sei richtig, ich würde wirklich auf ein anderes Land blicken. »Ich muss ständig Menschen hinterherbrüllen, die den Fluss überqueren. Das ist ein illegaler Grenzübertritt«, sagte er und genoss die Formulierung ein bisschen zu sehr.

Nachdem er sich vergewissert hatte, dass ich meine Junior-Ranger-Aufgaben gemacht hatte, begleitete mich Ranger Law zu meinem Auto und überreichte mir ein Abzeichen. »Eins noch«, sagte ich. »Auf der Karte habe ich gesehen, dass es von hier bis zum Ausgang eine Schotterpiste gibt, die mir, wie es aussieht, viel Zeit sparen würde. Darf ich sie benutzen?«

»Nun«, sagte er, in einem Ton, der mir unmissverständlich klarmachte, dass ich in Schwierigkeiten war, auch wenn ich noch nicht wusste, warum. »Prinzipiell schon. Aufgrund des Schotterbelags werden Sie allerdings genauso lange brauchen wie auf der anderen Straße. Falls Sie es überhaupt schaffen. Was in Ihrem kleinen Prius nicht der Fall sein wird.«

Woher er wusste, dass ich einen Prius fuhr, verriet er nicht.

»Also, Sie können meinen Rat in den Wind schlagen, wenn Sie wollen. Aber ich werde Ihnen einen Strafzettel geben, wenn Sie steckenbleiben und ich Sie retten muss.«

Ich war beleidigt, weil er davon ausging, dass ich seinen Rat missachten *und* dann sofort steckenbleiben würde, aber ich wollte mich nicht länger als nötig seiner Aggro-Energie aussetzen. Außerdem musste ich, nachdem ich versucht hatte, eine ganze Gallone Wasser auf Ex zu trinken, dringend pinkeln. Daher sagte ich nur: »Jupp! Klingt gut!«, und machte, dass ich zum nächsten Klo kam. Als ich aus der Toilette trat, war er wieder am Fluss und bewachte unsere Landesgrenze. Ich stieg in meinen kleinen Prius und fuhr den langen Weg zurück zu Austin.

Der nächste Halt auf Austins Streifzug durch die Kultur des texanischen Westens war das beste Restaurant Marfas, in dem sie zufälligerweise arbeitete. Sobald wir einen Fuß über die Schwelle gesetzt hatten, wurde sie von einem halben Dutzend Menschen, sowohl Kellner*innen als auch Gästen, begrüßt. Wir setzten uns an einen Tisch an der Fensterfront und gesellten uns zu Austins Freundinnen, die bereits dort waren. Zusammen bestellten wir so gut wie alles von der Speisekarte und begannen dann, einander von unserem westtexanischen Tag zu erzählen. Eine Person hatte einen Veteranen kennengelernt oder zumindest von ihm erfahren, da er als Performancekünstler zwischen Grenzübergängen hin- und herlief und dabei eine 70 Pfund schwere amerikanische Flagge trug, um zu zeigen, was Einwander*innen erdulden müssen. Eine andere Person hatte gehört, Kenny Chesney sei in der Stadt, um ein Musikvideo zu drehen. Das Gespräch über lokale Kunst und Politik wie auch über die Bundesstaats- und Landesebene war angeregt und reflektiert, der Tisch voller progressiver Frauen, die in Texas geboren und aufgewachsen waren, denen der Staat am Herzen lag, den sie zum Besseren verändern wollten. Um ein Haar hätte ich vergessen, dass auch Ted Cruz von hier stammte.

Bevor ich mich auf meine Reise begab, hatte ich über ein Jahr allein gelebt. Zurück in New York wäre ich wieder allein. Während der Coronapandemie würde ich so viel allein sein, dass ich in einer Weise verrückt würde, die ich erst jetzt langsam begreife. Dass ich allein leben konnte, war nur möglich, weil ich das große Glück hatte, einen Buchvertrag zu unterzeichnen, während ich zugleich in einem Vollzeitjob arbeitete. Doch seit ich besagten Job gekündigt hatte, war mein Alleinleben oft prekär. Allein zu leben, gilt als Merkmal des Erwachsenseins oder des Sein-Leben-im-Griff-Habens, wahrscheinlich ist es aber auch das, was mich am meisten in den Wahnsinn getrieben hat.

In gewisser Weise war meine Reise ähnlich. Eine ausgedehnte Reise allein war Luxus und Übergangsritus zugleich, doch die langen Strecken, auf denen ich allein war, waren zugleich die, die mich am meisten frustrierten und mich an meinem Vorhaben zweifeln ließen. Als ich später gefragt wurde, was mir auf meiner Reise am besten gefallen hätte, dachte ich an ausgesprochen große Bäume oder besonders spitze Bergkuppen, doch zuerst galten meine Gedanken immer den Momenten, in denen ich von Freund*innen umgeben war. Momente wie dieser Abend in Marfa, mit Frauen, die ich kaum kannte oder denen ich gerade zum ersten Mal begegnete, als wir inmitten der Wüste unglaublich gutes Essen aßen. Es erinnerte mich an Zeiten, in denen ich davon träumte, all meine Freund*innen dazu zu überreden, in eine abgelegene Gegend in Montana oder nach Upstate New York zu ziehen oder irgendwohin im Pazifischen Nordwesten, um in Häusern in derselben Straße zu wohnen, miteinander rumzuhängen und zu knutschen, bevor mir aufging, dass ich im Grunde dabei war, eine Sekte zu gründen.

Von dem Restaurant liefen wir zweieinhalb Blocks zum öffentlichen Radiosender Marfas, wo eine Party oder zumindest der Anfang einer Party stattfand. Jung und Alt tummelten sich dicht an dicht, darunter auch eine Frau mittleren Alters, die uns einen Teller mit dekorierten Keksen in Form von Cowboystiefeln und dem Bundesstaat Texas reichte. Angehörige unserer Gruppe grüßten Freund*innen in der Menge, und ich plauderte mit einem der neuen Gesichter. Wir gingen nach drinnen und fanden uns inmitten einer noch willkürlicher zusammengewürfelten Ansammlung von Menschen wieder, die anscheinend einfach von der Straße hereingekommen waren, nur dass auf den Straßen von Marfa definitiv nicht so viele Menschen unterwegs waren. Am Kopf des Tischs saß ein Mann mit Sonnenbrille und dem größten Hut, den ich je gesehen hatte. Es handelte sich um Joe Nick Patoski, den Moderator der Texas Music Hour of Power.

Wie man es von einer Sendung erwartet, die von einem Mann mit zwei Vornamen moderiert wird, ging die Texas Music Hour of Power zwei Stunden lang. (Auf seiner Website erklärt Joe Nick dies damit, dass »Texas zwei Zeitzonen umfasst und die Musik einfach zu vielfältig ist, um sie auf eine Stunde zu begrenzen«.) Jeden Samstagabend spielt Patoski texanische Musik, die Genres von Country über Zydeco, Rhythm and Blues bis hin zu Tex-Czech, von Swing bis hin zu Conjunto umfasst. Austin und ich betraten das Studio, als Joe Nick gerade ansagte, dass der öffentliche Radiosender Marfas *jetzt gleich* einen Tanzwettbewerb veranstaltete, für alle, die vorbeikommen wollten. »Wenn man beim Radio in Marfa arbeitet, kann man sich volllaufen lassen, mit Geld in der Tasche nach Hause gehen und sich durch Musik ausdrücken«, sagte er. »Außer uns kann das niemand!«

Bevor wir zum Tanzen verpflichtet werden konnten, lösten Austin, eine andere Frau und ich uns von unserer Gruppe und gingen an einen dritten Ort in der Nähe, zur Abschiedsparty eines Freundes. In einem Wohnzimmer, das von einem dunkelorangenen Teppich mit geometrischen Mustern und von Büchern dominiert wurde, die elegant auf dem Boden aufgestapelt waren, lag ein nur mit einer Shorts bekleideter Mann auf einem zusammenklappbaren Massagetisch und ließ sich von einem anderen Mann in einem perfekt gealterten Metallica-T-Shirt ein sehr akribisches Stick-and-Poke-Tattoo stechen.

Okay, Marfa ist voll nice, wurde mir da bewusst. Selbst wenn ich mein ganzes Leben lang versuchen würde, so cool zu sein wie dieses eine Zimmer auf dieser einen Party, würde es mir niemals gelingen, obgleich ich nicht sagen konnte, ob die wie zufällig im Raum arrangierten Bücherstapel und die hübsch drapierten Gebetskerzen einem bewussten ästhetischen Konzept zuzuschreiben waren oder einfach nur dem Umstand, dass ihr Besitzer gerade umzog. Wir fanden den Rest der Party in der Küche, und der Gastgeber erklärte das Tattoo: Er und der Mann auf dem Tisch und der Typ, der auszog, stachen sich gegenseitig Grannen-Kieferzapfen als Freundschaftstattoos. Ich wollte mit allen auf der Party befreundet sein; ich wollte zu Hause sein und mit all meinen Freund*innen feiern.

Seit zwei Monaten hatte sich mein Leben darum gedreht, neue Dinge zu sehen und zu tun. Das war es, wonach ich mich sehnte, als ich Woche für Woche, Montag bis Freitag mit dem gleichen Zug zum gleichen Bürojob fuhr, wo ich ein Google-Dokument mit den Ergebnissen meiner Recherche über noch irgendeinen Celebrity erstellte. Ich wollte ein Abenteuer. Und auf der Straße und in den Nationalparks und an beliebigen Orten unterwegs hatte ich es gefunden. Meine Freund*innen, Familie und Fremde, die mir auf Instagram folgten, hatten ebenfalls das Gefühl, ich hätte es gefunden. Zumindest schrieben sie mir dauernd, dass sie durch mich indirekt mitreisten, dass ich tat, was sie sich immer gewünscht hatten. Doch jetzt, nach siebeneinhalb Wochen fern von zu Hause, freute ich mich darauf, zu meinen Leuten zurückzukehren, mich wieder mit der Idee anzufreunden, an einem Ort zu bleiben und mich um diesen Ort zu kümmern und um die Menschen, die dort lebten.

Die Künstlerin Mierle Laderman Ukeles schrieb nicht nur über den Todesinstinkt, sondern auch über den Lebensinstinkt, über die »Aufrechter- und INSTANDHALTUNG unserer Spezies«. Man könnte eine Revolution anzetteln, klar, aber wer, fragt Ukeles, »liest am Montagmorgen nach der Revolution den Abfall auf?« Sie veröffentlichte das *Manifesto of Maintenance Art*, zu Deutsch etwa *Manifest der Instandhaltungskunst*. Während das Erschaffen, das Neue allen Ruhm genießt, sei die Instandhaltung erforderlich, um das zu schützen, was erschaffen wurde, um »den Fortbestand zu schützen« und »die Freude zu verlängern«. Die Instandhaltung selbst werde dabei jedoch entwertet und ihr nur ein niedriger Status zugedacht, weil sie größtenteils von Frauen ausgeübt wird und weil sie, wie Ukeles schreibt, »mühsam ist … Angesichts der Langeweile schreckt der Geist davor zurück, plagt sich damit.« Die politische Philosophin Silvia Federici nennt diese Art der Arbeit – Kindererziehung, Kochen, Putzen, die Pflege alter Menschen – »Reproduktionsarbeit«, Aufgaben, die immer und immer wieder gemacht werden müssen.

Ohne Wartungskräfte, ohne alle, die Reproduktionsarbeit leisten, würde die Wirtschaft nicht funktionieren und die Städte würden kollabieren. Im Idealfall sollte beides möglich sein: neue Dinge zu erschaffen *und* deren Fortbestand zu schützen, Roadtrips zu machen *und* zu einer Gemeinschaft zurückzukehren, eine Frau mit Herz und Verstand zu sein *und* ein Kind großzuziehen. (Wenn du keine Kinder haben möchtest, weil es einfach nicht deinem Wunsch entspricht, ist das völlig in Ordnung. Wenn du keine Kinder haben möchtest, weil du eine Frau bist und keinen Weg siehst, sowohl Kinder zu haben als auch frei zu sein, ist das ein Problem.)

Die Idee, an einem Ort zu bleiben und mich um ihn zu kümmern, schien mir angesichts der Klimakrisenendzeitstimmung besonders dringlich. Unsere Wirtschaft und Kultur orientieren sich seit der Industriellen Revolution am Wert des Neuen und am Wachstum und daran, immer mehr Produkte zu produzieren, die verkauft werden können; inzwischen ist klar geworden, dass das Trugbild grenzenlosen Wachstums unseren Planeten zerstört. Stattdessen müssen wir uns dem Erhalt dessen widmen, was wir bereits haben, müssen aufhören, den Planeten seiner verbleibenden Ressourcen zu berauben, nur um neue Plastikkleidung und billige Elektrowaren herzustellen und die Manager*innen der Ölkonzerne noch reicher zu machen, als sie es ohnehin sind. Denn wenn wir das nicht tun, werden Roadtrips sinnlos sein, weil es keine Gletscher und Sequoias und Wälder und Kakteen mehr zu sehen geben wird.

Das Viva-Big-Band-Festival war noch immer in vollem Gange, und da wir Eintrittsarmbänder für das gesamte Wochenende gekauft hatten, verabschiedeten wir uns nach einer Stunde von der Party – derselbe Mann erhielt noch immer dasselbe, ungemein akribisch gestochene Tattoo – und machten uns auf zum Lost Horse Saloon. Ich sah von der Seitenlinie zu und trank Wasser, während sich die anderen einen abtanzten. Ein bekanntes Gesicht kam zu mir herüber und forderte mich zum Two-Step auf. Diesmal sagte ich ja. Ich hatte keine Ahnung, was ich da tat, aber ich verrenkte und drehte mich und versuchte, es herauszufinden.

Ich war losgezogen, weil ich gerne wandere und weil ich Bäume und Berge und Wasserfälle und all das liebe, was ich in

New York nicht habe. Und auch wenn die Nationalparks atemberaubend waren – hallo, ich muss beim Anblick eines großen Baums oder einer grandiosen Aussicht mindestens einmal pro Woche geweint haben –, sind sie nicht die einzigen Orte, an denen man mit der Natur in Verbindung treten kann. Es gibt im ganzen Land öffentliche Flächen in staatlicher Hand, sowohl auf Bundes- als auch auf lokaler Ebene. Ich habe das Glück, in Brooklyn nur zehn Minuten von zwei Parks entfernt zu wohnen. Und auch wenn keiner von beiden mit Gletschern oder Seesternen oder Bärenmardern oder dem swolesten Baum der Welt aufwarten kann, trete ich mit diesen Parks weit öfter in Kontakt als mit allen Nationalparks zusammen. Ich übertreibe nicht, wenn ich sage, dass sich mein ganzes Leben veränderte, als ich beschloss, den Parks dort, wo ich lebe, meine Aufmerksamkeit zu schenken. Etwas so Simples wie einen seltsamen Baum mit fleckiger Rinde zu betrachten und mich zu fragen, wie diese unbekannte Kreatur wohl hieß, die überall in meinem Viertel wuchs, führte dazu, dass ich versuchte, mehr über alle Bäume in der Umgebung zu erfahren, und wenn ich heute einen Baum betrachte, sehe ich ihn wirklich. Noch immer habe ich meist keine Ahnung, was ich da sehe, aber das Fragen und Staunen erdet mich.

Der Ökologe und Autor Aldo Leopold formulierte eine »Ethik des Landes«, die das Land nicht nur als Rohstofflieferant betrachtet oder als Ort, an dem wir unsere Gemeinschaft begründen, sondern als Teil der Gemeinschaft. Er schreibt: »Die Ethik des Landes erweitert schlicht die Grenzen der Gemeinschaft, sodass sie Böden, Gewässer, Pflanzen und Tiere umfasst, kurzum: das Land.« Wenn wir einer solchen Ethik folgten, »wäre etwas dann richtig, wenn es die Integrität, Stabilität und Schönheit der biotischen Gemeinschaft bewahrt«.[14]

Einer der großen Vorteile an den Vereinigten Staaten – der Vorteil, der mir meine Reise überhaupt erst ermöglichte – ist, dass wir ermuntert werden, unser ganzes Land als unsere Gemeinschaft zu betrachten. Die Nationalparks sind Teil meiner Gemeinschaft und der Gemeinschaft aller Amerikaner*innen, und die Tatsache, dass sie allen Bürger*innen »gehören«, hält die Menschen dazu an, die Integrität, Stabilität und Schönheit der Nationalparks zu bedenken, wenn sie den Klimawandel reflektieren.

Allerdings ist es ebenso wichtig, darüber nachzudenken, wie wir mit dem Land in unserer Nähe in Verbindung treten können. Die Stadtparks, in deren Nähe ich lebe, sind Teil meines Viertels, ebenso der Newtown Creek, der die Stadtteile Greenpoint und Queens voneinander trennt. Zurzeit der Amerikanischen Revolution war der Newtown Creek ein schöner Wasserweg, gesäumt von Obstgärten und Villen. Doch mit der Zeit wurde er durch Abwasser verschmutzt, durch Giftstoffe, Fäkalien und Öl von der Greenpoint-Ölpest, einem der massivsten Ölspills in der Geschichte der Vereinigten Staaten, der 1978 entdeckt wurde, nachdem das Öl bereits jahrzehntelang in die Umgebung gesickert war. (Wenn die Hintergrundgeschichte eines Ölspills einen Halbsatz wie »Schließlich wurde XY entdeckt« enthält, kann man davon ausgehen, dass es übel wird.) Heute ist der Newtown Creek eine Stätte des Superfund-Programms, im Rahmen dessen die Umweltschutzbehörde EPA unter anderem gesundheitsgefährdende Gewässerverschmutzungen untersucht, und bleibt einer der am stärksten kontaminierten Orte des Landes. Thoreau sagte einmal: »Es gibt keine Rettung für euch, solange der Rasen unter euren Füßen euch nicht der süßeste der Welt, ja aller Welten ist.« Brooklyn war dieser Rasen unter meinen Füßen.

Ich schätzte die Freiheit, das Land zu bereisen. Genauso wichtig – nein, noch viel wichtiger – ist die Freiheit, ohne Angst zu leben, dass uns der Boden und das Wasser vergiften, dass der Meeresspiegel steigt und unsere Häuser überflutet werden, dass wir von der Hitze des Asphalts Verbrennungen dritten Grades erleiden. Natürlich weiß ich, dass wir trotz

Angst und dystopischen Depressionen tagtäglich funktionieren können, selbst wenn wir von Panik getrieben agieren, da alles in Flammen steht, was uns lieb und teuer ist, und doch sollte es ein Menschenrecht sein, ebendies nicht tun zu müssen. Auf diese zweite Art Freiheit haben wir allein keinen Zugriff, nur kollektiv.

Ich hielt es für wichtig, dass wir Frauen uns von unserer Sozialisation befreien, die uns davon abhält, unsere eigenen Abenteuer zu erleben – und dazu stehe ich weiterhin! Doch unterwegs fehlte mir mein Leben, und Trump war immer noch Präsident, auch wenn ich nicht länger zwölf Stunden täglich auf meinen Bildschirm starrte und nachverfolgte, was er trieb.

Beim Alleinreisen wurde mir bewusst, wie wertvoll Beziehungen sind. Beziehungen machten meine Reise überhaupt erst möglich! Mein Stiefvater lieh mir den Prius, mein Dad lieh mir einen Teil meiner Ausrüstung; meine Mom machte die Campingplatzreservierungen für mich, wenn ich schnell irgendwohin kommen wollte, aber kein WLAN hatte; Freund*innen und Angehörige nahmen mich bei sich auf und erlaubten mir, ihre makellosen Duschen zu entweihen; wildfremde Menschen gaben mir umsichtige Empfehlungen, was ich in Teilen des Landes unternehmen könnte, in denen ich noch nie gewesen war. Und immer wusste ich, dass meine Community auf mich warten würde, wenn ich zurückkam.

18
RÜCKKEHR ZU DEN
»TOILETTE FRAUEN«

*D*er Big Bend war der letzte Park auf meiner Reise, den ich unbedingt hatte sehen wollen, und so fühlte ich mich, als ich in Alpine losfuhr, obwohl ich noch Tage von zu Hause entfernt war, als sei meine Reise vorbei. Ich beschloss, in den darauffolgenden Tagen so viel wie möglich im Moment zu leben: Immerhin blieb mir noch ein Park, Hot Springs. Ich hatte ihn weniger eingeplant, weil ich ihn unbedingt sehen wollte, sondern weil er direkt auf meinem Rückweg nach Wisconsin lag, und was für eine Amerikanerin wäre ich, wenn ich nicht wenigstens anhalten und mir ein Junior-Ranger-Abzeichen unter den Nagel reißen würde? Zunächst jedoch musste ich einmal quer durch Texas fahren.

Irgendwo in Texas hinzufahren, dauert ewig, vor allem, wenn man ganz im Westen startet und in Richtung Nordosten fährt. Dann kann man sich die Idee ebenso gut aus dem Kopf schlagen, jemals wieder einen anderen Bundesstaat zu sehen: Deine restliche Lebenszeit wirst du wohl in Texas verbringen. Bei so einer Fahrt beschleicht einen das Gefühl, dass, auch wenn es prinzipiell möglich ist, mit einem motorisierten Fahrzeug aus Texas zu entkommen, Wissenschaftler*innen noch nicht herausgefunden haben, wie so etwas genau vonstattengeht.

Ob ich durch meine Reise zum Besseren verändert wurde? Ich wusste, ich war froh, dass ich mich getraut hatte. Ob sie mir bewusst gemacht hatte, wie aufgeschlossen ich für neue Erfahrungen war? Mein Verlangen, überall hinzugehen, alles mit eigenen Augen zu sehen und auf zweispurigen Seitenstraßen hinzufahren, war nicht neu. Neu war – und das war mir davor nicht bewusst gewesen –, dass ich mit meinem Verlangen nicht allein war, es sich um keine individuelle Marotte handelte, um nichts, was nur ich spürte. Es lag auch daran, dass ich von Sternzeichen Schütze bin. (Nur ein Witz.) (Also, das stimmt schon, ist aber nicht der ausschlaggebende Grund.)

Nein: Der Wunsch, quer durch Amerika zu reisen, war mir von Jack Kerouac, Bill Bryson und John Travolta – einem der Hauptdarsteller der kanonischen Abenteuerkomödie *Saumäßig unterwegs* – eingeflüstert worden und von all den Geschichten, die ich aufsaugte, als mein Gehirn noch dabei war, in seiner Wackelpuddingform fest zu werden. Das Verlangen stammte davon, Hunderttausenden Emo-Bands zuzuhören, die davon sangen, aus ihrem Vorstadtkaff abzuhauen, und von Joni Mitchell, die davon sang, auf ihrem Roadtrip von einer gescheiterten Beziehung los- und in einer neuen anzukommen, und von Bruce Springsteen, der über das Freiheitsversprechen des Autos sang (Lieder, die er schrieb, bevor er selbst einen Führerschein hatte; als ich das erfuhr, war ich für alle Zeiten vom Hochstapler-Syndrom geheilt).

Das Verlangen wurde auch von Walt Whitmans Gedichten über die weite Welt angefacht und überhaupt von jedem Gedicht, das davon handelt, frei zu sein, und außerdem davon, in der vierten Klasse täglich *The Oregon Trail* im Computerraum zu spielen. Mein Verlangen, mich auf einen Großen Amerikanischen Roadtrip zu begeben, kam von meiner Neugier auf die Welt, daher, dass das Internet erfunden war und ich nun von hinreißenden Naturschutzgebieten in meinem eigenen Land wusste, die ich mit meinen eigenen Augen bestaunen könnte, würde ich nur meinen Arsch dorthin bewegen.

Und jetzt hatte ich es also getan. Früher einmal wollte ich die Art Mensch sein, die Tätowierungen hat, doch jetzt, wo ich tätowiert war, fühlte ich mich nicht sonderlich anders. Doch ich hatte so sehr einen Roadtrip machen, so sehr das Land sehen, so sehr wandern, mich mit der Natur verbinden und Dinge tun wollen, die mich mit dem in Kontakt bringen, was größer ist als ich selbst. Ich hatte ganz einfach Spaß gewollt. Und das war mir während meiner zweimonatigen Reise gelungen. Respekt, richtig gut gemacht!

Nach und nach veränderte sich die Landschaft: Auf den weiten Horizont, die Hügel, Kreosotbüsche und eine einsame Tarantel auf der Straße folgten grünes Ackerland und Vorstädte. Irgendwann sieht Texas mehr oder weniger wie der Teil des Mittleren Westen aus, in dem ich aufgewachsen bin. Wenn ich mich recht erinnerte, würde sich zwischen hier und Wisconsin nicht mehr sonderlich viel verändern. Angestrengt versuchte ich, mir ins Gedächtnis zu rufen, wie ich die Natur in all ihren Formen schätzen wollte, den Ort meiner Herkunft voller Liebe betrachten, aber manchmal ist es schwer, sich in großen Gefühlen zu ergehen, wenn man Maisfelder vor Augen hat. Als ich dem saftigen Gras von Zentraltexas entgegenfuhr, wusste ich, dass ich auf dem Rest meiner Reise keine neuen, aufregenden Landschaften mehr zu sehen bekommen würde. Auch insofern war die Reise bereits zum Ende gelangt.

In Fort Worth machte ich für ein spätes Mittagessen in einem veganen Restaurant Halt. Auf meinem Weg vom Parkplatz huschte ich durch eine Seitengasse, in der Abfall in der Sonne schmorte. Der Gestank des heißen Mülls traf mich direkt in den Hippocampus. *Oh mein Gott,* dachte ich, *es riecht wie zu Hause.* Ich vermisste New York.

Hatte mich das Reisen, wie erhofft, frei gemacht? Ich weiß nicht. [*Gönnt sich tiefen Zug aus der Bong*] Kann der Mensch überhaupt je frei sein? Ich persönlich begegnete der ganzen Idee individueller »Freiheit« inzwischen mit Argwohn. Wir alle sind Teil von eingefahrenen Systemen, die sehr viel größer sind als wir selbst: Wirtschaftssysteme und Regierungen, Gesetze und Narrative. Individuen können sich gegen sie auflehnen, ihnen aber niemals gänzlich entkommen. Wer es dennoch versucht, endet wie der Unabomber und schießt mit Kanonen auf Spatzen, weil sie »zu laut« waren (und verschickt selbstredend Bomben). Es gab da draußen Vollzeitreisende, aber nach so etwas stand mir nie der Sinn; Van-Life für immer war nie mein Plan. Jack Kerouacs *Unterwegs* wurde bei mir zu *Im Urlaub*.

Bald schon müsste ich zurück in unsere kapitalistische Welt, zu meinem Brotjob, aber ich hoffte, die Reise hätte mich etwas über den Wert gelehrt, einmal in meinem Leben Spaß zu haben, aus der Stadt hinauszukommen, der Natur meine volle Aufmerksamkeit zu schenken – und den Wert dieser Dinge in Bezug auf meine Ambitionen, die mir immer weniger bedeuteten. *Man hat nur ein Leben,* dachte ich. *Was soll's!*

In Dallas übernachtete ich zum ersten Mal in meinem Leben in einem Airbnb. Normalerweise schlafe ich unterwegs lieber auf Steinen und Staub, als 150 Dollar hinzublättern, weil, tja, *ich habe keinen Job, wie ihr euch sicher erinnert?* Aber ich musste ein paar Dinge erledigen, für die ich eine stabile Internetverbindung brauchte. Die Dekoration des Apartments war ganz darauf ausgerichtet, den Geschmack von Millennials zu befriedigen: Dekokissen auf dem Sofa, eine Sukkulente im Topf und eine Lichterkette am Schlafzimmerfenster. Ich war hin und weg. Ich stellte meine Taschen ab, und als ich mich umdrehte, fiel mein Blick auf zwei Poster an der Schlafzimmerwand. Auf dem einen stand MAGIC IN THE DESERT über einem Bergmassiv und die Worte MARFA, TEXAS. Beim anderen handelte es sich um eine Landkarte der amerikanischen Nationalparks. Die bereichernde, tiefgehende, bedeutungsvolle Reise, die ich während der letzten zwei Monate unternommen hatte, war nicht mehr als ein Abziehbild von Millennial-Sehnsüchten.

Ich bereitete mich mental darauf vor, wieder in mein Leben zurückzukehren, in dem ich versuchen würde, Beziehungen zu knüpfen und für meine Arbeit mit Geld bezahlt zu werden und, ganz allgemein, mir eine Zukunft aufzubauen. Größtenteils war der Roadtrip eine Flucht vor dem Zwang zur Produktivität gewesen. Stunden im Auto zu verbringen, ohne Empfang Berge hinaufzuwandern, weit vom Internet entfernt zu zelten, ja selbst entfernt von einem Ort, an dem ich meine Endgeräte hätte aufladen können – all das widersetzte sich dem bis auf die Minute getakteten Zeitplan der Arbeit. Die meiste Zeit meiner Reise hatte ich buchstäblich keine Möglichkeit, im ökonomischen Sinn produktiv zu sein.

Auf einem sehr ursprünglichen Level jedoch fühlte ich mich produktiv, allein weil ich mich vorwärtsbewegte. Jeden Tag dort hinzugelangen, wo ich hinwollte, fühlte sich wie Arbeit an, wie eine Errungenschaft, selbst wenn ich nur meinen Fuß auf ein Gaspedal setzte und am Horizont nach der Polizei Ausschau hielt. In *Elemente und Ursprünge totaler Herrschaft* schreibt Hannah Arendt, »die Bewegungssüchtigkeit totalitärer Bewegungen«[15] sei deren notwendige Voraussetzung. Hat es je eine treffendere Beschreibung von Roadtrips gegeben? Bewegung der Bewegung zuliebe? Wenn ich darüber auch nur eine Sekunde länger nachdenke, möchte ich womöglich nie wieder reisen.

Einer Art Wunschvorstellung entsprechend war ich produktiv oder hoffte zumindest, produktiv zu sein: Wie so viele Menschen, die ich unterwegs kennengelernt hatte, dokumentierte auch ich meine Zeit in den Nationalparks in der Hoffnung, etwas daraus zu machen, das sich sowohl bedeutungsvoll anfühlte als auch – wichtig – in bare Münze umwandeln ließ. Für manche bedeutete das Instagram oder YouTube-Videos. Für Professor Josh war es sein Film, den er selbst schnitt und online veröffentlichte, während ich das letzte Kapitel dieses Buchs schrieb. Als ich unterwegs war, kamen mir unsere kollektiven

Bestrebungen wie eine Art Tick vor, zu dem uns unsere kapitalistische Konditionierung trieb. Von Tag eins an wurde uns eingebläut, in Amerika hänge unser Wert von unserer Fähigkeit ab, produktiv zu sein, dass Nahrung und Wasser und Wohnraum und Gesundheitsversorgung nicht garantiert seien und uns nur zur Verfügung stünden, wenn wir sie Kraft unserer Arbeit verdienten. Natürlich versuchten wir da, unseren Urlaub zu Geld zu machen! Es war nicht nur wegen irgendeiner »protestantischen Arbeitsethik«. Nein, das Gefühl, im Urlaub arbeiten zu müssen, war eine Traumareaktion.

Doch je mehr ich darüber nachdachte, desto mehr wurde mir klar, dass meine Reisedokumentation, die von Professor Josh und die all der anderen keinem Tick entsprachen, dem wir ohne zu denken gehorchten. Schon Jahre bevor ich meinen Job kündigte, hatte ich über die Reise nachgedacht, in meiner Arbeitszeit bei CBS ausgeklügelte Google-Maps-Routen erstellt, Reiseliteratur gelesen und versucht, einen Weg zu finden, wie ich das Ganze finanzieren könnte. Was ich tat, war durchaus durchdacht und geplant. Es war nicht so, als hätte ich beim Wandern keinen Spaß haben können, wenn ich nicht zugleich etwas unternahm, was einer Lohnarbeit wenigstens ähnelte. Wandern zählte zu dem, was mir am meisten Freude bereitete, mir am meisten bedeutete, mir meine Zeit am meisten versüßte, und ich versuchte, mir eine Zukunft aufzubauen, in der ich es so oft wie möglich tun konnte. Doch damit das gelang, musste ich einen Weg finden, dafür bezahlt zu werden.

Am späten Vormittag des darauffolgenden Tags machte ich mich auf den Weg zum Hot-Springs-Nationalpark. Arkansas war üppig und voller Leben, überwuchert und feucht, es summte und brummte auf eine Art, die ich bisher nirgendwo im ganzen Land gesehen hatte. Als die Nacht hereinbrach, versperrte dichter Nebel die Sicht auf alles, was weiter als ein paar Meter entfernt war. Die Welt war hinter einer Wand, als würde ich sie in meiner Fantasie erschaffen, während ich durch sie hindurchfuhr. Frösche bedeckten den Asphalt, und kleine Säugetiere sprangen in das Licht meiner Scheinwerfer und dann in die Nacht, auf die andere Seite der Straße. Ich sah zwei Possums, dann einen Fuchs, dann eine Waschbärmutter mit ihrem Waschbärjungen. Ich sah ein Tier, das ich zunächst für ein weiteres Possum hielt, sich dann aber als Gürteltier herausstellte. Ich quietschte vor Vergnügen – ich hatte noch nie eines gesehen – und trat auf die Bremse, um das Gürteltier beim Wegtapsen zu beobachten. Dann rief ich meine Mom an, um ihr die frohe Botschaft mitzuteilen.

Als ich spätabends, nachdem ich so viele Frösche und Mäuse überfahren hatte, dass mir gute 300 bis 400 Jahre im Höllenfeuer sicher waren, im Hot Springs ankam, fuhr ich den offiziellen Campingplatz des Parks ab, bis ich – Gott sei Dank – ein leeres Fleckchen fand. Ich fuhr rückwärts hinein und schaltete die Musik aus. Draußen zirpten die Zikaden genauso laut.

Angeblich soll John Lennon gefragt worden sein, ob er Ringo Starr für den besten Drummer der Welt hält. »Ringo ist nicht der beste Drummer der Welt«, erwiderte John. »Er ist nicht mal der beste Drummer der Beatles.« Der Hot-Springs-Nationalpark war nicht der beste Nationalpark, den ich auf meiner Reise besuchte; er hatte nicht mal die besten heißen Quellen.

Es handelt sich um einen urbanen Park, der aus einer Reihe von Badehäusern besteht, die von natürlichen Thermalquellen gespeist werden. Tausende von Jahren war die indigene Bevölkerung in die Gegend gekommen, um Novaculit abzubauen, eine sehr dichte und harte Gesteinsart, aus denen sie Pfeilspitzen und Werkzeuge machten, und um die Quellen zu genießen. (Wenn es eine Sache gibt, die Menschen aller Kulturen und Epochen miteinander verbindet, dann der Gedanke, dass heiße Quellen gediegen sind.) Im Jahr 1804 wurden angelsächsische Siedler*innen auf die Quellen aufmerksam, als Thomas

Jefferson eine Expedition entsandte, um die Gegend zu erkunden, die durch den Louisiana Purchase Teil der Vereinigten Staaten geworden war. Bald schon sprach sich herum, dass es sich um einen zauberhaften Ort handelte, an dem man entspannen, seinen Körper einweichen, ein nettes Bad in den Bergen nehmen oder, ganz allgemein gesprochen, die Zeit seines 19.-Jahrhundert-Lebens haben konnte. Und so wurden die Quellen in kürzester Zeit zu einer beliebten Touristenattraktion, und 1921 wurde der Nationalpark geschaffen.

Ich verbrachte den Nachmittag dort und spazierte an den Quellen und Badehäusern entlang. Mir war klar, warum sich Menschen, die gerne hier badeten, dafür einsetzten, dass die Regierung immerwährendes Baden unter Schutz stellte. Bei einer Ranger-Veranstaltung probierte ich das Wasser (es schmeckte nach heißem Wasser). Ich stieg auf den Hot Springs Mountain Tower und betrachtete die Ouachita Mountains, die sich gen Westen erstreckten. Ich las, wie sehr Al Capone, Frank Costello und Bugs Moran die heißen Quellen mochten; es war, mit den Worten des Rappers Coolio, ein »Gangsta's Paradise«. (Ich kann mir die Werbeanzeigen lebhaft vorstellen: »Gestresst von Schwarzbrennerei, Glücksspiel und Auftragsmorden? Kommen Sie zu uns, nehmen Sie ein Bad!«) Die kriminellen Elemente blieben dem Hot-Springs-Nationalpark badend und glücksspielend bis in die 1960er-Jahre erhalten, als die amerikanische Regierung ihnen auf die Schliche kam und dem Treiben ein Ende setzte. Also 40 Jahre nach Erschaffung des Nationalparks. Sollten öffentliche Flächen und High-Stakes-Poker gegen Mafia-Bosse zwei deiner Leidenschaften sein, hast du deine große Chance also leider *gerade so* verpasst.

Und dann ging ich die Treppe der Aussichtsplattform hinunter und suchte den Weg für die letzte Wanderung meines Roadtrips. Sie war nicht lang – vor mir lagen noch viele Meilen Fahrt –, aber ich wollte sie genießen. An einem Aussichtspunkt ließ ich Arkansas auf mich wirken und betrat dann den Wald.

Ich lauschte dem Gezwitscher der Vögel, betrachtete die Licht-sprengsel, die durch die Hickorybäume fielen. Mir wurde be-wusst, dass sich der Kreis meiner Reise schloss: Am 4. Juni, dem Tag meiner Abreise, hatte meine Periode eingesetzt, und während meiner letzten Wanderung fing sie erneut an. (In den beiden dazwischenliegenden Monaten hatte ich meine Tage nur etwa elf oder zwölf Mal gehabt.) Und dann, 1,7 Meilen spä-ter, war meine Wanderung zu Ende.

Ich ging zum Besucherzentrum zurück, einem restaurierten alten Badehaus. Natürlich gab es dort Badewannen, aber auch eine Turnhalle und ein elegantes Musikzimmer, inklusive Flü-gel und Buntglasdecke. Ich ging an einem Schild vorbei, auf dem stand: TOILETTE FRAUEN, und dachte, ah, mein Team. Ich kehrte zum Infopunkt zurück und tauschte mein Junior-Ranger-Heft gegen ein letztes Abzeichen ein.

»Ich habe meinen Sommer damit verbracht, durch Natio-nalparks zu reisen«, erzählte ich den beiden Rangerinnen, als sie sich meine Aufgaben ansahen. »Ich bin vor zwei Monaten in Wisconsin losgefahren, zur Isle Royale hinauf, dann in Rich-tung Westen und war inzwischen im ganzen Land unterwegs. Bislang war ich, glaube ich, in etwa 30 Parks. Das ist der letzte auf meiner Reise. Von hier geht es wieder nach Hause.«

Die Frauen blickten noch nicht einmal auf. »Okay«, sagte die eine.

»Du hast zwei Seiten übersehen«, die andere.

Ich entschuldigte mich und sie überreichten mir das Abzei-chen. Und wieder einmal war ich offiziell Junior-Rangerin.

Von hier an dreht sich die Geschichte nur noch darum, 750 Meilen in Richtung Nord-Nordost zu fahren. Für ein frühes Abendessen mit meinem Bruder gondelte ich nach Memphis. Als ich in die Stadt hineinfuhr, überquerte ich zum ersten Mal, seit ich durch seinen Quellsee, den Lake Itasca, gewatet war, den Mississippi auf seinem gewundenen Weg. Dort war er fünfeinhalb Meter breit gewesen, hier eine halbe Meile, einfach riesig. Gott allein weiß, wie viel davon inzwischen Kleine-Jungs-Pipi war.

Ich fuhr auf die I-55 und machte in Blytheville, Arkansas, Halt, um zu tanken und nach meinen Untergebenen zu sehen. (Eine wahre Community hätte ich nach meiner Auffassung nur in einer Stadt, die nach mir benannt ist und in der ich Königin bin.) Kurz nach Sonnenuntergang erreichte ich meinen letzten kostenlosen Zeltplatz, irgendwo im Shawnee National Forest im Süden von Illinois. Am Ausgangspunkt des Wanderwegs, an der Stelle, an der ich in meinem Prius schlafen wollte, parkte bereits ein SUV, und ich betete, dass mich sein Besitzer nachts nicht ermorden würde. Kannst du dir das vorstellen? Zwei Monate lang zu überleben, nur um in der letzten Nacht umgebracht zu werden? Es wäre die erste Zeile meiner Grabrede; es stünde eingeritzt auf meinem Grabstein; es sähe mir sowas von ähnlich.

Zwei Monate lang durchs Land zu fahren, zu wandern und zu zelten, Nationalparks zu besuchen, bei Familie, meinen ältesten und neuen Freund*innen zu übernachten, die mir hoffentlich noch viele Jahre erhalten bleiben würden, und mit ihnen zu essen – all das fühlte sich ganz nach Freiheit an. Es war ein Mordsspaß. Doch auf einer tieferen Ebene lag die Freiheit darin begründet, meine Unabhängigkeit zu erkennen und inwiefern Freude und Handeln in meiner Hand lagen, und zugleich anzuerkennen, dass der geradezu kultisch verehrte Individualismus in vielerlei Hinsicht das ist, was falsch läuft in Amerika, nicht was besonders daran ist.

Der Mönch Thomas Merton schrieb: »Der wahre Einsiedler sucht sich nicht, sondern verliert sich.« Ich war in der Tradition Kerouacs zu einem Großen Amerikanischen Roadtrip aufgebrochen, die Frage im Gepäck, ob eine Frau ebenfalls ihr individuelles Abenteuer finden könnte – und fand es stattdessen in der Gemeinschaft. Mir wurde bewusst, dass alles Schöne, sowohl in der Natur als auch hinsichtlich der Versprechen Amerikas, seinen Ursprung im kollektiven Handeln nimmt. Es kommt von einem Gefühl gemeinsamer Verantwortung und Liebe. Schon klar, das klingt kitschig. Erzähl Jack Kerouac bloß nicht, dass ich das gesagt habe.

Vieles von dem, was ich über die Orte, an die ich reiste, gelernt habe – dass es so etwas wie »unberührte Natur« in Amerika nicht gab; dass eine nicht tragbare Anzahl von Menschen, darunter ich selbst, dieselbe Idee hatten und durch die Nationalparks reisten; dass bereits ungemein viele Pflanzen, Tiere und Gletscher ernsthaft bedroht waren –, vermittelte mir das Gefühl, für meinen Roadtrip bis in alle Ewigkeit verdammt zu sein, dass Frauen vielleicht doch nicht allein losreisen sollten, dass überhaupt niemand, unabhängig des Geschlechts, so etwas je wieder tun sollte.

Doch dann dachte ich daran, dass Bäume betrachten und meine Homies treffen zu meinen Lieblingsbeschäftigungen zählten, und wusste, dass ich das Reisen nicht gänzlich aufgeben würde. So sehr ich auch will, liegt es nicht in meiner Macht, die Sünden Amerikas im Alleingang zu korrigieren. Das ist Bernie Sanders' Aufgabe. (Nur ein Witz. Es ist die Aufgabe der Generation Z.) (Noch ein Witz, es ist die Aufgabe von uns allen zusammen.) Wie Whitman befinde auch ich mich auf einer immerwährenden Reise. Ich würde weiterhin Roadtrips machen, um mich zu erholen, würde jedoch versuchen, es achtsamer zu tun. Und vielleicht würde ich mich daran versuchen, die Natur auf andere Weise zu erkunden. Ich würde mehr Zeit beim Wandern in näherer Umgebung verbringen. Vielleicht würde ich anfangen, als Rucksacktouristin zu reisen. Vielleicht würde ich mir ein Tourenrad besorgen, damit durch Amerika fahren und mir dabei einen richtigen Knackarsch zulegen.

Am Morgen erwachte ich von den Stimmen der vier Männer, die zu dem SUV gehörten und mich netterweise nicht ermordet hatten. Ich machte einen kurzen Spaziergang zu einem kleinen Wasserfall und trieb den Prius dann über seine letzte Schotterpiste, die zwar tückisch und voller Bodenwellen war, aber nichts, was mein tapferer Hybrid nicht hätte bewältigen können. Ich zog meinen Tag in die Länge, hielt zum Mittagessen in St. Louis an und kaufte Bücher und Eis. Im Herzen von Illinois fuhr ich an einer Reihe von Schildern vorbei, auf denen stand VERBRECHER BEDROHEN EINSAME FRAUEN, ZUR ABSCHRECKUNG BRAUCHT ES MEHR ALS EIN SMART-PHONE, WAFFEN RETTEN LEBEN.COM und klopfte mir auf die Schulter, weil ich ganze zwei Monate ohne die Pistole überlebt hatte, die mir TB aufschwatzen wollte. Ich bog auf die Auffahrt meines Dads ab, und meine Reise war vorbei. Ich dachte an eine Zeile, nicht von Kerouac, sondern von dem seltsam widerborstigen kleinen Eigenbrötler Thoreau:

>*Ich hatte meine guten Gründe gehabt, in den Wald zu ziehen, und aus ebenso guten Gründen gab ich mein Hüttenleben wieder auf. Vielleicht fand ich, ich hätte mehr als ein Leben zu leben und könne für dieses eine weiter keine Zeit mehr erübrigen.*«[16]

DANK

Zahlreiche Menschen haben dieses Buch möglich gemacht (und das ist die zentrale Aussage des Buchs!).

Dana, die beste Agentin und perfekte Freundin, die mir zuhörte, wenn ich davon redete, wie cool es wäre, ein Buch über einen Roadtrip zu schreiben, und mit mir gemeinsam daran arbeitete, das Buch tatsächlich lesenswert zu machen. Kara, die dasselbe tat, allerdings absolut nichts von den Erlösen bekommt.

Sarah, die an das Buch glaubte und überflüssige Hinweise auf meine Periode und meine Crushes löschte, bis es unabhängig von seinem Vorgänger *How to Date Men When You Hate Men* war. Danke, dass du zu mir gehalten hast, als ich für mich herausfand, wie man ein ganz anderes Buch schreibt. Sorry, dass ich dabei aufgrund der Pandemie und mehrerer Trennungen völlig durchgeknallt war!! Danke an alle bei HarperCollins, die dieses Buch betreuten – das Lektorat, die Herstellung, die Presse.

Für den Raum zum Schreiben und Denken und In-der-Wüste-Herumlaufen, bis ich einen Schafschädel fand, danke ich der Home of the Brave Artist Residency. Eileen, du bist ein*e Gött*in und Inspiration. Ohne dich würde das Buch nicht existieren.

Emmy und Bart, Molly, Tante Chris und Onkel John, Todd, Donna und Kevin, Patrick, Austin – danke, dass ich bei euch übernachten durfte und ihr die strahlenden Höhepunkte meiner Reise wart. Danke, »Brooke« im Yosemite, und allen Ranger*innen und Fremden, die ich unterwegs kennenlernte, deren Namen ich geändert habe.

Jose, meinem genialen Freund, für den Ideenaustausch auf jedem Schritt des Weges. Ich bin so froh, dass du dieses Buch geschrieben hast!

Jeff, für all die Unterstützung und Liebe und den Kaffee und Ian. Adolfo und Simone für die Therapie. Fran und Harris für die TikToks zum Thema »In welcher Toilette würdest du am ehesten scheißen?«. Renée, Madelyn, Casey und Caitlin für ihre Freundschaft. B-B--, dessen*deren Audi ich in L.A. streifte: Danke, dass du tatsächlich nie Geld für die Reparatur verlangt hast! Sorry nochmal!

Mr Krueger, einem der besten Lehrer, den ich je hatte, auch wenn ich nie einen seiner Kurse belegte, der mich darin bestärkte, dass meine Ideen interessant und witzig seien, der so sehr an mich glaubte, dass ich mich wie eine Sternschnuppe fühlte – zu heiß, um eingefangen zu werden.

Und wie immer gilt mein aufrichtiger Dank meiner Familie, deren Unterstützung das Ganze möglich gemacht hat. Danke für das Auto und die logistische Hilfe und die Telefonate und die langen Nachrichten auf meinem Anrufbeantworter zu True-Crime-Sendungen, die über mein unvermeidbares Ableben berichten würden. Ich liebe euch alle von ganzem Herzen.

ANMERKUNGEN

1   Jack Kerouac, *Unterwegs*. Hamburg: Rowohlt 2010, S. 61.
2   Allen Ginsberg, *Lyrik / Poetry*. Zweisprachige Ausgabe. Herausgegeben von Michael Kellner. Berlin: Blumenbar 2022, S. 39.
3   Walt Whitman, *Grashalme*. Stuttgart: Reclam Verlag 2022, S. 55.
4   Henry David Thoreau, *Walden. Der Traum vom einfachen Leben*. Stuttgart: Reclam Verlag 2022, S. 93 und 184.
5   Whitman, *Grashalme*, S. 170.
6   Edward Abbey, *Die Einsamkeit der Wüste. Eine Zeit in der Wildnis*. Berlin: Matthes & Seitz 2016, S. 253.
7   Jack Kerouac, *On the Road*. Hamburg: Rowohlt Verlag 2011, S. 8.
8   Joyce Johnson, *Warten auf Kerouac. Ein Leben in der Beat-Generation*. München: Verlag Antje Kunstmann 1997, S. 8.
9   Jenny Odell, *Nichtstun. Die Kunst, sich der Aufmerksamkeitsökonomie zu entziehen*. München: C.H.Beck 2021, S. 174.
10   Henry David Thoreau, *Vom Wandern*. Stuttgart: Reclam Verlag 2017, S. 7.
11   Susan Sontag, *Über Fotografie*. München: Hanser Verlag 1978, S. 13.
12   Robin Wall Kimmerer, *Geflochtenes Süßgras. Die Weisheit der Pflanzen*. Berlin: Aufbau Verlag 2022, S. 18.
13   Joan Didion, *Das weiße Album*. Berlin: Ullstein Verlag 2022, S. 225.
14   Aldo Leopold, *Ein Jahr im Sand County*. Berlin: Matthes & Seitz 2019, S. 213 und 232.
15   Hannah Arendt, *Elemente und Ursprünge totaler Herrschaft. Antisemitismus, Imperialismus, totale Herrschaft*. München: Piper Verlag 2019, S. 285.
16   Thoreau, *Walden*, S. 306.